우리들의 메타 프랑스어 첫걸음

저자_ 조혜란

1판 1쇄 인쇄_ 2018. 01. 10.
1판 1쇄 발행_ 2018. 01. 20.

발행처_ 북커스베르겐
발행인_ 신은영

등록번호_ 제396-2009-000217호
등록일자_ 2009. 10. 6.
주소_ 경기도 고양시 일산동구 장항동 742-1 한라밀라트 B동 215호
전화_ 02) 722-6826   팩스_ 031) 911-6486

저작권자 ⓒ 2018 조혜란
이 책의 저작권은 저자에게 있습니다. 저자와 출판사의 사전 허락 없이
내용의 전체 또는 일부를 인용하거나 발췌하는 것을 금합니다.

COPYRIGHT ⓒ 2018 by Cho, Hyeran
All rights reserved including the rights of reproduction
in whole or in part in any form. Printed in KOREA.

값은 표지에 있습니다.
ISBN 978-89-97343-26-3 14700
     978-89-97343-24-9 (세트) 14700

「이 도서의 국립중앙도서관 출판시도서목록(CIP)은 서지정보유통지원시스템 홈페이지
(http://seoji.nl.go.kr)와 국가자료공동목록시스템(http://www.nl.go.kr/kolisnet)에서
이용하실 수 있습니다. (CIP제어번호: CIP2017034596)」

이메일_ bookersbg@naver.com

북커스베르겐은 **옥당**의 외국어 출판브랜드입니다.

우리들의 메타 프랑스어 첫걸음

We are able to understand our own working minds.
Meta-Cognition will make us smarter.

The value of Meta-Cognition is the training of mind to think.
We have the ability to **transform our mental processes.**

It started like that.
그렇게 시작되었습니다!

교수님 한 분이 이런 말씀을 하셨습니다.

"책 한 권이면 충분히 제2외국어 기초를 잡을 수 있을 텐데, 요즘은 동영상 강의나 몇 달짜리 인강을 등록해야 하는 현실이네요. 불친절한 교재와 야박한 제2외국어 학습환경에 대해 전공자로서 반성이 됩니다."

"동영상 강의 1시간 들으면 뭐 합니까? 그냥 받아쓰기 시간이에요. 내 공부는 따로 또 해야 하고요. 그냥 쑤셔넣는 거지, 언어 자체를 생각할 시간이 없어요."
-목동 안형우-

"인강 눈탱이 맞았습니다. 교재 공짜라고 해서 들어갔는데 제대로 낚였습니다. 싸지도 않아요, 3개월이나 해야 하고..."
-논현동 강주영-

저희는 고민했습니다.
동영상 강의 없이도 혼자서 제2외국어를
충분히 공부할 수 있는 방법을요.

그래서 준비했습니다!
메타인지로 해결하는 **메타 프랑스어**!
메타학습이 답이다!

단권으로 **단기**에 **기초**를 **완성**하는
우리 스스로를
위한 **궁극의 프랑스어 공부책**!

불친절한 **동영상 강의,**
값비싼 **인터넷 강의**가 필요 없는
우리들의 프랑스어 자가발전서!

- Determine important ideas!
- Ask questions as I read!
- Create mental images of what I read!
- Use what I knew!

What is Meta-Cognition?
메타인지가 무엇입니까?

● '메타인지'란 '**방금 내 머리 속에 들어온 것이 무엇인지 생각하는 것**'입니다.
그래서 가장 바람직한 메타인지 태도는
한 단락 읽고 나서 먼 산을 쳐다보는 것입니다.

● 그 순간 내 머리 속에 들어와 남아 있는 것,
내 머리 속에서 움직이고 있는 것을
생각하고 정돈하는 것이 메타 학습법입니다!

● 메타인지 4단계 방법론!

❶ SUMMARIZE : Determine important ideas!

요약합니다. 방금 내 머리 속에 들어온 것,
아직 남아 있는 것을 떠올리고, 요점이 무엇인지 생각합니다.
생각들 중에 무엇이 중요한지는 우리 스스로 알 수 있습니다.

❷ VISUALIZE : Create mental images of what I read!

적습니다. 풀어서 씁니다. 길게 쓸 수 있다면 최대한 길게 씁니다.
생각을 그려 나가면 그대로 마인드맵이 됩니다.

❸ QUESTION : Ask questions as I read!

스스로 질문합니다. 왜 기억에 남아 있는지?
뭐가 특별해서 기억에 남은 것인지?
또는 뭐가 익숙해서 기억에 있는 것인지
이유를 한번 따져봅니다.

❹ CONNECT : Use what I knew!

생각들을 연결합니다. 연결하여 이야기를 만듭니다.
누구에게든 당신의 스토리를 텔링하십시오.
우리는 무슨 내용이든 더욱 재미있게 말할 수 있습니다.

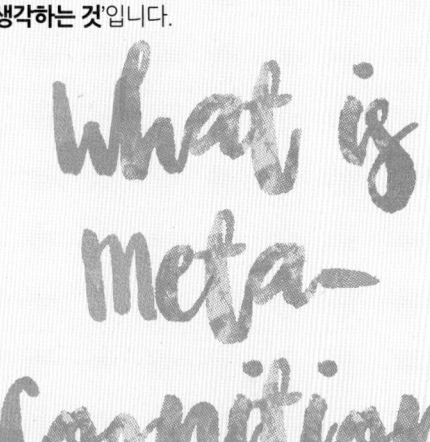

The value of Meta-Cognition is the training of mind to think.
We have the ability to **transform our mental processes.**

How to Meta-Cognition Learning?
우리의 프랑스어 메타인지 방법!

그렇다면 메타인지 학습법을 우리들의 프랑스어에 어떻게 적용하면 될까요?

❶ SUMMARIZE
'우리들의 메타 프랑스어 첫걸음', 한 단락을 읽고 잠시 일어서서 생각을 떠올립니다.
방금 읽은 단락에서 무엇이 머리 속에 남아 있고, 그것이 왜 인상적인지 생각을 요약합니다.

❷ VISUALIZE
'우리들의 메타 프랑스어 첫걸음', 한 과를 학습하고 생각합니다.
개념어(문법용어)가 떠오르면 용어를 풀어서 적습니다.
예를 들어 '종속접속사'가 떠오른다면 종속접속사는 무엇이고, 프랑스어의 종속접속사는
우리말과 어떻게 다른지, 또는 영어와는 무엇이 같은지 따집니다.
이렇게 해서 우리말과 다르기 때문에 기억에 남을 수 있는 상황을 우리 스스로 그려냅니다.

❸ QUESTION
'우리들의 메타 프랑스어 첫걸음', 각 파트에서 만나는 프랑스어 문법은 왜 그 모양인지
한 번쯤 의문을 던집니다. '프랑스 사람들은 왜 이런 방식으로 말하는 것일까?'라고 반문합니다.
예를 들어 우리에게 없는 '정관사'란 무엇이고 왜 필요한지? 영어에는 달랑 하나뿐인 정관사가
프랑스어에는 왜 여러 개인지? 이렇게 여러 개면 대체 뭐가 좋은지 궁금해보는 것입니다.

❹ CONNECT
프랑스어 문법 각각의 개념들이 하나씩 납득이 되면, 이들 부분들을 연결합니다. 단어가 연결되
어 문장이 되는 것처럼, 문법이 모이면 언어가 됩니다. 이렇게 연결하면 프랑스어 시스템의
중요한 구성요소들로 틀이 만들어질 것입니다. 프랑스어 문법의 큰 그림이 완성되는 것이죠.
이를 위해 해당 문법을 대변하는 샘플 기본문장 몇 개만 완벽하게 이해합시다! 단 몇 개의 문장을
분해하고, 서로 연결하여 조립해 보는 것이 문법의 작동원리를 체득하는 '초대박비법'입니다!

❺
그리고 끝으로 스스로 설명합니다. 반드시 소리를 내어 이야기합시다!
마치 누군가에게 설명해 준다고 생각하고 말합니다. 예를 들어 '우리들의 메타 프랑스어 첫걸음'
총 25과의 프랑스어 제목을 모두 알고 있다면, 이는 프랑스어 문법 전체의 틀을 알고 있다는 뜻이
고, 설명도 할 수 있다는 것입니다. 결국 프랑스어에 대해서 하루 종일 '약을 팔 수 있다'는 얘기죠.

Determine important ideas! | Ask questions as I read! | Create mental images of what I read! | Use what I knew!

We, who the master of Meta-Cognition Learning!
우리는 메타인지 학습의 고수!

하나의 프랑스어 문장이 생각에 남아 있다면, 일단 노트에 씁니다.
그리고 소리 내어 말로 합니다!
먼저 단어 하나하나를 소개하고, 단어들과의 관계를 이야기합니다.
이때 문장의 성분들이 우리말과 다르게 또는 영어와 같은 방식으로 역할을 하고,
모양이 달라지는 방식들에 대해 이야기합니다.
이를 위해 매 과의 프랑스어 제목 한 줄은 훌륭한 이야깃거리가 되어줄 것입니다.
제목에는 해당 과의 문법이 농축되어 있어서, 풀어헤치면 문법의 핵심을 캐낼 수 있을 것이며,
우리들의 프랑스어 이야기는 더욱 풍성해질 것입니다.

'우리들의 메타 프랑스어 첫걸음'에는 이를 위해 섹션 엔딩에 Meta-Page 를 준비해 놓았습니다.
Meta-Page 는 학습자 스스로 만드는 '프랑스어 교안/ 프랑스어 교수계획서'가 될 것입니다.

● 초보자의 기억법!

기억하지 못하는 것은 우리 뇌에 남아 있지 않거나 불러내지 못하는 것입니다.
기억을 만들 때 애초에 조금만 더 잘 정리해서, 한 번만 더 인상적으로 만들면,
기억은 쉽게 다시 불러올 수 있습니다. 기억을 친절하게 대하세요!
그러면 오늘 아니라 내일이라도 기억은 다시 돌아와 줄 것입니다.
이렇게 조금 더 오래, 조금 더 확실하게 기억하려는 노력이
우리들 외국어 초보자를 위한 메타인지 학습법입니다.

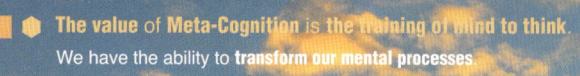
The value of Meta-Cognition is the training of mind to think.
We have the ability to **transform our mental processes**.

Meta-Cognition French Contents

Section 0. : 알파벳 파트

Section 0. Warming Up Part 012
A, B, C, D …
아베쎄데…
프랑스어 알파벳과 발음법 30분 만에 끝내기!

We are able to understand our own working minds.

- SUMMARIZE — Determine important ideas!
- QUESTION — Ask questions as I read!
- VISUALIZE — Create mental images of what I read!
- CONNECT — Use what I knew!

Section 1. : 명사 파트

Section 1. Part 01 — 026
Je suis Jisoo.
나는 지수입니다.
프랑스어의 주어인칭대명사 그리고 être 동사

Section 1. Part 02 — 038
Le père, la mère, les enfants.
아버지, 어머니, 아이들.
프랑스어의 정관사와 명사의 성수

Section 1. Part 03 — 050
Un homme, une femme, des enfants.
한 남자, 한 여자, 아이들.
프랑스어의 부정관사와 부분관사

Section 1. Part 04 — 062
Je vous donne un cadeau.
나는 당신에게 선물을 줍니다.
프랑스어의 목적보어인칭대명사와 비인칭 구문

Section 1. Part 05 — 074
Qui êtes-vous?
당신(들)은 누구십니까?
프랑스어의 대명사들

Section 1. Meta-Page — 086

Section 2. : 동사 파트

Section 2. Part 06 — 088
Je parle français.
나는 프랑스어를 말합니다.
프랑스어의 1군/2군 규칙동사

Section 2. Part 07 — 100
Je vais à l'école.
나는 학교에 갑니다.
프랑스어의 3군 불규칙동사

Section 2. Part 08 — 112
Je me lave.
나는 씻습니다.
프랑스어의 대명동사

Section 2. Part 09 — 124
Il fait beau.
날씨가 좋습니다.
프랑스어의 비인칭동사와 1군 규칙동사의 변칙

Section 2. Part 10 — 136
Je sais parler français.
나는 프랑스어를 말할 줄 압니다.
프랑스어의 준조동사

Section 2. Meta-Page — 148

We have the ability to transform our mental processes.

The value of Meta-Cognition is the training of mind to think.

The value of Meta-Cognition is **the training of mind to think.**
We have the ability to **transform our mental processes.**

Meta-Cognition
French
Contents

Section 3. : 형용사 파트

Section 3.　　　Part 11　　　150
J'ai un chat noir.
나는 검은 고양이 한 마리를 가지고 있습니다.
프랑스어 형용사의 성수

Section 3.　　　Part 12　　　162
La fille aime ses parents.
소녀는 그녀의 부모님을 사랑합니다.
프랑스어의 소유형용사/지시형용사/의문형용사

Section 3.　　　Part 13　　　174
Elle habite en France.
그녀는 프랑스에 살고 있습니다.
프랑스어의 전치사와 의문부사

Section 3.　　　Part 14　　　186
Elle est plus grande que moi.
그녀는 나보다 큽니다.
프랑스어의 비교문과 기수형용사

Section 3.　　　Part 15　　　198
Je pense que vous avez raison.
나는 당신(들)이 옳다고 생각합니다.
프랑스어의 접속사와 서수형용사

Section 3.　　　Meta-Page　　　210

The value of Meta-Cognition is the training of mind to think.

We are able to understand our own working minds.

- **SUMMARIZE** — Determine important ideas!
- **QUESTION** — Ask questions as I read!
- **VISUALIZE** — Create mental images of what I read!
- **CONNECT** — Use what I knew!

Section 4. : 시제 파트

Section 4. Part 16 212
Je serai artiste.
나는 예술가가 될 것입니다.
프랑스어의 미래

Section 4. Part 17 224
J'écoute de la musique en travaillant.
나는 일하면서 음악을 듣습니다.
프랑스어 현재분사와 제롱디프 그리고 과거분사

Section 4. Part 18 236
Elle est allée à la bibliothèque.
그녀는 도서관에 갔습니다.
프랑스어의 복합과거

Section 4. Part 19 248
Avant, elle était si belle.
예전에 그녀는 너무나 아름다웠습니다.
프랑스어의 반과거

Section 4. Part 20 260
Le train était déjà parti quand je suis arrivée à la gare.
내가 역에 도착했을 때 기차는 이미 떠났습니다.
프랑스어의 대과거와 전미래

Section 4. Meta-Page 272

Section 5. : 태와 법 파트

Section 5. Part 21 274
La tarte aux fraises est faite par le pâtissier.
딸기파이는 파티시에에 의해 만들어집니다.
프랑스어의 수동문

Section 5. Part 22 286
J'ai un ami qui étudie en France.
나는 프랑스에서 공부하고 있는 친구가 하나 있습니다.
프랑스어의 관계문

Section 5. Part 23 298
Faites du sport!
운동하세요!
프랑스어의 명령문

Section 5. Part 24 310
Si j'avais le temps, j'irais au concert.
만약에 내가 시간이 있다면, 콘서트에 갈 텐데.
프랑스어의 조건법

Section 5. Part 25 322
Il faut que je parte tout de suite.
나는 즉시 떠나야 합니다.
프랑스어의 접속법

Section 5. Meta-Page 334

We have the ability to transform our mental processes.

The value of Meta-Cognition is the training of mind to think.

The value of **Meta-Cognition** is **the training of mind to think**.
We have the ability to **transform our mental processes**.

Meta-Cognition French Section 0.

Section 0. Info

프랑스어를 처음 만나는 분들을 위해 프랑스어 알파벳과 발음법의 기초를 준비했습니다.
프랑스어는 '세상에서 가장 아름다운 언어'라는 타이틀을 보유하고 있습니다.
하지만 일부 발음이 어렵다는 평가 또한 있습니다. 그래서 우리의 목표는 어렵지 않게
프랑스어 발음 원칙을 정리하고, 딱 30분 안에 프랑스어 발음법을 마스터하는 것입니다.

- **SUMMARIZE** Determine important ideas
- **QUESTION** Ask questions as I read
- **VISUALIZE** Create mental images of what I read
- **CONNECT** Use what I know

We have the ability to **transform our mental processes**.

## Section 0.	Warming Up Part
A, B, C, D...
[아, 베, 쎄, 데...] 아베쎄데...
프랑스어 알파벳과 발음법 30분 만에 끝내기!

프랑스어 문자는 우리들이 이미 알고 있는 바로 그 알파벳입니다. 그렇기 때문에 문자를 새로 배우느라 시간을 소비하지 않아도 되고, 막바로 프랑스어 학습에 돌입할 수 있습니다. 뿐만 아니라 프랑스어는 우리 생활 속 곳곳에서 이미 열심히 활약하고 있기 때문에 몇 가지 발음의 원칙만 이해하면 금방 원어민 발음을 정복할 수 있습니다. 우리는 이번 시간 프랑스어의 발음이 어렵다는 편견을 깨끗하게 지워버릴 것입니다.
자, 생각보다 쉬운 프랑스어 알파벳과 발음법! 지금 바로 시작합니다!

● SUMMARIZE ● QUESTION ● VISUALIZE ● CONNECT
Determine important ideas! Ask questions as I read! Create mental images of what I read! Use what I knew!

● Thinking about my thinking.

Section 0.
part 00

 우리가 이미 알고 있는 프랑스어!

우리는 이미 충분히 많은 프랑스어를 알고 있고, 또 사용하고 있습니다.
본격적으로 발음 원칙을 만나보기 전에 잠깐 우리 생활 속의 프랑스어들을 확인해보겠습니다.
우리가 이미 알고 있는 단어들은 프랑스어 발음 원칙의 결정적 힌트를 담고 있기 때문에
큰 도움을 얻을 수 있습니다. 그러니까 지금까지 무심코 사용했던 프랑스어 단어들이
중요한 발음규칙의 훌륭한 예시라는 것입니다. 천천히 살펴보시기 바랍니다.

Tous les jours 뚜레주르	**parasol** 파라솔	**le coq** 르 꼬끄
enfant 앙팡	**chanson** 샹송	**salon** 살롱
restaurant 레스토랑	**renaissance** 르네상스	**café au lait** 카페 오 레
croissant 크루아상	**début** 데뷔	**nuance** 뉘앙스

● **Tous les jours / restaurant / enfant / début** 등에서 보듯이 단어의 마지막 자음은 발음되지 않습니다. 프랑스어의 대표적인 발음 원칙입니다. 물론 예외도 있습니다.
● 프랑스어의 **r** (에흐)는 목젖을 긁는 [흐]에 가까운 소리입니다. 원어 발음에 가깝게 표기하려면 **Tous les jours** [뚜레주흐], **restaurant** [헤스또헝], **renaissance** [흐네썽쓰], **croissant** [크후아썽]입니다.
● '모음 + n'은 콧소리가 납니다. [옹/앙/엉 ...] 등의 소리입니다.
● **ou** [우], **au** [오], **ai** [에], **oi** [우아] 등은 두 모음이 합쳐져 하나의 소리가 나는 '복합모음'입니다. **Tous les jours** 와 **café au lait**, 그리고 **croissant** 만 알아도 프랑스어 복합모음 규칙의 절반 이상이 해결됩니다.
● 영어의 **name** 처럼 프랑스어는 **-e** 가 단어의 마지막에 오면 발음하지 않습니다!
● 프랑스어 모음 **u** 는 [우]가 아니라 [위]에 가까운 소리입니다.

● I'm wondering.

● I'm feeling.

We have the ability to transform our mental processes.

Section 0. Warming Up Part
A, B, C, D ...

Meta-Cognition French

프랑스어 알파벳과 발음법 30분 만에 끝내기!

The value of Meta-Cognition is the training of mind to think.
We have the ability to transform our mental processes.
We are able to understand our own working minds.

 프랑스어 알파벳, 이미 알고 있다!

프랑스어 기본 알파벳 (**L'alphabet**) [랄파베]는 영어와 똑같습니다.
이는 우리가 알고 있는 문자로 프랑스어를 지금 당장 시작할 수 있다는 뜻입니다.
자! 그러면 프랑스어 알파벳 각각의 이름과 발음값을 알아보도록 하겠습니다.
([괄호] 안은 우리말에 가장 가까운 음가 표기입니다.
참고만 하시고 정확한 발음은 반드시 청취자료 **mp3** 의 원어민 발음으로 연습하시기 바랍니다.)

I'm noticing.

Fm00-00   프랑스어의 랄파베

A a 아 [ㅏ]	**B b** 베 [ㅂ]	**C c** 쎄 [ㅆ/ㄲ]
D d 데 [ㄷ]	**E e** 으 [ㅡ]	**F f** 에프 [ㅍ]
G g 제 [ㅈ/ㄱ]	**H h** 아슈 [묵음]	**I i** 이 [ㅣ]
J j 지 [ㅈ]	**K k** 꺄 [ㄲ]	**L l** 엘 [ㄹ]
M m 엠 [ㅁ]	**N n** 엔 [ㄴ]	**O o** 오 [ㅗ]
P p 뻬 [ㅃ]	**Q q** 뀌 [ㄲ]	**R r** 에흐 [ㅎ]
S s 에쓰 [ㅆ/ㅈ]	**T t** 떼 [ㄸ]	**U u** 위 [ㅟ]
V v 베 [ㅂ]	**W w** 두블르베 [ㅂ]	**X x** 익쓰 [ㅆ/ㄱ, ㅆ/ㄱㅈ]
Y y 이그헥 [ㅣ]	**Z z** 제드 [ㅈ]	

I'm thinking.

 프랑스어의 매력점, 철자부호!

프랑스어 모음에는 '철자부호'들이 붙기도 합니다.
한눈에 프랑스어임을 알려주는 독특한 부호들인데, [´] **accent aigu** [악썽 떼귀], [`]
accent grave [악썽 그하브], [^] **accent circonflexe** [악썽 씨흐꽁플렉스]가 그것입니다.
e 위에 철자부호가 붙으면 항상 [에]로 발음합니다.
(그리고 기본적으로 **e** 가 단어의 마지막에 오면 발음하지 않습니다.)
그 외의 모음에는 어떠한 철자부호가 붙더라도 발음에는 변함이 없으나,
같은 단어라도 철자부호가 붙은 것과 붙지 않은 것이 전혀 다른 의미가 될 수 있습니다.
그렇기 때문에 단어를 학습하실 때 철자부호에 유의해야 합니다.
(참고로 많이 사용되지는 않지만, 철자부호 [¨] **tréma** [트레마]는 앞의 모음과 뒤의 모음을
각각 따로 분리해서 소리내라는 표시입니다.)

| Fm00-01 | **bébé** [베베] 아기 | **mère** [메흐] 어머니 |

| Fm00-02 | **tête** [떼뜨] 머리 | **noël** [노엘] 크리스마스 |

 프랑스어의 모음, 매력적이다!

자, 먼저 프랑스어 모음의 발음법부터 시작하겠습니다.
프랑스어의 모음은 '단모음/복합모음/비모음'으로 나눌 수 있습니다.

❶ 단모음 : 프랑스어의 기본모음!

프랑스어의 기본 모음은 **A** (아), **E** (에), **I** (이), **O** (오), **U** (위), **Y** (이) 이렇게 6개입니다.
소리가 나는 '음가'는 글자 그대로 [ㅏ], [ㅔ], [ㅣ], [ㅗ], [ㅟ], [ㅣ]입니다.
모음 위에 붙은 철자부호와 상관없이 발음은 모두 같습니다.

Section 0. Warming Up Part
A, B, C, D …
프랑스어 알파벳과 발음법 30분 만에 끝내기!

모두 자신의 음가대로 소리가 나지만 **e** 는 단어의 마지막에 올 경우 발음을 하지 않습니다.

Fm00-03

madame	université	style
[마담] 부인	[위니베흐씨떼] 대학교	[스띨] 스타일

❷ 복합모음 : 합쳐서 한 소리로!

프랑스어에는 모음이 둘 또는 셋이 합쳐져서 하나의 발음이 되는 경우가 많습니다.
예를 들어 **ou** [우], **ai / ei** [에], **au / eau** [오], **oi** [우아]가 그렇습니다.
그리고 중요한 복합모음 한 가지가 있습니다. 우리말에 없는 발음이라서 주의가 필요한데요,
eu / œu [외]는 편의상 [외]로 표기했지만, 입술 모양을 '오'로 만들고,
소리는 [에]를 내는 발음입니다. 이 발음의 포인트는 입모양을 끝까지 '오'로 유지하는 것입니다.
복합모음은 기본모음에 비해 살짝 까다롭긴 하지만 제대로 발음하면 프랑스어의 느낌이 물씬
풍기는 멋진 발음들입니다. (참고로 프랑스어에서는 **o** 와 **e** 가 연결되는 경우 **œ** 로 표기합니다.)

Fm00-04

tout	maison	eau
[뚜] 모든/전부	[메종] 집	[오] 물

Fm00-05

bois	feu	œuvre
[부아] 나무	[푀] 불	[외브흐] 작품

❸ 비모음 : 매력적인 콧소리!

이제 프랑스어 발음의 백미인 비모음, 즉 콧소리를 만나보겠습니다.
모음 + **m**, 또는 모음 + **n** 이 그 주인공입니다. **an, am, en, em** 은 [엉]으로,
on, om 은 [옹]으로 소리 나며, 나머지는 모두 [앙]으로 발음합니다.

SUMMARIZE
Determine important ideas!

QUESTION
Ask questions as I read!

VISUALIZE
Create mental images of what I read!

CONNECT
Use what I knew!

Meta-cognition French

● Thinking about my thinking.

Section 0.
part
00

Fm00-06

encore [엉꼬흐] 아직
bon [봉] 좋은
fin [팡] 끝

프랑스어의 자음, 친숙하다!

프랑스어 자음의 대부분은 영어와 발음이 완전히 똑같습니다.
b [ㅂ], **d** [ㄷ], **f** [ㅍ], **j** [ㅈ], **l** [ㄹ], **m** [ㅁ], **n** [ㄴ], **v** [ㅂ], **z** [ㅈ]가 바로 여기에 해당하며, 음가 또한 동일합니다.
덕분에 몇 가지만 더 정리하면 프랑스어 자음도 간단하게 해결할 수가 있습니다.
약간만 더 신경을 써야 하는 자음들만 설명 드리겠습니다.

❶ 마지막 자음은 잊어주세요!

프랑스어는 원칙적으로 마지막 자음을 발음하지 않습니다.
단 **c, f, l, r, q, x** 는 발음이 되는 경우도 많습니다. 끝자음이 2~3개로 이어져도 마찬가지입니다. 과감하게 무시하십시오!

Fm00-07

corps [꼬흐] 신체/몸
esprit [에스프히] 정신
avec [아베끄] ~와 함께

❷ 더 센 발음, **ptk** (뻬떼꺄) 그리고 **q** (뀌)

프랑스어 자음 **p** (뻬), **t** (떼), **k** (꺄)는 각각 [ㅃ], [ㄸ], [ㄲ]로 '된소리'입니다.
pp, tt 등의 이중자음도 마찬가지입니다.
단, **p, t, k** 뒤에 **r** 이 올 경우에는 [ㅍ], [ㅌ], [ㅋ]로 소리 납니다.
그리고 **q** (뀌)는 영어처럼 **u** 와 붙어서 [ㄲ]로 발음됩니다.

I'm wondering.

I'm feeling.

Section 0. Warming Up Part
A, B, C, D ...
프랑스어 알파벳과 발음법 30분 만에 끝내기!

Meta-Cognition French

Fm00-08

pont	tout	question
[뽕] 다리	[뚜] 모든	[께스띠옹] 질문

❸ 프랑스어 대표 발음, r

초심자들이 가장 발음하기 어려워하는 프랑스어 자음 **r** (에흐)는 [ㅎ]로 소리 냅니다. 마치 가글할 때처럼 목젖을 '흐흐흑~' 굵은 소리죠. 혀를 아래로 숙여 내는 소리입니다.

Fm00-09

Paris	rare	rose
[빠히] 파리	[하흐] 희귀한	[호즈] 장미

❹ 두 얼굴의 c, ç / g

c (쎄)는 2가지 소리를 가지고 있습니다.
자음과 **a, o, u** 앞에서는 [ㄲ] 소리가 되어 각각 [꺄, 꼬, 뀌]가 되고,
e, i, y 앞에서는 [ㅆ], 즉 [쎄, 씨, 씨]가 됩니다.
'돼지꼬리 **c**'라는 별명을 가진 **ç** (쎄디으)는 **a, o, u** 앞에서 [ㅆ] 소리가 됩니다. [싸, 쏘, 쒸]

g (제)도 2가지로 소리가 납니다. 자음과 **a, o, u** 앞에서는 [ㄱ]로 각각 [갸, 고, 귀]가 되고,
e, i, y 앞에서는 [ㅈ]가 되어, [제, 지, 지]가 됩니다.

Fm00-10

carte	ciel	leçon
[꺄흐뜨] 카드	[씨엘] 하늘	[르쏭] 수업

Fm00-11

garçon	genre	logique
[갸흐쏭] 소년	[정흐] 장르	[로지끄] 논리학

❺ 무성 h, 유성 h 와 그의 친구들 ch, ph, th

프랑스어의 **h** (아슈)는 '무성 **h**' 와 '유성 **h**'가 있습니다.
둘 다 음가가 없어서 발음은 되지 않습니다. 모음 취급을 하는 무성 **h** 는 앞에 오는 자음과 연결해서 소리를 내는 '연음'현상과, 앞에 모음이 올 경우 앞 모음을 생략하는 '모음생략'이 일어납니다. 반면 자음 취급을 하는 유성 **h** 는 연음도 모음생략도 일어나지 않습니다.
무성 **h** 로 시작하는 단어가 압도적으로 많으며,
유성 **h** 는 사전에서 단어 앞에 † 십자가 표시로 구별해 놓았습니다.
h 가 들어가는 **h** 의 친구들 발음도 정리하겠습니다. **ch** (쎄아슈)는 뒤에 모음이 오면 [ㅅ], 자음이 오면 [ㅋ]입니다. **ph** (뻬아슈)는 영어와 똑같은 [ㅍ]이고, **th** (떼아슈)는 [ㄸ]입니다.

| Fm00-12 | **homme** [옴므] 사람/남자 | **hôtel** [오뗄] 호텔 | **honte** [옹뜨] 치욕 († 유성) |

| Fm00-13 | **chat** [샤] 고양이 | **chronique** [크호니끄] 연대기 | **photo** [포또] 사진 |

❻ 그때그때 다른 s

s (에쓰) 나 **ss** (에쓰에쓰)는 [ㅆ] 소리입니다. 단! **s** 가 모음 사이에 낄 때는 [ㅈ]로 소리 납니다.

| Fm00-14 | **salade** [쌀라드] 샐러드 | **poisson** [뿌아쏭] 물고기 | **poison** [뿌아종] 독극물 |

❼ 4 가지 발음의 x

x (익쓰)의 발음은 4가지입니다. 단어 맨 처음에 오면 [ㅈ], 맨 끝에 오면 [ㅆ]입니다.
접두사 **ex-** 뒤에 모음이 오면 [ㄱㅈ]로 발음합니다.
그러나 단어 중간의 **cx-** 뒤에 자음이 오면 [ㄱㅆ]로 발음합니다.

| Fm00-15 | **examen** [에그자멍] 시험 | **taxi** [딱씨] 택시 | **excuser** [엑쓰뀌제] 변명하다 |

The value of Meta-Cognition is the training of mind to think.
We have the ability to **transform our mental processes**.

Section 0. Warming Up Part
A, B, C, D ...
Meta-Cognition French

프랑스어 알파벳과 발음법 30분 만에 끝내기!

*We are able to understand **our own working minds**.*

프랑스어의 연음, 부드럽게 연결하라!

프랑스어를 우아하게 만든다는 '연음' (**liaison** [리에종])은 사실 발음을 편하게 하기 위해 자연스럽게 생긴 발음법입니다. 프랑스어의 연음은 발음되지 않던 마지막 자음이 다음에 오는 '모음이나 무성 **h**'를 만나면서 발생합니다. 연음을 하면 앞 단어와 발음이 연결되면서, **s, x** 는 [ㅈ], **d** 는 [ㄸ], **g** 는 [ㄲ], **f** 는 [ㅂ]로 발음이 변합니다.

Fm00-16	**mon ami** [모 나미] 나의 친구	**grand arbre** [그헝 따흐브흐] 큰 나무

Fm00-17	**long hiver** [롱 끼베흐] 긴 겨울	**neuf heure** [뇌 뵈흐] 9시

프랑스어의 모음, 겹치면 생략하라!

프랑스어는 모음이 겹치는 것을 매우 싫어합니다.
그래서 앞 단어가 모음으로 끝나고, 다음에 오는 단어가 '모음 또는 무성 **h**'일 때는 앞의 모음을 생략하는데 이를 '모음생략' (**élision** [엘리지옹])이라고 합니다. 생략된 자리엔 (') 축약표시 **apostrope** [아뽀스트로프]를 첨가합니다.

Fm00-18	**la école > l'école** [레꼴] 학교	**la histoire > l'histoire** [리쓰뚜아흐] 역사/이야기

● 명사 단어 앞에 붙은 **la** 는 정관사입니다. (영어의 **the**)
명사와 관사에 대한 자세한 설명은 섹션 1.에서 시작합니다.

***** 교재에 병기된 우리말 발음토는 참고용입니다.
원음과 차이가 있으니, 반드시 MP3 듣기연습 자료를 활용하여 주십시오!

- **SUMMARIZE** Determine important ideas!
- **QUESTION** Ask questions as I read!
- **VISUALIZE** Create mental images of what I read!
- **CONNECT** Use what I knew!

Section 0.
part 00

Thinking about my thinking.

Section 0. Warming Up Part+
프랑스어 회화능력 단련장

(이미 프랑스어 알파벳을 마스터한 학습자는 이번 코너를 살짝! 스킵하셔도 됩니다.)

우리가 지금까지 공부한 프랑스어 발음법을 확인하는 시간입니다.
간단하지만 유용한 프랑스어 숫자, 인사표현 그리고 감사표현을 각각 정리하였습니다.
어떤 발음원칙이 적용되었는지 하나씩 분해, 조립해 봅시다!

Fm00+01	un [앙] 1	deux [두] 2	trois [트후아] 3	quatre [꺄트흐] 4
Fm00+02	cinq [쌍끄] 5	six [씨쓰] 6	sept [쎄뜨] 7	huit [위뜨] 8
Fm00+03	neuf [뇌프] 9	dix [디쓰] 10	onze [옹즈] 11	douze [두즈] 12
Fm00+04	treize [트헤즈] 13	quatorze [꺄또흐즈] 14	quinze [꺙즈] 15	seize [쎄즈] 16

● 프랑스어 숫자 1부터 16 까지는 각각의 명칭이 있지만 17부터는 '10과 7'처럼 조합하여 사용합니다. 숫자 0 은 **zéro** [제호]입니다.
● **trois** (3), **douze** (12), **seize** (16)을 보면 복합모음 **oi** [우아], **ou** [우], **ei** [에] 발음을 확인할 수 있습니다.
● 마지막 자음은 발음하지 않는 것이 원칙 (**deux** (2), **trois** (3))이지만, 프랑스어 '숫자는 예외적으로 끝자음이 발음되는 경우'가 많아서 주의가 필요합니다.
cinq (5), **six** (6), **sept** (7), **huit** (8), **neuf** (9), **dix** (10)

I'm wondering.

I'm feeling.

We have the ability to transform our mental processes.

The value of **Meta-Cognition** is **the training of mind to think.**
We have the ability to **transform our mental processes.**

Section 0. Warming Up Part
A, B, C, D …

Meta-Cognition French

프랑스어 알파벳과 발음법 30분 만에 끝내기!

We are able to understand **our own working minds.**

Fm00+05

Bonjour!
[봉주흐!]
좋은 아침입니다! (안녕하세요!)

Fm00+06

Bon après-midi!
[보 나프헤-미디!]
좋은 오후입니다! (안녕하세요!)

Fm00+07

Bonsoir!
[봉수아흐!]
좋은 저녁입니다! (안녕하세요!)

Fm00+08

Bonne nuit!
[본느 뉘!]
좋은 밤입니다! (안녕히 주무세요!)

● **bon/bonne** [봉/본느] (좋은)은 형용사입니다. 일단은 발음연습에만 집중합시다!
● **après-midi** 는 **après** (후에)와 **midi** (정오)의 조합으로 '오후'라는 뜻입니다.
프랑스어는 두 개 이상의 단어가 조합될 때 - (trait d'union) [트헤뒤니옹]으로 연결합니다.
● **Bon après-midi!** 의 **bon** 과 **après** 는 연결해서 발음합니다. 그래서 [보 나프헤-미디!]입니다.
● **le jour** [주흐] 날/일/낮, **l'après-midi** [아프헤-미디] 오후, **le soir** [수아흐] 저녁,
la nuit [뉘] 밤

우리들 중의 '프랑스어 회화능력자'를 위하여!

취업면접/이력서/자격시험 등에 대비하여 좀 더 다양한 회화예문이 필요하시면
웹하드에서 아이디 **bookersbergen**, 비번 **9999**로 로그인하고, 내려받기 폴더에서
국가대표 프랑스어 회화능력자 **Pattern 001~003**을 다운로드하십시오.
(다운로드는 무료!)
나에게 당장 필요한 문장을 골라 반복적으로 청취하여 '내 문장'으로 만듭시다!

- SUMMARIZE
  Determine important ideas!
- QUESTION
  Ask questions as I read!
- VISUALIZE
  Create mental images of what I read!
- CONNECT
  Use what I knew!

Thinking about my thinking.

Section 0.
part 00

Fm00+09
Merci.
[메흐씨.]
감사합니다.

Fm00+10
Merci beaucoup.
[메흐씨 보꾸.]
매우 감사합니다.

Fm00+11
Merci bien.
[메흐씨 비앙.]
대단히 감사합니다.

Fm00+12
Merci madame.
[메흐씨 마담.]
감사합니다, 부인.

● **madame** [마담]은 원래 기혼 여성에 대한 경칭이지만 기혼, 미혼 무관하게 여성을 높여 말할 때 사용합니다. 남성의 경칭은 **monsieur** [므씨으], 미혼 여성은 **mademoiselle** [마드모아젤]입니다.

● **beaucoup** 는 복합모음의 좋은 예입니다. **eau** 는 [오], **ou** 는 [우]로 발음합니다.

● **le merci** [메흐씨] 감사/감사의 말, **beaucoup** [보꾸] 많이, **bien** [비앙] 매우/대단히

I'm wondering.

I'm feeling.

드디어 플러스 '엔딩'!

우리는 방금 전 프랑스어 발음의 주요 원칙을 배우고 확인했습니다.
프랑스어는 '아름다운 소리의 언어'입니다. 어떤 언어보다도 '발음이 중요한 언어'라고 할 수 있습니다. 알파벳이 단어 속에서 어떻게 서로 작용하여 소리를 만드는지 애정 어린 시선으로 하나하나 살피는 것, 바로 이것이 우리들의 '아름다운 프랑스어'를 만드는 첫시작입니다!

We have the ability to transform our mental processes.

The value of Meta-Cognition is the training of mind to think.

The value of Meta-Cognition is the training of mind to think.
We have the ability to **transform our mental processes**.

Meta-Cognition
French
Section 1.

Section 1. Info

우리는 첫 번째 섹션에서 프랑스어의 '명사와 명사의 친구들'을 만납니다. '명사'는 '세상 모든 것의 이름'이며, 이름으로부터 우리들의 프랑스어 회화는 시작됩니다. 프랑스어의 명사는 남성과 여성의 구별이 있고, 명사의 절친인 '관사' 또한 성을 따라 잘 발달되어 있습니다. 그리고 프랑스어는 반복을 극도로 싫어하기 때문에 '대명사'도 매우 다양하게 구성되어 있습니다. 명사와 그 친구들을 통해 우리는 '섬세하고 합리적인 프랑스어'의 '매력'을 맛보게 될 것입니다.

The value of Meta-Cognition is the training of mind to think.

We are able to understand our own working minds.

The value of Meta-Cognition is the training of mind to think.
We have the ability to transform our mental processes.

Section 1.   Part 01
Je suis Jisoo.

[즈 쒸 지수.]
나는 지수입니다.

프랑스어의 주어인칭대명사 그리고 être 동사

제 01과 우리의 목표는 '프랑스어로 대화를 시작하자!'입니다. 이를 위해 프랑스어의 주어인칭대명사와 être 동사(~이다: 영어의 be 동사)를 사용할 것입니다. 이 두 가지만으로도 우리가 처음으로 말할 수 있는 프랑스어 표현이 얼마나 많은지 함께 확인해 보겠습니다. 자, 그러면 '프랑스어로 대화를 시작하자!' 그 첫 걸음을 떼어볼까요?

We are able to understand our own working minds.

- **SUMMARIZE** Determine important ideas!
- **QUESTION** Ask questions as I read!
- **VISUALIZE** Create mental images of what I read!
- **CONNECT** Use what I knew!

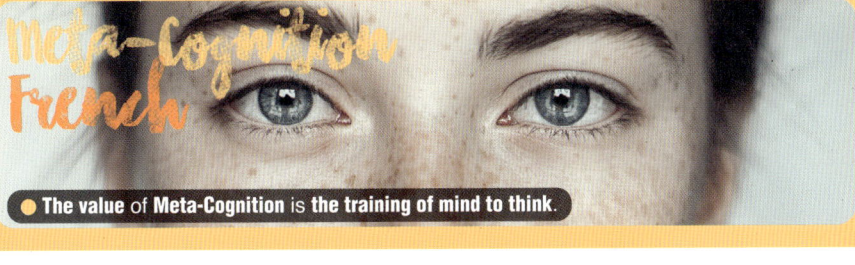

Section 1.
part 01

The value of Meta-Cognition is the training of mind to think.

 프랑스어 문장의 출발, 주어인칭대명사!

우리가 프랑스인과 대화를 시작하기 위해서 우선 당장, 첫 번째로 필요한 것은 '나/너/우리 …'와 같은 '인칭대명사'입니다. 일반적으로 '인칭대명사'라고 부르는 것을 프랑스어에서는 문장의 주어라는 의미의 '주어인칭대명사'라고 좀 더 정확하게 부릅니다. 주어인칭대명사는 앞으로 우리가 말할 프랑스어 문장의 주인공이 누구인지를 알려주는 중요한 요소입니다.
그러면 다음의 표를 함께 찬찬히 살펴봅시다!
(표는 위에서 아래로, 단수1/2/3 > 복수 1/2/3 순서로 봅니다.
아직은 표를 외우지 마시고 그냥 구성만 확인해 주십시오!)

프랑스어의 주어인칭대명사

단수	복수
je [즈] 나	**nous** [누] 우리들
tu [뛰] 너	**vous** [부] 당신(들)
il / elle / on [일] 그/그것 [엘] 그녀/그것 [옹] 사람들/우리들	**ils / elles** [일] 그들/그것들 [엘] 그녀들/그것들

보시는 것처럼 프랑스어의 주어인칭대명사는 1/2/3인칭의 단수형과 각각의 복수형이 있습니다. 영어와 비교해보면 3인칭복수형이 영어에서는 **they** 하나인데 비해 프랑스어는 **ils/elles** [일/엘]로 남녀구별이 있습니다. 3인칭여성복수형 **elles** [엘]은 지칭 대상이 100% 여성들일 때 사용하고, 나머지는 모두 **ils** [일]을 씁니다. (그렇다면 100명이 모인 불특정 다수를 지칭할 때는 무엇을 쓸까요? 남성과 여성이 섞여 있을 개연성이 있으니 당연히 **ils** [일]을 사용합니다.)
프랑스어 3인칭대명사 **il/elle** [일/엘]과 **ils/elles** [일/엘]은 사람뿐만 아니라 사물을 지칭할 때도 사용합니다. **on** [옹]은 '사람들/누군가'의 의미로 사용합니다. 특정명사를 대신하는 것이 아니라서 부정대명사(否定代名詞)라는 명칭으로 부르기도 합니다.
(**on** 과 함께 사용하는 동사는 언제나 3인칭단수형입니다.)
하지만 일상회화에서 주어가 확실할 때는 흔히 **nous** [누] (우리들)을 대신 사용하기도 합니다.

I'm wondering.

I'm feeling.

The value of **Meta-Cognition** is **the training of mind to think.**
We have the ability to **transform our mental processes**.

Section 1.   Part 01

Meta-Cognition
French

Je suis Jisoo.
프랑스어의 주어인칭대명사 그리고 être 동사

We are able to understand **our own working minds**.

그리고 주목할 점! 프랑스어에는 존칭이 있습니다.
주어인칭대명사 2인칭복수 **vous** [부]를 단수로 사용하면 '당신'이라는 존칭의 표현이 됩니다. 그러니까 **tu** [뛰](너)는 친한 사이에 사용하는 '친칭'이고, 존대하는 **vous** [부](당신)은 '존칭'입니다. 친한 사이라 함은 나이에 상관 없이 가족/친구/동료 등 서로 아는 사이를 말합니다.
격의 없이 알고 지내는 상대에게는 **tu** 를 사용하고, 처음 만나거나 예의를 갖추어야 하는 공식적인 관계에서는 **vous** 를 사용합니다. 한 가지 더! 1인칭단수형 **je** 뒤에 모음이나 무성 **h** 로 시작되는 동사가 오면 모음 **-e** 가 생략되어 **j'** 로 축약 표기합니다.

   프랑스어의 초핵심동사, **être** 동사!

자! 프랑스어의 주어인칭대명사로 문장을 열었으니, 동사를 이어 붙여 보겠습니다.
우리의 첫 번째 동사는 프랑스어에서 가장 핵심이 되는 **être** [에트흐] (~이다: 영어의 **be** 동사) 동사입니다. 기본적으로 프랑스어의 모든 동사는 인칭별로 형태가 다릅니다.
다음은 **être** 동사의 현재인칭변화표입니다.

프랑스어의 être 동사	
Je suis ~ [즈 쒸 ~] 나는 ~이다	**Nous sommes ~** [누 쏨므 ~] 우리들은 ~이다
Tu es ~ [뛰 에 ~] 너는 ~이다	**Vous êtes ~** [부 제뜨 ~] 당신(들)은 ~이다
Il / Elle est ~ [일 / 엘 레~] 그/그녀/그것은 ~이다	**Ils / Elles sont ~** [일 / 엘 쏭 ~] 그/그녀/그것들은 ~이다

프랑스어의 **être** [에트흐](~이다/있다) 동사는 영어의 **be** 동사와 같습니다. 각 인칭별로 형태가 달라서 **être** 동사를 암기하실 때는 '즈쒸, 뛰에, 일레/엘레...' 하는 식으로 인칭대명사와 동사를 세트로 연습하는 것이 좋습니다. 프랑스어 발음상 주의해야 할 점은 기본적으로 동사의 마지막 자음은 소리내지 않는다는 것과, 만약 마지막 자음 다음에 모음이 올 경우 프랑스어의 연음원칙에 따라 연결해서 소리 내어야 합니다. 따라서 **Vous êtes** 는 [부제뜨]로 발음합니다.

● SUMMARIZE	● QUESTION	● VISUALIZE	● CONNECT
Determine important ideas!	Ask questions as I read!	Create mental images of what I read!	Use what I knew!

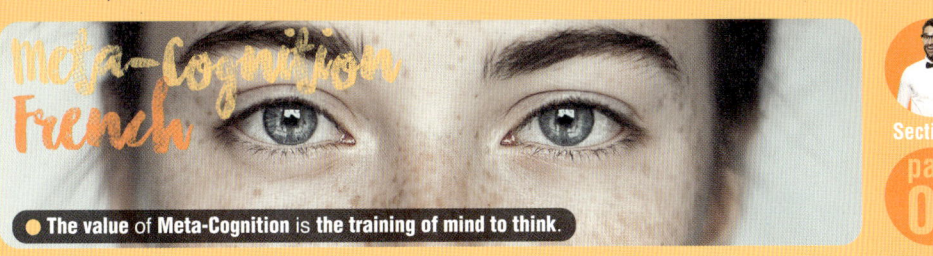

● The value of Meta-Cognition is the training of mind to think.

Section 1.
part 01

자! 이제 [즈 쒸~] 부터 [엘 쏭~]까지 딱 두 번만 소리내어 읽어보십시오!
아주 금방 프랑스어의 모든 인칭의 주어와 핵심동사 **être** [에트흐]에 익숙해질 것입니다.
être 동사는 대표적인 불규칙동사입니다. (영어의 **be** 동사가 그렇듯이) 인칭별로 동사의
형태가 달라진다는 것은 우리에게 매우 낯선 사실이지만, 한편으로 동사의 형태만 보고도 주어를
정확히 알 수 있다는 장점도 있습니다. 프랑스에는 '분명하지 않은 것은 프랑스어가 아니다.'
(**Ce qui n'est pas clair n'est pas français.**)라는 격언이 있습니다. 프랑스인들이 자신들의
언어를 '논리와 이성의 언어'로 자부하는 대목입니다. 앞으로 우리는 프랑스어의 논리적
매력을 하나씩 경험하게 될 것입니다. (참고로 프랑스어 동사의 90%는 일정한 규칙에 따라
인칭변화를 합니다. : 프랑스어 동사의 모든 것은 섹션2.에서 다룹니다.)

 우리들의 첫 프랑스어 문장!

자유를 가장 소중한 가치로 여기는 프랑스인들은 '나'를 표현하는 것을 아울러 중요하게
생각합니다. 프랑스인의 의식은 '나'로부터 출발하여 '너'와 '우리'의 세계로 확장됩니다. 그래서
Je suis ~. 가 그토록 중요한 이유입니다. 자! 그러면 **Je suis ~.** 를 패턴으로 하여 '나'에 대한
이야기를 시작해봅시다. **Je suis ~.** 패턴만으로 할 수 있는 표현이 정말이지 무궁무진합니다.
일단 먼저 **Je suis** + 명사. 는 '나는 ~이다.'로 나의 정체를 말할 수 있고, **Je suis** + 형용사.는
'나는 ~하다.'로 나의 상황/상태를 말할 수 있습니다.

Fm01-01		**Je suis Jisoo.** [즈 쒸 지수.] 나는 지수입니다.

Fm01-02		**Je suis coréenne.** [즈 쒸 꼬헤엔느.] 나는 (여자) 한국인입니다.

Fm01-03		**Je suis étudiante.** [즈 쒸 제뛰디엉뜨.] 나는 (여자) 대학생입니다.

Fm01-04		**Je suis touriste.** [즈 쒸 뚜히스뜨.] 나는 여행자입니다.

The value of Meta-Cognition is the training of mind to think.
We have the ability to **transform our mental processes**.

Section 1.   Part 01   Meta-Cognition / French

Je suis Jisoo.
프랑스어의 주어인칭대명사 그리고 être 동사

We are able to understand **our own working minds**.

● 프랑스어는 영어의 **a Korean, a student** 처럼 국적/신분/직업을 말할 때 부정관사(**a/an**)을 사용하지 않습니다. 이 점은 우리의 언어정서와 다르지 않기도 하고, 영어에 비해 훨씬 심플하고 깔끔합니다.
● **Je suis étudiante.** 에서 **suis** 다음에 모음으로 시작하는 **étudiante** 가 오면서 연음되어 [쒸 제뛰디엉뜨]로 발음됩니다.
● **coréenne** [꼬헤엔느] (명사) 여자 한국인, **étudiante** [에뛰디엉뜨] (명사) 여자 대학생, **touriste** [뚜히스뜨] (명사) (남/녀) 여행자/관광객

 프랑스어의 의문문, 뒤집자!

'나'를 소개했으니 이번엔 '너'를 물어볼 수 있습니다.
이렇게 상대에게 질문이 이어지면 자연스럽게 대화가 이루어지는 것입니다.
프랑스어의 의문문을 만드는 방법은 기본적으로 '주어와 동사를 뒤집어 도치시키고, 의문부호를 문장 끝에 붙이면' 됩니다.

I'm noticing.

Fm01-05
Tu es coréenne.
[뛰 에 꼬헤엔느.]
너는 (여자) 한국인이다.

Fm01-06
Es-tu coréenne?
[에-뛰 꼬헤엔느?]
너는 (여자) 한국인이니?

I'm thinking.

Fm01-07
Il est étudiant.
[일 레 떼뛰디엉.]
그는 (남자) 대학생입니다.

Fm01-08
Est-il étudiant?
[에-띨 레뛰디엉?]
그는 (남자) 대학생입니까?

SUMMARIZE	QUESTION	VISUALIZE	CONNECT
Determine important ideas!	Ask questions as I read!	Create mental images of what I read!	Use what I knew!

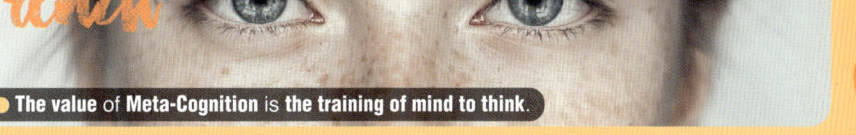

Section 1.
part 01

● The value of Meta-Cognition is the training of mind to think.

● 주어와 동사의 위치가 바뀔 때는 반드시 주어와 동사 사이에 연결부호인 **- (trait d'union** [트헤 뒤니옹])을 넣어야 합니다. 이것은 주어와 동사가 도치되었다는 것을 확실하게 하는 표시입니다.
● **étudiant** [에뛰디엉] (명사) 남자 대학생

 프랑스어의 의문문, 더 쉽게!

그런데 보다 쉽게 프랑스어의 의문문을 만드는 방법이 2가지 더 있습니다.
하나는 그냥 평서문 끝의 억양을 올려 묻는 방법이고, 다른 하나는 평서문 앞에 의문형태소 **Est-ce que ~?** [에-쓰 끄 ~?](~입니까?)를 붙여주는 방법입니다. 주어와 동사를 도치하는 것보다 훨씬 간단하기 때문에 두 방법 모두 일상회화에서 주로 많이 사용합니다.
이 두 방법에 더 익숙해져야 하는 이유이기도 합니다.

Fm01-09
Vous êtes français.
[부 제뜨 프헝쎄.]
당신(들)은 (남자) 프랑스인입니다.

Fm01-10
Vous êtes français?
[부 제뜨 프헝쎄?]
당신(들)은 (남자) 프랑스인입니까?

Fm01-11
Est-ce que tu es étudiant?
[에-쓰 끄 뛰 에 제뛰디엉?]
너는 (남자) 대학생이니?

Fm01-12
Est-ce qu'il est étudiant?
[에-쓰 낄 레 떼뛰디엉?]
그는 (남자) 대학생입니까?

● 마지막 예문처럼 **Est-ce que ~** 뒤에 모음이 오면 앞의 모음을 생략하고 생략표시 (')를 붙여 모음 축약을 해줍니다.
● **français** [프헝쎄] (명사) 남자 프랑스인, **Est-ce que ~** [에-쓰 끄] ~입니까?

Section 1. Part 01
Je suis Jisoo.
프랑스어의 주어인칭대명사 그리고 être 동사

Meta-Cognition French

The value of Meta-Cognition is the training of mind to think.
We have the ability to transform our mental processes.

We are able to understand our own working minds.

 프랑스어의 부정문은 ne ~ pas 로!

이번에는 '프랑스어의 부정문'을 알아보겠습니다.
부정 표현을 알면 당연히 한 문장의 반대 의미의 문장을 만들 수 있습니다.
우리들이 구사할 수 있는 문장이 순식간에 2배가 되는 방법이기도 하죠. 프랑스어 부정문은 동사의 앞과 뒤를 부정부사 ne ~ pas [느~빠]로 감싸주면 됩니다. 다음과 같습니다.

Fm01-13 **Je ne suis pas malade.**
[즈 느 쒸 빠 말라드.]
나는 아프지 않습니다.

Fm01-14 **Je ne suis pas libre.**
[즈 느 쒸 빠 리브흐.]
나는 한가하지 않습니다.

Fm01-15 **Je ne suis pas chinoise.**
[즈 느 쒸 빠 쉬누아즈.]
나는 (여자) 중국인이 아닙니다.

Fm01-16 **Je ne suis pas employée.**
[즈 느 쒸 빠 엉쁠루와이예.]
나는 (여자) 회사원이 아닙니다.

● ne ~ pas [느~빠] (부정부사) 아니다, malade [말라드] (형용사) 아픈, libre [리브흐] (형용사) 한가한, chinoise [쉬누아즈] (명사) 중국여자, employée [엉쁠루와이예] (명사) 여자 회사원

 마무리 '꿀팁'!

이번 과에서 우리는 프랑스어 주어인칭대명사와 être 동사를 묶어서 세트로 연습했습니다. 그리고 의문문과 부정문 만드는 법을 배웠습니다. 제시한 예문 외에도 주어와 동사만 바꾸거나 각 인칭별로 긍정/부정/의문을 차례로 만들어 보면 우리가 이번 과에서 만들어 낼 수 있는 문장이 생각보다 훨씬 많다는 사실을 경험할 수 있습니다. 이 정도만으로도 자신을 소개하고 상대방에게 질문이 가능하다는 것이죠. 이제 우리는 딱 한 과를 배웠을 뿐인데도 말입니다.

- SUMMARIZE Determine important ideas!
- QUESTION Ask questions as I read!
- VISUALIZE Create mental images of what I read!
- CONNECT Use what I knew!

Section 1. part 01

● The value of Meta-Cognition is the training of mind to think.

Section 1.   Part 01+
프랑스어 회화능력 단련장

(이 책 전체를 가볍고 빠르게 일독하실 분은 이번 코너를 살짝! 스킵하셔도 됩니다.)

이 코너는 이번 과에서 배운 프랑스어 문법을 응용하여 실제적인 프랑스어 회화능력을 탄탄하게 다지는 곳입니다. 단 한 개의 문장패턴만으로도 우리의 표현력이 최대한으로 확장될 수 있습니다. 그때그때 새로운 단어를 보충하기만 하면 됩니다.
자! 그러면 '주어인칭대명사 + **être**' 패턴으로 가능한 다양한 표현을 만나볼까요?

Fm01+01
Je suis employé / employée.
[즈 쒸 정쁠루와이예.]
나는 (남/녀) 회사원입니다.

Fm01+02
Je suis marié / mariée.
[즈 쒸 마히에.]
나는 (남/녀) 기혼입니다.

Fm01+03
Je suis non-fumeur / non-fumeuse.
[즈 쒸 농-퓌뫼흐/농-퓌뫼즈.]
나는 (남/녀) 비흡연자입니다.

Fm01+04
Je suis protestant / protestante.
[즈 쒸 프호떼스떵/프호떼스떵뜨.]
나는 (남/녀) 기독교인입니다.

● **Je suis +** 명사.로 '나의 이름/국적/직업/종교/기호/취향' 등을 말할 수 있습니다.
● 보시는 것처럼 프랑스어는 직업/신분 등에서 남성형과 여성형 명사가 따로 있습니다.
● **employé** [엉쁠루와이예] (남자) 회사원, **employée** [엉쁠루와이예] (여자) 회사원,
marié [마히에] (남자) 기혼자, **mariée** [마히에] (여자) 기혼자,
non-fumeur [농-퓌뫼흐] (남자) 비흡연자, **non-fumeuse** [농-퓌뫼즈] (여자) 비흡연자,
protestant [프호떼스떵] (남자) 기독교인, **protestante** [프호떼스떵뜨] (여자) 기독교인

Section 1. Part 01
Meta-Cognition French

Je suis Jisoo.
프랑스어의 주어인칭대명사 그리고 être 동사

We are able to understand **our own working minds**.

Fm01+05
Je ne suis pas seul(e).
[즈 느 쒸 빠 쐴.]
나는 외롭지 않습니다.

Fm01+06
Je ne suis pas fatigué(e).
[즈 느 쒸 빠 파띠게.]
나는 피곤하지 않습니다.

Fm01+07
Je ne suis pas occupé(e).
[즈 느 쒸 빠 조뀌뻬.]
나는 바쁘지 않습니다.

Fm01+08
Je ne suis pas déçu(e).
[즈 느 쒸 빠 데쒸.]
나는 실망하지 않습니다.

● **Je suis +** 형용사.로 '나의 상태/체형/외모/건강/컨디션/기분/정서/능력'을 표현할 수 있습니다.
● 부정문은 부정부사 **ne ~ pas** 를 사용합니다. 동사의 앞과 뒤를 **ne ~ pas** 로 감싸주면 됩니다.
● 프랑스어 형용사는 수식하는 명사에 따라 성수변화를 합니다.
괄호 안의 (e) 는 여성형 어미입니다. (섹션3에서 자세히 설명드리겠습니다.)
● **ne ~ pas** [느 ~ 빠] (부정부사) 아니다, **seul(e)** [쐴] 외로운, **fatigué(e)** [파띠게] 피곤한, **occupé(e)** [오뀌뻬] 바쁜, **déçu(e)** [데쒸] 실망한

우리들 중의 '프랑스어 회화능력자'를 위하여!

취업면접/이력서/자격시험 등에 대비하여 좀 더 다양한 회화예문이 필요하시면 웹하드에서 아이디 **bookersbergen**, 비번 **9999**로 로그인하고, 내려받기 폴더에서 국가대표 프랑스어 회화능력자 **Pattern 007~009**를 다운로드하십시오.
(다운로드는 무료!)
나에게 당장 필요한 문장을 골라 반복적으로 청취하여 '내 문장'으로 만듭시다!

- SUMMARIZE — Determine important ideas!
- QUESTION — Ask questions as I read!
- VISUALIZE — Create mental images of what I read!
- CONNECT — Use what I knew!

Meta-Cognition French

Section 1. part 01

● The value of Meta-Cognition is the training of mind to think.

Fm01+09
Es-tu raisonnable?
[에-뛰 헤조나블르?]
너는 합리적이니?

Fm01+10
Est-il prudent?
[에-띨 프휘덩?]
그는 신중합니까?

Fm01+11
Elle est compétente?
[엘 레 꽁뻬떵뜨?]
그녀는 유능합니까?

Fm01+12
Est-ce que vous êtes responsable?
[에-쓰 끄 부 제뜨 헤스뽕싸블르?]
당신은 책임감이 있습니까?

● 의문문은 기본적으로 주어와 동사를 도치시키고, 의문부호로 마무리합니다. 일상회화에서는 평서문 끝의 억양을 올려 묻거나, 의문형태소 **Est-ce que ~** 를 평서문 앞에 붙여서 묻습니다.
● 이상의 질문들은 프랑스 기업체 취업면접에서 실제로 사용되는 표현들입니다.
● **raisonnable** [헤조나블르] 합리적인, **prudent** [프휘덩] 신중한, **compétente** [꽁뻬떵뜨] 유능한, **Est-ce que ~?** [에-쓰 끄 ~?] ~입니까?, **responsable** [헤스뽕싸블르] 책임감이 있는

● I'm wondering.
● I'm feeling.

드디어 플러스 '엔딩'!

프랑스 파리 남쪽에는 전 세계 학생들이 거주하고 있는 **Cité Universitaire** [씨떼 위니베흐씨떼흐]라는 국제학생기숙사촌이 있습니다. 기숙사촌 중앙에는 거대한 학생 식당이 있는데 여행객들도 티켓을 구매하여 식사를 할 수 있습니다. 식판을 들고 원하는 음식을 담아 자리잡으면 맞은 편에 앉은 상대방과 자연스럽게 대화를 시도해볼 수 있습니다. 우리가 제01과에서 배운 내용만으로도 충분히 만들어 낼 수 있는 장면이라는 사실이 중요합니다! 이제 우리가 주인공이 될 시간입니다.

- **SUMMARIZE**
  Determine important ideas!
- **QUESTION**
  Ask questions as I read!
- **VISUALIZE**
  Create mental images of what I read!
- **CONNECT**
  Use what I knew!

We have the ability to transform our mental processes.

The value of **Meta-Cognition** is the training of mind to think.

The value of Meta-Cognition is the training of mind to think.
We have the ability to transform our mental processes.

Section 1. Part 02
Le père, la mère, les enfants.

[르 뻬흐, 라 메흐, 레 정펑.]
아버지, 어머니, 아이들.
프랑스어의 정관사와 명사의 성수

제02과 우리들의 명제는 '프랑스어의 명사'입니다. 프랑스어는 영어와 다르게 명사가 남성과 여성으로 성구별을 합니다. 아울러 이에 따라 다른 모양의 관사들도 등장합니다.
이번 과 우리의 목표는 이렇듯 섬세하게 구조되어 있는 프랑스어의 관사와 명사의 매력을 느껴보는 것입니다.

- SUMMARIZE Determine important ideas!
- QUESTION Ask questions as I read!
- VISUALIZE Create mental images of what I read!
- CONNECT Use what I knew!

Meta-Cognition French

● The value of Meta-Cognition is the training of mind to think.

Section 1.
part 02

 프랑스어 관사와 명사의 특성!

프랑스어 명사의 가장 독특한 특징은 '성 (性), 수 (數)' 구별이 있다는 것입니다.
명사의 수(數)는 단수/복수를 의미하는 것으로 영어와 같습니다.
하지만 남성/여성으로 구분되는 프랑스어 명사의 성(性)은 우리말은 물론 영어에도 없는
낯선 부분입니다. 그리고 명사 앞에 놓여 명사의 성격을 알려주는 관사 또한
프랑스어에서는 명사의 '성(性), 수(數)' 에 따라 모양이 달라집니다.
프랑스어 관사는 정관사와 부정관사, 그리고 부분관사로 이루어져 있습니다.
우리는 일단 정관사부터 먼저 만나보겠습니다.

 섬세한 프랑스어 정관사!

자, 그러면 먼저 프랑스어 정관사의 형태부터 살펴보겠습니다.
프랑스어 정관사의 역할은 기본적으로 영어의 정관사와 거의 비슷합니다.
즉, 특정 명사를 지칭하거나, 어떤 종류를 총칭하는 의미로 명사 앞에 붙여 사용합니다.
그런데 성구별이 없는 영어의 정관사는 **the** 하나이지만, 남성과 여성 명사가 존재하는
프랑스어에서는 성별에 따라 다른 모양의 관사가 필요합니다.
아울러 단수형과 복수형도 다른 모양이어야 할 것이고요. 다음의 모양들을 봐주십시오!

프랑스어의 정관사	남성	여성
단수	**le** [르]	**la** [라]
복수	**les** [레]	

그러니까 프랑스어는 남성단수명사 앞에는 **le** [르]를, 여성단수명사 앞에는 **la** [라]라는 정관사를
붙입니다. 복수명사는 남녀의 성별에 관계없이 똑같이 **les** [레]를 붙입니다. 한번 관사와 함께
명사를 읽어 보겠습니다. (프랑스어 명사의 복수형은 기본적으로 단수형에 **-s** 를 붙입니다.)

The value of **Meta-Cognition** is **the training of mind to think.**
We have the ability to **transform our mental processes.**

Section 1. Part 02
Le père, la mère, les enfants.
프랑스어의 정관사와 명사의 성수

Meta-Cognition French

We are able to understand **our own working minds.**

Fm02-01
le livre — [르 리브흐] 책
les livres — [레 리브흐] 책들

Fm02-02
la chaise — [라 쉐즈] 의자
les chaises — [레 쉐즈] 의자들

Fm02-03
le crayon — [르 크헤이용] 연필
les crayons — [레 크헤이용] 연필들

Fm02-04
la voiture — [라 부아뛰흐] 자동차
les voitures — [레 부아뛰흐] 자동차들

I'm noticing.

프랑스어의 발음 대원칙, '마지막 자음은 소리를 내지 않는다!' 기억하고 계시죠?
그래서 복수형 어미 **-s** 는 발음하지 않습니다. 이런 이유로 관사 없이는 단수인지 복수인지 구분할 수가 없고, 그렇기 때문에 다양한 관사의 등장은 필연적입니다. 그런데 한 가지!
프랑스어에서 '모음이나 무성 **h**'로 시작하는 명사는 단수 정관사의 모음을 생략하여 **l'** 형태로 축약됩니다. (이 조합은 거의 모든 프랑스어 문법상 변칙의 원인이 되기도 합니다)
이렇게 되면 축약된 정관사만으로는 명사의 성을 구별할 수 없게 됩니다.
바로 그런 이유로 프랑스어의 명사를 공부할 때는 반드시 성을 함께 기억하셔야 합니다.

Fm02-05
le arbre ➔ l'arbre — [리흐브흐] 나무
le homme ➔ l'homme — [롬므] 남자

Fm02-06
la école ➔ l'école — [레꼴] 학교
la heure ➔ l'heure — [뢰흐] 시간

Fm02-07
la île ➔ l'île — [릴] 섬
le hôtel ➔ l'hôtel — [로뗄] 호텔

Fm02-08
le héros — [르 에호] 영웅
la haine — [라 엔느] 증오

I'm thinking.

하지만 마지막 줄의 **la haine** 처럼 '유성 h' 앞에서는 축약이 일어나지 않습니다.
발음편에서 말씀드린 바와 같이 사전에 십자가(†) 표시가 붙어 있는 '유성 h'는 '무성 h'와 마찬가지로 소리를 내지는 않지만 문법적으로 자음 취급을 하기 때문입니다.

Section 1. part 02

● The value of Meta-Cognition is the training of mind to think.

다시 한 번 말씀드리지만 축약은 모음에서만 일어납니다! 자음은 축약하지 않습니다.

 프랑스어 생물명사의 '성' (性)

프랑스어의 명사는 '남성/여성'으로 성구별을 합니다. 명사의 성구별법이 똑부러지게 존재하는 것은 아니지만, 기본적으로 생물의 경우에는 '자연성'(自然性)을 따릅니다. 다음 명사들을 보시죠.

Fm02-09	le père [르 뻬흐] 아버지	la mère [라 메흐] 어머니
Fm02-10	le garçon [르 갸흐쏭] 소년	la fille [라 피으] 소녀
Fm02-11	le mari [르 마히] 남편	la femme [라 팜므] 아내/여자
Fm02-12	le frère [르 프헤흐] 남자 형제	la sœur [라 쐬흐] 여자 형제

그런데 생물 중에서도 직업/신분 등을 나타내는 명사들은 각각 성구별이 필요합니다.
예를 들어 '남학생/여학생, 남자 친구/여자 친구, 남자 가수/여자 가수' 같은 명사들은
여성형을 만드는 방법이 따로 있습니다. 대표적인 몇 가지 유형을 소개해드리겠습니다.

Fm02-13	l'étudiant [레뛰디앙] 남학생	l'étudiante [레뛰디엉뜨] 여학생
Fm02-14	le Coréen [르 꼬헤엉] 한국 남자	la Coréenne [라 꼬헤엔느] 한국 여자
Fm02-15	le chanteur [르 셩뙤흐] 남자 가수	la chanteuse [라 셩뙤즈] 여자 가수
Fm02-16	l'enfant [렁펑] 어린이	le(la) malade [르(라) 말라드] 남자(여자) 환자

I'm wondering.

I'm feeling.

Section 1. Part 02
Le père, la mère, les enfants.
프랑스어의 정관사와 명사의 성수

우선 첫 번째 예처럼 가장 일반적인 방법은 남성명사에 **-e** 를 붙여 여성형을 만드는 방법입니다. 발음을 안하던 끝자음이 살아나서 소리가 나는 경우도 있습니다.
두 번째 예처럼 남성 명사가 **-n** (또는 **-t**)로 끝나면, 마지막 자음인 **-n** (또는 **-t**)를 한 번 더 써줘서 **-nne** (또는 **-tte**)로 여성명사를 만들 수도 있습니다. 세 번째 예시처럼 남성형의 끝음절이 바뀌기도 하고, 마지막 예시와 같이 남성/여성형이 같은 경우에는 관사로 구별하기도 합니다.

참고로 프랑스어 명사에는 **le professeur** [르 프호페쐬흐] (교수), **le médecin** [르 메드상] (의사) 처럼 여성형이 애초에 없는 명사도 있습니다. 주로 여성의 사회 진출이 극히 제한되었던 시대에 만들어진 전문직업군의 단어들입니다. 굳이 여성임을 밝히고 싶다면 **la femme** [라 팜므] 여성 (또는 **la dame** [라 담므] 부인) **professeur** [프호페쐬흐]로 호칭할 수 있습니다만, 우리말의 '여교수/여의사'가 주는 뉘앙스처럼 직업 앞에 성을 표시하는 것은 '젠더 이슈'와 관계되기 때문에 그다지 권장되지 않습니다.

 프랑스어 무생물 명사의 '성' (性)

이번에는 무생물 명사의 성(性)을 함께 알아보겠습니다. 아쉽게도 무생물 명사의 성을 구별할 수 있는 완벽한 규칙은 존재하지 않기 때문에 명사를 만날 때마다 성을 함께 기억해야 합니다. 하지만 그럼에도 불구하고 성구별에 도움이 될만한 힌트들이 있어서 살짝 팁을 드리겠습니다.

Fm02-17	**le mouvement** [르 무브멍] 운동	**la nation** [라 나씨옹] 국가
Fm02-18	**le chapeau** [르 샤쁘] 모자	**la liberté** [라 리베흐떼] 자유
Fm02-19	**l'ordinateur** [로흐디나뙤흐] 컴퓨터	**la culture** [라 뀔뛰흐] 문화
Fm02-20	**le réalisme** [르 헤알리즘므] 사실주의	**la serviette** [라 쎄흐비에뜨] 수건/서류가방

어미가 **-ment, -eau, -teur, -isme** 등으로 끝나면 대부분 남성명사입니다.
그리고 **-tion, -té, -ure, -ette** 등으로 끝나는 상당수의 명사는 여성명사입니다.
프랑스어를 처음 시작하는 우리들에게 수많은 규칙은 오히려 무거운 짐이 될 수 있습니다.
때문에 가장 좋은 방법은 무생물 명사가 등장하면 관사와 성을 함께 기억하는 것입니다.
바로 이런 과정들이 축적되면서 우리들의 프랑스어 인지력은 패턴을 기억하고,
스스로 분류해내는 감각으로 이어질 것입니다. 이것이 우리의 '메타 프랑스어'가 되는 것이고요.

 프랑스어 명사의 '수' (數)

지금부터는 프랑스어 명사의 복수형이 만들어지는 구조를 살펴보겠습니다.
기본적으로 프랑스어 명사의 복수형을 만드는 방식은 영어와 마찬가지로 '단수형**+s**'입니다.

Fm02-21	**la femme** [라 팜므] 여자	**les femmes** [레 팜므] 여자들
Fm02-22	**le pays** [르 뻬이] 나라	**les pays** [레 뻬이] 나라들
Fm02-23	**le manteau** [르 멍또] 외투	**les manteaux** [레 멍또] 외투들
Fm02-24	**le journal** [르 주흐날] 신문	**les journaux** [레 주흐노] 신문들

유형별로 볼 때 단수형과 복수형이 같은 명사들이 있습니다. 주로 **-s, -x, -z** 로 끝나는 명사들이 여기에 해당합니다. 이 경우 관사만 복수형으로 바꾸면 됩니다. 그리고 **-eau** 로 끝나는 명사들은 끝에 **-x** 를 붙이고, **-al** 로 끝나는 몇몇 명사는 **-aux** 를 붙여 복수형을 만듭니다.
이미 말씀드린 바와 같이 모든 유형을 일일이 기억할 필요는 없습니다.
지금 우리들에게 가장 필요한 것은 문장 속에서 프랑스어 명사와 관사의 성격을 익히는 것이고, 프랑스어가 지닌 성수 구별의 특징을 납득하는 것입니다.

Section 1. Part 02
Le père, la mère, les enfants.
프랑스어의 정관사와 명사의 성수

Meta-Cognition French

> The value of Meta-Cognition is the training of mind to think.
> We have the ability to transform our mental processes.
> We are able to understand our own working minds.

유용하다, C'est ~ 구문!

이번에는 프랑스어 명사와 관사의 효용성을 문장 속에서 음미해볼 수 있는 **C'est ~.** [쎄 ~.] (이것은 ~입니다.) 구문을 소개하겠습니다.
ce [쓰] 는 '이것/저것/그것'이라는 의미의 지시대명사이며, **est** [에]는 **être** [에트흐] (~이다) 동사의 3인칭 단수형입니다. 모음축약이 되어 **c'est ~** 형태가 되었습니다.
복수의 경우에는 동사만 **être** 동사의 3인칭 복수형 **sont** [쏭]으로 바뀝니다. (**ce sont ~** [쓰 쏭 ~])
자! 다음 예문의 관사/명사/동사의 형태를 한번 뜯어볼까요?

Fm02-25
C'est le stylo.
[쎄 르 스띨로.]
이것은 볼펜입니다.

Fm02-26
C'est la maison.
[쎄 라 메종.]
이것은 집입니다.

Fm02-27
Ce sont les magasins.
[쓰 쏭 레 마가장.]
이것들은 상점들입니다.

Fm02-28
Ce sont les serviettes.
[쓰 쏭 레 쎄흐비에뜨.]
이것들은 서류가방들입니다.

● 정관사는 이미 앞에서 언급된 특정 명사를 지칭합니다. 우리말 해석은 명사 앞에 '그'가 생략되었다고 보시면 됩니다.
● **ce** [쓰] 이것/저것/그것 (지시대명사), **le stylo** [스띨로] 볼펜, **la maison** [메종] 집, **le magasin** [마가장] 상점/가게, **la serviette** [쎄흐비에뜨] 서류가방

I'm noticing.
I'm thinking.

- **SUMMARIZE** — Determine important ideas!
- **QUESTION** — Ask questions as I read!
- **VISUALIZE** — Create mental images of what I read!
- **CONNECT** — Use what I knew!

Meta-Cognition French

● The value of Meta-Cognition is the training of mind to think.

Section 1. part 02

Section 1.　　　　　Part 02+
프랑스어 회화능력 단련장

(이 책 전체를 가볍고 빠르게 일독하실 분은 이번 코너를 살짝! 스킵하셔도 됩니다.)

이번 과에서 배운 내용을 기구 삼아 우리들의 프랑스어 근력을 키우는 코너입니다. '정관사 + 명사 + **être** 동사 + 형용사.'의 패턴을 가지고 문장력을 키워보겠습니다. 매우 간단한 구조이지만 아주 강력한 표현들입니다. 문장 반복을 통해서 관사와 명사 그리고 동사에 익숙해집시다!

Fm02+01
Le garçon est beau.
[르 갸흐쏭 에 보.]
소년은 잘생겼습니다.

Fm02+02
La fille est jolie.
[라 피으 에 졸리.]
소녀는 예쁩니다.

Fm02+03
Le père est grand.
[르 뻬흐 에 그헝.]
아버지는 큽니다.

Fm02+04
Les parents sont chic.
[레 빠헝 쏭 쉬크.]
부모님은 멋집니다.

● **être** (~이다) 동사의 3인칭단수형은 **est**, 복수형은 **sont** 입니다.
● 프랑스어 형용사는 꾸며주는 명사에 성수일치를 합니다.
단어정리에서 ( ) 안은 여성형입니다. (프랑스어 형용사의 모든 것은 섹션 3.에서 설명드립니다.)
● 형용사 **chic** 은 성수와 관계 없이 형태가 동일합니다.
● **le garçon** [갸흐쏭] 소년, **beau** [보] 잘생긴, **la fille** [피으] 소녀, **joli(e)** [졸리] 예쁜/귀여운, **le père** [르 뻬흐] 아버지, **grand(e)** [그헝(드)] 큰, **les parents** [빠헝] 부모/양친, **chic** [쉬크] 멋진/근사한

● I'm wondering.
● I'm feeling.

> The value of **Meta-Cognition** is **the training of mind to think**.
> We have the ability to **transform our mental processes**.

Section 1.   Part 02
Le père, la mère, les enfants.
프랑스어의 정관사와 명사의 성수

Meta-Cognition French

We are able to understand **our own working minds**.

Fm02+05
Le médecin est gentil.
[르 메드상 에 정띠.]
의사는 친절합니다.

Fm02+06
La chanteuse est belle.
[라 셩뙤즈 에 벨.]
여자 가수는 아름답습니다.

Fm02+07
Les étudiants sont intelligents.
[레 제뛰디엉 쏭 땅뗄리정.]
학생들은 똑똑합니다.

Fm02+08
Les marchands sont honnêtes.
[레 마흐셩 쏭 또네뜨.]
상인들은 정직합니다.

I'm noticing.

● '정관사 + 명사 + être 동사 + 형용사.' 패턴에서 형용사만 바꾸어 주면 여러 다양한 표현들이 가능합니다.
● 프랑스어의 형용사(**intelligent, honnête** 등)은 성수에 따라 어미가 변화합니다.
● **le médecin** [메드상] 의사, **gentil(le)** [정띠(으)] 친절한, **la chanteuse** [셩뙤즈] 여가수, **belle** [벨] 아름다운, **le étudiant (= l'étudiant)** [에뛰디엉] 학생, **intelligent(e)** [앙뗄리정(뜨)] 똑똑한, **le marchand** [마흐셩] 상인, **honnête** [오네뜨] 정직한

I'm thinking.

우리들 중의 '프랑스어 회화능력자'를 위하여!

취업면접/이력서/자격시험 등에 대비하여 좀 더 다양한 회화예문이 필요하시면 웹하드에서 아이디 **bookersbergen**, 비번 **9999**로 로그인하고, 내려받기 폴더에서 국가대표 프랑스어 회화능력자 **Pattern 009~014**를 다운로드하십시오.
(다운로드는 무료!)
나에게 당장 필요한 문장을 골라 반복적으로 청취하여 '내 문장'으로 만듭시다!

- SUMMARIZE — Determine important ideas!
- QUESTION — Ask questions as I read!
- VISUALIZE — Create mental images of what I read!
- CONNECT — Use what I knew!

Section 1. part 02

● The value of Meta-Cognition is the training of mind to think.

Fm02+09
L'employé est pressé?
[렁쁠루와이예 에 프헤쎄?]
남자 회사원은 바쁩니까?

Fm02+10
La serveuse est fatiguée?
[라 쎄흐뵈즈 에 파띠게?]
여종업원은 피곤합니까?

Fm02+11
Les clients sont-ils contents?
[레 끌리엉 쏭-띨 꽁떵?]
손님들은 만족합니까?

Fm02+12
Les fonctionnaires sont-ils compétents?
[레 퐁씨오네흐 쏭-띨 꽁뻬떵?]
공무원들은 유능합니까?

● 평서문의 억양을 올려 의문문을 만들 수 있습니다. 하지만 마지막 두 예문처럼 주어인칭대명사가 아닌 명사가 주어인 문장은 명사 주어를 문장 앞에 그대로 두고 그에 해당하는 대명사를 다시 한번 쓰고 도치시키는 방법도 있습니다. (~ sont-ils ~)
● **le employé (= l'employé)** [엉쁠루와이예] 남자 회사원, **pressé(e)** [프헤쎄] 바쁜, **la serveuse** [쎄흐뵈즈] 여자 종업원, **fatigué(e)** [파띠게] 피곤한, **le client** [끌리엉] 손님, **content(e)** [꽁떵(뜨)] 만족한, **le fonctionnaire** [퐁씨오네흐] 공무원, **compétent(e)** [꽁뻬떵(뜨)] 유능한

드디어 플러스 '엔딩'!

우리는 이번 과에서 프랑스어 명사의 성과 수를 처음 만났습니다.
아울러 명사 앞에서 성수에 맞게 다른 형태를 가지는 정관사들도 알게 되었습니다.
평소에 특히 명사를 관사와 붙여 소리 내어 연습하는 것이 중요합니다. 형태는 어떠한지, 연음과 축약으로 발음이 어떻게 달라지는지 천천히 꼼꼼히 음미하시기 바랍니다.
지금은 우리들의 첫 프랑스어의 모양을 섬세하게 빚어올리는 단계입니다.

The value of Meta-Cognition is the training of mind to think.
We have the ability to transform our mental processes.

Section 1.   Part 03
Un homme, une femme, des enfants.

[아 놈므, 윈느 팜므, 데 정펑.]
한 남자, 한 여자, 아이들.

프랑스어의 부정관사와 부분관사

프랑스어에는 3가지 종류의 관사가 있습니다. 속칭 '관사 3총사'로 불리는 이들 중 앞서 배운 '정관사'를 제외한 나머지 두 가지, 즉 '부정관사'(하나의/어떤)과 '부분관사' (약간의)를 이번 과에서 만나 볼 것입니다. 이를 위해 우리는 특별히 **avoir** (가지다 : 영어의 **have**) 동사를 활용할 것입니다. 그리고 부정문을 통해 프랑스어의 매력에 조금 더 가까이 다가가보겠습니다.

We are able to understand our own working minds.

 프랑스어의 '어떤' 부정관사!

부정관사는 '불특정한 내용의 명사' 앞에 붙여 '하나의' 또는 '어떤'의 의미로 사용합니다. 영어의 부정관사는 달랑 **a** 하나입니다. (모음으로 시작하는 명사에 붙이는 **an** 은 발음상의 변칙에 불과합니다.) 이에 비해 프랑스어의 부정관사는 프랑스어 정관사가 그랬던 것처럼 명사의 성수에 따라 각각 다른 형태를 가지고 있습니다. 다음을 확인해주십시오!

프랑스어의 부정관사	남성	여성
단수	**un** [앙]	**une** [윈느]
복수	**des** [데]	

프랑스어 부정관사는 남성단수명사 앞에 **un** [앙], 여성단수명사 앞에 **une** [윈느]를 붙입니다. 복수명사 앞에는 남녀 성과 관계 없이 **des** [데]를 붙여줍니다. 모양만 다를 뿐 기본적으로 정관사 3개와 같은 방식입니다. 유의할 점은 다음에 나오는 명사가 '모음이나 무성 **h**'로 시작하는 경우에는 연음된다는 것입니다. 연음 여부를 살피면서 찬찬히 단어 몇 개만 읽어보겠습니다.

Fm03-01	**un homme** [아 놈므] 남자	**des hommes** [데 좀므] 남자들
Fm03-02	**une femme** [윈느 팜므] 여자	**des femmes** [데 팜므] 여자들
Fm03-03	**un enfant** [아 넝펑] 아이	**des enfants** [데 정펑] 아이들
Fm03-04	**une école** [위 네꼴] 학교	**des écoles** [데 제꼴] 학교들

The value of **Meta-Cognition** is **the training of mind to think.**
We have the ability to **transform our mental processes.**

Section 1. Part 03
Meta-Cognition
French

Un homme, une femme, des enfants.
프랑스어의 부정관사와 부분관사

We are able to understand **our own working minds.**

- '모음이나 무성 **h**'로 시작하는 단어는 앞의 자음과 연결하여 발음합니다. **un homme** [아 놈므], **des hommes** [데 좀므], **un enfant** [아 넝펑], **des enfants** [데 정펑] 등으로 연결하여 발음합니다.
- **l'homme** [옴므] 남자, **la femme** [팜므] 여자, **l'enfant** [엉펑] 아이, **l'école** [에꼴] 학교

프랑스어 '약간의' 부분관사!

다음은 프랑스어의 '부분관사'입니다. 우리에겐 다소 생소할 수 있는 부분관사는 '셀 수 없는 물질명사나 추상명사' 앞에 사용하는 관사입니다. 그러니까 다시 말해서 프랑스어의 부분관사는 수(數)가 아닌 양(量)을 주로 표시하는 관사입니다. 의미는 '약간의/일부분의'이지만 굳이 우리말로 해석을 할 필요는 없습니다. 부분관사는 복수형이 없지만, 반드시 복수로 표현해야 할 경우에는 부정관사 **des** [데]를 사용합니다.

프랑스어의 부분관사

	남성	여성
단수	**du (de l')** [뒤]	**de la (de l')** [드 라]

그리고 '모음이나 무성 **h**'로 시작하는 명사 앞에서 부분관사의 형태는 남녀 모두 **de l'** 입니다. 발음을 유연하게 만들기 위한 조치입니다. 이제 부분관사와 명사를 연결해서 읽어보겠습니다.

Fm03-05 **du pain** [뒤 빵] 빵 **de la confiture** [드 라 꽁피뛰흐] 잼

Fm03-06 **du vin** [뒤 방] 와인 **de la viande** [드 라 비엉드] 고기

Fm03-07 **du courage** [뒤 꾸하주] 용기 **de la patience** [드 라 빠씨엉스] 인내

Fm03-08 **de l'argent** [드 라흐정] 돈 **de l'eau** [드 로] 물

- 모음으로 시작하는 남성명사인 **argent** 앞에는 **du** 대신 **de l'** 를 붙여, **de l'argent** [드 라흐정]이고, 여성명사인 **eau** 는 **de l'eau** [드 로]가 됩니다.
- **le pain** [빵] 빵, **la confiture** [꽁피뛰흐] 잼, **le vin** [방] 와인, **la viande** [비엉드] 고기, **le courage** [꾸하주] 용기, **la patience** [빠씨엉스] 인내, **l'argent** [아흐정] 돈, **l'eau** [오] 물

프랑스어 동사 넘버 2, avoir 동사!

이제 본격적으로 부정관사와 부분관사를 문장 안에 넣어 보겠습니다.
être (~이다) 동사와 함께 프랑스어 동사의 양대 산맥이라고 할 수 있는
avoir [아부아흐] (가지다 : 영어의 have) 동사를 이용하겠습니다.
avoir 동사는 목적어를 필요로 하는 대표적인 타동사입니다.
être 동사와 마찬가지로 불규칙동사이기 때문에 주어의 인칭에 따라 동사의 형태가
모두 다릅니다. 연음과 축약에 유의하면서 avoir 동사의 현재인칭변화를 살펴보겠습니다.

프랑스어의 avoir 동사

j'ai ~ [줴 ~] 나는 ~ 가지고 있다	**nous avons ~** [누 자봉 ~] 우리들은 ~ 가지고 있다
tu as ~ [뛰 아 ~] 너는 ~ 가지고 있다	**vous avez ~** [부 자베 ~] 당신(들)은 ~ 가지고 있다
il / elle a ~ [일 / 엘 라 ~] 그/그녀는 ~ 가지고 있다	**ils / elles ont ~** [일 / 엘 종 ~] 그/그녀들은 ~ 가지고 있다

보시는 바와 같이 **avoir** 동사 대부분이 인칭대명사와 연음이 일어납니다.
(2인칭단수형 **tu as** [뛰 아]는 예외) 때문에 불규칙동사의 인칭변화는 반드시
주어인칭대명사와 세트로 붙여서 연습하는 것이 가장 좋은 학습법입니다.

Section 1. Part 03
Un homme, une femme, des enfants.
프랑스어의 부정관사와 부분관사

Fm03-09
J'ai un portable.
[줴 앙 뽀흐따블르.]
나는 핸드폰을 하나 가지고 있습니다.

Fm03-10
Nous avons une maison.
[누 자봉 쥔느 메종.]
우리는 집을 하나 가지고 있습니다.

Fm03-11
Avez-vous des frères?
[아베-부 데 프헤흐?]
당신(들)은 형제들이 있습니까?

Fm03-12
Il a de la chance.
[일 라 드 라 숑스.]
그는 운이 좋습니다.

- '당신(들)은 형제들을 가지고 있습니까?'는 '당신(들)은 형제들이 있습니까?'로 말하는 것이 자연스럽습니다.
- '그는 운을 가지고 있습니다.'는 '그는 운이 좋습니다.'라고 말할 수 있습니다.
- **le portable** [뽀흐따블르] 핸드폰, **la maison** [메종] 집, **le frère** [프헤흐] 남동생/형/오빠, **la sœur** [쇠흐] 여동생/언니/누나, **le fils** [피스] 아들, **la fille** [피으] 딸, **les enfants** [엉펑] 아이들/자식늘, **la chance** [숑스] 운/행운

 관사의 변신, 부정(否定)의 de

부정관사와 부분관사의 활약을 보았으니, 이번에는 한걸음 더 들어가보겠습니다.
부정문에서는 부정관사와 부분관사가 변신을 합니다. 즉 **être** 를 제외한 그외 동사의 경우, 부정관사(**un/une/des**)와 부분관사(**du/de la**)는 부정문에서 **de** 로 바뀝니다.
이것을 '부정의 **de**' 라고 합니다. 부정문은 **ne ~ pas** [느 ~ 빠] (~ 아니다)로 만듭니다.

- SUMMARIZE — Determine important ideas!
- QUESTION — Ask questions as I read!
- VISUALIZE — Create mental images of what I read!
- CONNECT — Use what I knew!

Section 1. part 03

● The value of Meta-Cognition is the training of mind to think.

Fm03-13 **Vous avez une voiture?**
[부 자베 쥔느 부아뛰흐?]
당신(들)은 자동차를 가지고 있습니까?

Fm03-14 **Je n'ai pas de voiture.**
[즈 네 빠 드 부아뛰흐.]
나는 자동차가 없습니다.

Fm03-15 **Paul a du courage?**
[뽈 아 뒤 꾸하주?]
폴은 용기가 있습니까?

Fm03-16 **Il n'a pas de courage.**
[일 나 빠 드 꾸하주.]
그는 용기가 없습니다.

- 긍정의문문에서는 명사에 성수일치 되었던 관사 **une/du** 가 부정문에서 **de** 로 바뀌었습니다.
- **J'ai ~ / Il a ~** 의 부정형은 각각 **Je n'ai pas ~ / Il n'a pas ~** 입니다. 모음이 축약되었습니다.
- **courage** 가 불가산명사여서 **du** 가 사용되었습니다.
- **la voiture** [부아뛰흐] 자동차, **ne ~ pas** [느 ~ 빠] ~아니다

질문을 받으면 똑 부러지게 대답합시다! 긍정의문문에 대한 대답은 **Oui.** [위.] (네.), **Non.** [농.] (아니오.)입니다. 좀 헷갈리는 것은 '~하지 않니?' 라고 묻는 부정의문문인데, 부정의문문에 대한 대답은 **Si.** [씨.] (네.), **Non.** [농.] (아니오.)입니다.

Fm03-17 **Oui, j'ai faim.**
[위, 줴 팡.]
응, 나는 배가 고파.

Fm03-18 **Non, je n'ai pas faim.**
[농, 즈 네 빠 팡.]
아니, 나는 배고프지 않아.

● I'm **wondering**.
● I'm **feeling**.

The value of Meta-Cognition is the training of mind to think.
We have the ability to transform our mental processes.

Section 1. Part 03
Meta-Cognition French

Un homme, une femme, des enfants.
프랑스어의 부정관사와 부분관사

We are able to understand our own working minds.

Fm03-19
Tu n'as pas faim?
[뛰 나 빠 팡?]
너 배고프지 않니?

Fm03-20
Si, j'ai faim.
[씨, 줴 팡.]
응, 나는 배가 고파.

● 'avoir + 무관사 명사'로 다양한 일상의 생활표현이 가능합니다.
목적어 부분에 아래 정리된 단어를 차례차례 바꿔 넣어가며 연습해보시기 바랍니다.
이제 우리는 프랑스어로 기본욕구와 감각을 자신있게 표현할 수 있습니다!
● **le faim** [팡] 허기/굶주림, **la soif** [수아프] 갈증, **le sommeil** [소메이으] 잠/졸음, **le chaud** [쇼] 더위, **le froid** [프후아] 추위

마무리 '꿀팁'!

우리말이 유창한 프랑스 사람에게 외국인이 프랑스어 관사를 잘못 사용하면 어떤 느낌이 드는지 물었습니다. 대답은 ... 한국어의 조사를 모두 빼거나 잘못 사용했을 때의 어색함과 다르지 않다고 말했습니다. 우리가 앞으로 프랑스어 관사를 어떻게 생각해야 하는지 알려주는 대목입니다. 프랑스어 관사는 번거로운 암기물이 아니라, 명사의 성격과 역할을 더욱 꼼꼼히 알려주려는 고마운 도우미라는 사실을 인지해야 한다는 것입니다.

- **SUMMARIZE** Determine important ideas!
- **QUESTION** Ask questions as I read!
- **VISUALIZE** Create mental images of what I read!
- **CONNECT** Use what I knew!

Section 1.
part 03

● The value of Meta-Cognition is the training of mind to think.

Section 1.　　Part 03+
프랑스어 회화능력 단련장

(이 책 전체를 가볍고 빠르게 일독하실 분은 이번 코너를 살짝! 스킵하셔도 됩니다.)

'avoir + 부정관사 + 명사' 패턴으로 된 대표적인 일상표현들을 정리했습니다.
'~을 가지고 있다' 패턴에 명사만 바꾸면 우리가 소유하고 있는 것들에 대한 다양한 표현이 가능합니다. '~이 없다'는 부정문일 경우 관사가 **de** 로 바뀌는 점에 유의하시기 바랍니다. 간단한 패턴의 반복을 통해 **avoir** 동사와 부정관사를 연습해 봅시다!

Fm03+01　　J'ai un problème.
[쥬 앙 프호블렘므.]
나는 문제가 하나 있습니다.

Fm03+02　　J'ai un cours.
[쥬 앙 꾸흐.]
나는 강의가 하나 있습니다.

Fm03+03　　J'ai un rendez-vous.
[쥬 앙 헝데-부.]
나는 약속이 하나 있습니다.

Fm03+04　　J'ai une idée.
[쥬 위니 데.]
나는 아이디어가 하나 있습니다.

● J'ai + 부정관사 + 명사. 는 '나는 하나의 ~을 가지고 있다.'입니다. '나는 ~이 있습니다.'로 해석하는 것이 자연스러운 경우도 있습니다.
● 의사/변호사 등과의 공적인 약속은 관사를 붙이지만 친구들 사이의 개인적인 약속은 관사를 생략하기도 합니다. J'ai rendez-vous avec Sophie. [쥬 헝데-부 아베끄 쏘피.] (나는 소피와 약속이 있습니다.)
● le problème [프호블렘므] 문제, le cours [꾸흐] 강의, le rendez-vous [헝데-부] 약속, avec [아베끄] ~와 함께, l'idée [이데] 아이디어

I'm wondering.

I'm feeling.

Section 1. Part 03
Un homme, une femme, des enfants.
프랑스어의 부정관사와 부분관사

Meta-Cognition French

Fm03+05
L'étudiant n'a pas d'argent.
[레뛰디엉 나 빠 다흐정.]
학생은 돈이 없습니다.

Fm03+06
Le garçon n'a pas de crainte.
[르 갸흐쏭 나 빠 드 크항뜨.]
소년은 두려움이 없습니다.

Fm03+07
Le patient n'a pas d'appétit.
[르 빠씨엉 나 빠 다뻬띠.]
환자는 식욕이 없습니다.

Fm03+08
Le candidat n'a pas d'expérience.
[르 껑디다 나 빠 덱쓰뻬히엉스.]
지원자는 경험이 없습니다.

● ne + avoir 동사 + pas de ~ 는 '~을 가지고 있지 않다/~이 없다'입니다.
● 부정문에서 부정관사와 부분관사는 모두 **de** 로 바뀝니다.
● **l'étudiant** [에뛰디엉] 학생, **l'argent** [아흐정] 돈, **le garçon** [갸흐쏭] 소년, **la crainte** [크항뜨] 두려움/공포, **le patient** [빠씨엉] 환자, **l'appétit** [아뻬띠] 식욕, **le candidat** [껑디다] 지원자, **l'expérience** [엑쓰뻬히엉스] 경험

우리들 중의 '프랑스어 회화능력자'를 위하여!

취업면접/이력서/자격시험 등에 대비하여 좀 더 다양한 회화예문이 필요하시면 웹하드에서 아이디 **bookersbergen**, 비번 **9999**로 로그인하고, 내려받기 폴더에서 국가대표 프랑스어 회화능력자 **Pattern 025~029**, 그리고 **032~033**을 다운로드하십시오. (다운로드는 무료!)
나에게 당장 필요한 문장을 골라 반복적으로 청취하여 '내 문장'으로 만듭시다!

Fm03+09
Vous avez des questions?
[부 자베 데 께스티옹?]
당신(들)은 질문들이 있습니까?

Fm03+10
Non, je n'ai pas de question.
[농, 즈 네 빠 드 께스티옹.]
아니오, 나는 질문이 없습니다.

Fm03+11
Vous n'avez pas de questions?
[부 나베 빠 드 께스티옹?]
당신(들)은 질문들이 없습니까?

Fm03+12
Si, j'ai une question.
[씨, 줴 윈느 께스티옹.]
네, 나는 질문이 하나 있습니다.

● 긍정의문문에 대한 대답은 **Oui.** [위.] (네.), **Non.** [농.] (아니오.)이고, 부정의문문에 대한 대답은 **Si.** [씨.] (네.), **Non.** [농.] (아니오.)입니다.
● 부정문에서 부정관사와 부분관사는 모두 **de** 로 바뀝니다.
● **la question** [께스티옹] 질문, **oui** [위] 네, **non** [농] 아니오, **si** [씨] 네 (부정의문문에 대한 대답으로)

드디어 플러스 '엔딩'!

제시된 예문의 주어를 다른 인칭대명사로 바꾸어 연습해 보십시오. 우리들 스스로 만들 수 있는 프랑스어 연습문제라고 생각합시다! **As-tu ~?** [아 뛰 ~?] (너는 ~을 가지고 있니?), **Il a ~.** [일 라~.] (그는 ~을 가지고 있습니다.) ... 등으로 바꾸시면 됩니다.
그리고 의문문을 부정의문문으로 만들고 **oui/non/si** 를 이용해 차례로 대답을 해보십시오. 프랑스어 회화능력은 우리들 스스로도 충분히 강화 단련시킬 수 있습니다.

- SUMMARIZE
  Determine important ideas!
- QUESTION
  Ask questions as I read!
- VISUALIZE
  Create mental images of what I read!
- CONNECT
  Use what I know!

We have the ability to transform our mental processes.

The value of Meta-Cognition is the training of mind to think.

Section 1. Part 04
Je vous donne un cadeau.

[즈 부 돈느 앙 꺄도.]
나는 당신에게 선물을 줍니다.
프랑스어의 목적보어인칭대명사와 비인칭 구문

제04과에서는 목적보어인칭대명사를 만나보겠습니다. 프랑스어의 '목적보어인칭대명사'는 '~을/를' 또는 '~에게/한테'에 해당하는 인칭대명사를 말합니다. 영어에서는 전치사를 동원해야 했던 표현이지만 프랑스어에는 꼼꼼하게도 별도의 형태로 존재합니다. 그리고 일상 생활에서 더욱 빛을 발하는 비인칭 구문 Il y a ~. [일 리 아 ~.]의 유용성도 함께 확인해보겠습니다.

SUMMARIZE	QUESTION	VISUALIZE	CONNECT
Determine important ideas!	Ask questions as I read!	Create mental images of what I read!	Use what I knew!

Section 1.
part 04

Meta-Cognition French

● The value of Meta-Cognition is the training of mind to think.

 프랑스어의 목적보어인칭대명사!

프랑스어의 '목적보어인칭대명사'는 '~을/를' 또는 '~에게/한테'에 해당하는 인칭대명사입니다. '직접목적보어인칭대명사'(이후부터는 편의상 '직접보어'라고 부르겠습니다.)는 영어의 목적격(me/you/him/her 등)과 같고, '간접목적보어인칭대명사'(이후부터는 '간접보어'라고 부르겠습니다.)는 영어의 to me/to you/to him 등에 해당합니다. 영어로 하면 전치사를 동원해야 했던 표현이 프랑스어에서는 별도의 단어로 존재한다는 것이 주목할 만합니다.

 프랑스어의 직접목적보어인칭대명사!

프랑스어 '직접보어'는 영어의 목적격에 해당하는 대명사입니다. 따라서 타동사의 직접목적어를 대신합니다. 먼저 인칭별 형태를 살펴보겠습니다.

프랑스어의 직접목적보어인칭대명사

	단수	복수
1인칭	**me** [므] 나를	**nous** [누] 우리들을
2인칭	**te** [뜨] 너를	**vous** [부] 당신(들)을
3인칭	**le / la** [르 / 라] 그를/그녀를/그것을	**les** [레] 그들을/그녀들을/그것들을

프랑스어는 명사에 성구별이 있다고 했습니다. 그래서 직접보어 3인칭단수형도 남성형과 여성형이 별도로 있다는 사실을 확인할 수 있습니다. 직접보어의 성별 구분은 앞에 등장한 대상을 정확히 밝혀주는 장치입니다. 그리고 복수형은 남성과 여성형이 똑같습니다. 유의할 점은 직접보어 3인칭의 단수형과 복수형의 형태가 하필이면 정관사(**le/la/les**)와 똑같다는 것입니다. 그래서 구별법이 필요합니다. 기억해주십시오! '정관사는 명사 앞에 붙고, 직접보어는 동사 앞에 온다!' 위치로 구분하는 방법입니다. 직접보어의 위치는 기본적으로 언제나 동사 바로 앞입니다.

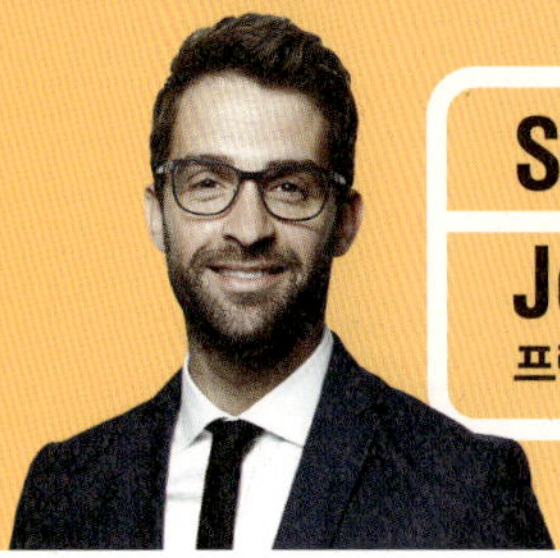

Section 1. Part 04

Meta-Cognition French

Je vous donne un cadeau.

프랑스어의 목적보어인칭대명사와 비인칭 구문

We are able to understand **our own working minds.**

자, 이제 '~에게 ~를 주다'라는 의미의 동사 **donner** [도네] (영어의 **give**)를 출동시켜서 직접보어가 문장 안에서 어떤 역할을 하는지 확인해보겠습니다.

Fm04-01
Je donne la photo à Marie.
[즈 돈느 라 포또 아 마히.]
나는 마리에게 하나의 사진을 줍니다.

Fm04-02
Je la donne à Marie.
[즈 라 돈느 아 마히.]
나는 그것을 마리에게 줍니다.

Fm04-03
Je donne les photos à Marie.
[즈 돈느 레 포또 아 마히.]
나는 마리에게 사진들을 줍니다.

Fm04-04
Je les donne à Marie.
[즈 레 돈느 아 마히.]
나는 그것들을 마리에게 줍니다.

- 명사 **photo** [포또] (사진) 앞에 붙은 **la/les** 는 정관사이고, 동사 **donne** [돈느] 앞에 위치한 **la/les** 는 직접보어입니다.
- **Je donne ~.** [즈 돈느 ~.]는 '나는 ~ 줍니다.'입니다.
- **donner** [도네] 주다, **la photo** [포또] 사진, **à** [아] ~에게/한테 (전치사)

I'm noticing.

I'm thinking.

프랑스어의 간접목적보어인칭대명사!

자, 이번에는 '간접보어'입니다. '~에게'의 뜻이며, '전치사 **à** + 명사'를 대신할 수 있습니다. 먼저 인칭별 형태를 살펴보겠습니다.

- SUMMARIZE — Determine important ideas!
- QUESTION — Ask questions as I read!
- VISUALIZE — Create mental images of what I read!
- CONNECT — Use what I knew!

Meta-Cognition French

Section 1. part 04

● The value of Meta-Cognition is the training of mind to think.

프랑스어의 간접목적보어인칭대명사

	단수	복수
1인칭	**me** [므] 나에게	**nous** [누] 우리들에게
2인칭	**te** [뜨] 너에게	**vous** [부] 당신(들)에게
3인칭	**lui** [뤼] 그/그녀에게	**leur** [뢰흐] 그/그녀들에게

간접보어 1/2인칭 단수형과 복수형(**me/te/nous/vous**)의 형태가 직접보어와 똑같습니다. 3인칭 단수형 **lui** 와 복수형 **leur** 는 남성과 여성 모두를 받을 수 있습니다. 간접보어는 사람만 받으며, 사물을 받을 때는 중성대명사 **y** [이]를 이용합니다. (중성대명사 **y** 는 다음 과에서 설명드리겠습니다.) 간접보어의 위치 역시 직접보어와 마찬가지로 기본적으로 언제나 동사 바로 앞입니다.

Fm04-05
Je donne le livre à Paul.
[즈 돈느 르 리브흐 아 뽈.]
나는 폴에게 책을 줍니다.

Fm04-06
Je lui donne le livre.
[즈 뤼 돈느 르 리브흐.]
나는 그에게 책을 줍니다.

Fm04-07
Je donne le livre à Paul et Marie.
[즈 돈느 르 리브흐 아 뽈 에 마히.]
나는 폴과 마리에게 책을 줍니다.

Fm04-08
Je leur donne le livre.
[즈 뢰흐 돈느 르 리브흐.]
나는 그늘에게 책을 줍니다.

● **à Paul** (뽈 - 프랑스의 흔한 남자 이름) 대신에 **à Marie** (마히 - 프랑스의 흔한 여자 이름)으로 바꾸어도 간접보어 **lui** (그/그녀에게)는 동일합니다.
● **le livre** [리브흐] 책, **et** [에] 그리고

Section 1. Part 04
Meta-Cognition French

Je vous donne un cadeau.
프랑스어의 목적보어인칭대명사와 비인칭 구문

We are able to understand **our own working minds**.

 두 목적보어가 동시에 나올 때!

앞서 살펴본대로 직접보어와 간접보어의 위치는 기본적으로 동사 바로 앞입니다.
그런데 한 문장 안에 두 목적보어가 동시에 나올 때는 교통정리가 필요합니다.
기본적으로 간접보어가 먼저 오는 것이 원칙입니다만, 어떤 조합으로 나오느냐에 따라 순서 변화가 있습니다. 이는 두 목적보어의 1/2인칭 단수형과 복수형의 형태가 똑같기 때문에 분명하게 구별해주기 위한 장치입니다. 먼저 순서를 정리해드리겠습니다.

❶ 주어 + (**ne**) + 간접보어 (**me/te/nous/vous**) + 직접보어 (**le/la/les**) + 동사 + (**pas**)
❷ 주어 + (**ne**) + 직접보어 (**le/la/les**) + 간접보어 (**lui/leur**) + 동사 + (**pas**)

목적보어가 1/2인칭인 경우(나에게 그것을/ 당신에게 그것들을)은 ❶번 조합인 '간접보어 + 직접보어' 순서입니다. 목적보어가 3인칭인 경우(그것을 그(녀)에게/그것들을 그들에게)는 ❷번 조합인 '직접보어+간접보어' 순서입니다. 부정문일 경우에는 부정부사 **ne ~ pas** 의 **ne** 는 주어 바로 뒤, **pas** 는 동사 뒤에 붙여 감싸줍니다.
어순 이해를 위한 효과적인 학습방법은 간단한 예문을 패턴으로 기억하는 것입니다.
자칫 복잡해 보일 수도 있는 내용이지만, 동사 앞자리를 차지하려는 직접보어/간접보어의 치열한 자리싸움 정도로 이해하시면 좋겠습니다.

Fm04-09
Je donne le pain à Marie.
[즈 돈느 르 빵 아 마히.]
나는 마리에게 빵을 줍니다.

Fm04-10
Je le lui donne.
[즈 르 뤼 돈느.]
나는 그녀에게 그것을 줍니다.

Fm04-11
Je vous donne la réponse.
[즈 부 돈느 라 헤뽕스.]
나는 당신(들)에게 답변을 드리겠습니다.

Fm04-12
Je vous la donne.
[즈 부 라 돈느.]
나는 당신(들)에게 그것을 드리겠습니다.

- SUMMARIZE — Determine important ideas!
- QUESTION — Ask questions as I read!
- VISUALIZE — Create mental images of what I read!
- CONNECT — Use what I knew!

Section 1.
part 04

The value of Meta-Cognition is the training of mind to think.

- **le pain** [빵] (빵)은 직접보어 **le** 로 받고, **à Marie** [아 마히] (마리에게)는 간접보어 **lui** 로 받아 두 목적보어를 어순 원칙에 따라 동사 앞에 위치시켰습니다.
- **le pain** [빵] 빵, **la réponse** [헤뽕스] 대답/답변

 à + 정관사의 축약!

간접보어 '~에게'에 해당하는 부분은 원래 전치사 '**à** + 명사'라고 했습니다.
정관사의 여성 단수형 **la** 와 모음축약형 **l'** 은 그대로 각각 **à la** 와 **à l'** 로 사용합니다.
그런데 정관사 남성단수형 **le** 와 복수형 **les** 는 전치사 **à** 와 충돌할 경우 다음과 같이
전혀 다른 형태의 한 단어로 변신합니다. 일종의 '정관사의 변신 축약'이 일어나는 것이죠!

à + le ➜ au [오]   **à + les ➜ aux** [오]

Fm04-13
Je donne un cahier au garçon.
[즈 돈느 앙 까이에 오 갸흐쏭.]
나는 소년에게 공책을 줍니다.

Fm04-14
Je donne un pourboire au guide.
[즈 돈느 앙 뿌흐부아흐 오 기드.]
나는 가이드에게 팁을 줍니다.

Fm04-15
Je donne un gâteau aux enfants.
[즈 돈느 앙 갸또 오 정펑.]
나는 아이들에게 과자를 줍니다.

Fm04-16
Je donne un cours aux étudiants.
[즈 돈느 앙 꾸흐 오 제뛰디엉.]
나는 학생들에게 강의합니다.

- **à + le garçon ➜ au garçon / à + le guide ➜ au guide / à + les enfants ➜ aux enfants / à + les étudiants ➜ aux étudiants**
- '나는 학생들에게 강의를 줍니다.' 즉 '나는 학생들에게 강의합니다.'입니다.
- **un** [앙] 하나의(부정관사), **le cahier** [까이에] 공책, **le garçon** [갸흐쏭] 소년, **le pourboire** [뿌흐부아흐] 팁, **le guide** [기드] 가이드, **le gâteau** [갸또] 과자/케이크, **l'enfant** [엉펑] 아이, **le cours** [꾸흐] 수업/강의, **l'étudiant** [에뛰디엉] 학생

I'm wondering.

I'm feeling.

Section 1. Part 04
Je vous donne un cadeau.
프랑스어의 목적보어인칭대명사와 비인칭 구문

Meta-Cognition French

We are able to understand **our own working minds**.

 프랑스어의 대표적인 비인칭 표현!

프랑스어의 유용한 생활 표현으로 우리의 제04과를 마무리하겠습니다.
프랑스어 비인칭 구문의 대표선수는 **Il y a** [일 리 아] + 명사. (~가 있다/존재하다.)입니다.
(영어의 **There is/are ~**.) 구조를 풀어서 설명하면 **il** 은 비인칭주어(영어의 **it**),
y 는 '거기에'라는 의미의 중성대명사, **a** 는 **avoir** 동사의 3인칭단수형입니다.
하지만 관용적 표현이므로 따질 것 없이 그냥 통으로 기억합시다!

Fm04-17
Il y a une chaise.
[일 리 아 윈느 쉐즈.]
의자가 (하나) 있습니다.

Fm04-18
Il y a un accident.
[일 리 아 아 낙씨덩.]
사고가 있습니다.(났습니다.)

Fm04-19
Il y a un problème.
[일 리 아 앙 프호블렘므.]
문제가 있습니다.

Fm04-20
Il n'y a pas de chance.
[일 니 아 빠 드 셩스.]
운이 없습니다.

● 부정문은 **Il n'y a pas de** + 명사. [일 니 아 빠 드 ~.] (~이 없다.)입니다.
● **un/une** [앙/윈느] 하나의/어떤 (부정관사), **la chaise** [쉐즈] 의자, **l'accident** [악씨덩] 사고, **le problème** [프호블렘므] 문제, **la chance** [셩스] 행운/기회

 마무리 '꿀팁'!

이번 과에서 우리는 프랑스어의 직접보어와 간접보어의 능력에 대해 알게 되었습니다.
똑같은 형태도 있고, 둘이 동시에 한 문장에서 사용할 때의 자리싸움 문제도 만만치는 않습니다.
이럴 때는 우선적으로 기본원칙을 이해하고, 다음에는 가능한 조합(**Je te le donne.** /
Je vous la donne. / **Je le lui donne.** / **Je la leur donne.** 등)을 따져보십시오.
이렇게 익숙해지는 것이 가장 효과적이고, 말로 할 때도 주저함이 없습니다.

- **SUMMARIZE** Determine important ideas!
- **QUESTION** Ask questions as I read!
- **VISUALIZE** Create mental images of what I read!
- **CONNECT** Use what I knew!

Meta-Cognition French

Section 1.
part 04

● The value of Meta-Cognition is the training of mind to think.

Section 1.   Part 04+
프랑스어 회화능력 단련장

(이 책 전체를 가볍고 빠르게 일독하실 분은 이번 코너를 살짝! 스킵하셔도 됩니다.)

간접보어를 이용해서 '나는 ~에게 줍니다' 구문을 연습합니다. '**Je** + 간접보어(**te/lui/vous/leur**) + **donne ~**.' 패턴이 가능하며, 직접목적어만 추가하면 '나는 ~에게 ~을 줍니다.'가 가능해집니다.

Fm04+01
Je te donne un cadeau.
[즈 뜨 돈느 앙 꺄도.]
나는 너에게 선물을 줄게.

Fm04+02
Je lui donne un conseil.
[즈 뤼 돈느 앙 꽁쎄이.]
나는 그(녀)에게 하나의 조언을 합니다.

Fm04+03
Je vous donne des informations.
[즈 부 돈느 데 장포흐마씨옹.]
나는 당신(들)에게 정보들을 드립니다.

Fm04+04
Je leur donne deux jours.
[즈 뢰흐 돈느 두 주흐.]
나는 그들에게 이틀을 줍니다.

● **Je donne ~.** [즈 돈느 ~.]는 '나는 ~ 줍니다.'입니다. 간접보어의 위치는 동사 바로 앞입니다.
● **donner** [도네] 주다, **un/des** [앙/데] 하나의/약간의 (부정관사), **le cadeau** [꺄도] 선물, **le conseil** [꽁쎄이] 충고/조언, **l'information** [앙포흐마씨옹] 정보, **dcux** [두] 2, **le jour** [주흐] 날/일

● I'm wondering.
● I'm feeling.

We have the ability to transform our mental processes.

Section 1. Part 04
Meta-Cognition French

Je vous donne un cadeau.
프랑스어의 목적보어인칭대명사와 비인칭 구문

Fm04+05
Il y a une différence.
[일 리 아 윈느 디페헝스.]
차이가 있습니다.

Fm04+06
Il y a le choix.
[일 리 아 르 슈아.]
선택이 있습니다. (선택의 폭이 넓습니다.)

Fm04+07
Il y a encore des places.
[일 리 아 엉꼬흐 데 쁠라스.]
아직 좌석들이 있습니다.

Fm04+08
Il y a beaucoup de monde.
[일 리 아 보꾸 드 몽드.]
많은 사람들이 있습니다.

- 비인칭 구문 **Il y a ~.** 는 '~이 있다.' 입니다.
- **Il y a le choix.** '선택이 있습니다.'는 즉 '선택의 폭이 넓습니다.'입니다.
- **beaucoup de** + 복수명사는 '~이 많은'이라는 뜻입니다.
- **la différence** [디페헝스] 차이/다름, **le choix** [슈아] 선택, **encore** [엉꼬흐] 아직/여전히, **la place** [쁠라스] 자리/좌석, **beaucoup de** [보꾸 드] 많은, **le monde** [몽드] 세계/사람들

우리들 중의 '프랑스어 회화능력자'를 위하여!

취업면접/이력서/자격시험 등에 대비하여 좀 더 다양한 회화예문이 필요하시면 웹하드에서 아이디 **bookersbergen**, 비번 **9999**로 로그인하고, 내려받기 폴더에서 국가대표 프랑스어 회화능력자 **Pattern 043, Pattern 087~089**를 다운로드하십시오. (다운로드는 무료!)
나에게 당장 필요한 문장을 골라 반복적으로 청취하여 '내 문장'으로 만듭시다!

- SUMMARIZE Determine important ideas!
- QUESTION Ask questions as I read!
- VISUALIZE Create mental images of what I read!
- CONNECT Use what I knew!

Meta-Cognition French

● The value of Meta-Cognition is the training of mind to think.

Section 1.
part 04

Fm04+09
Y a-t-il un problème?
[이 아띨 앙 프호블렘므?]
문제가 있습니까?

Fm04+10
Y a-t-il un moyen?
[이 아띨 앙 모아이양?]
방법이 있습니까?

Fm04+11
Y a-t-il une réduction?
[이 아띨 윈느 헤뒥씨옹?]
할인이 있습니까?

Fm04+12
Y a-t-il un bus?
[이 아띨 앙 뷔스?]
버스가 있습니까?

● **Il y a ~**. 의 의문형은 **Y a-t-il ~?** [이 아띨 ~?] (~이 있습니까?)입니다. **y a** 부분을 세트로 묶어 주어 il 과 도치시킨 것입니다. 중간의 **t** 는 모음이 연속될 때 발음을 강하게 하기 위해 삽입된 것입니다. '매개자음 **t**'라고 부릅니다.
● **le problème** [프호블렘므] 문제, **le moyen** [모아이양] 방법/수단, **la réduction** [헤뒥씨옹] 할인, **le bus** [뷔스] 버스

 드디어 플러스 '엔딩'!

Je + 간접보어 + **donne** ~ 패턴에서 인칭대명사1인칭 단수형 **je** 대신에 3인칭 단수형 **il/elle** 을 넣어도 됩니다. 동사의 어미변화가 같기 때문입니다. (동사에 대해서는 섹션 2.에서 본격적으로 파보겠습니다!) '그는 나에게/그녀는 당신에게/그는 우리에게 등' 문장의 뼈대는 그대로 두고 다양한 표현으로의 활용이 가능합니다. 우리가 오늘 배운 내용을 이리저리 응용할 줄 알면 '그것이 진정한 프랑스어 내공'입니다!

The value of Meta-Cognition is **the training of mind to think**. We have the ability to **transform our mental processes**.

Meta-Cognition French Section 1.

The value of Meta-Cognition is the training of mind to think.
We have the ability to transform our mental processes.

Section 1.   Part 05
Qui êtes-vous?
[끼 에뜨-부?]

당신(들)은 누구십니까?
프랑스어의 대명사들

마침내 첫 번째 섹션의 마지막 파트에 도달했습니다.
지금까지 우리는 프랑스어 인칭대명사로부터 시작해서 프랑스어 명사 주변의 다양한 내용들을 학습했습니다. 프랑스어 명사에 대한 우리의 인상은 분명 '섬세함 & 정확성'이라는 사실도 경험했습니다. 이제 프랑스어 주요 대명사들을 정리하는 것으로 섹션 1을 마무리하고자 합니다.
프랑스어 대명사들은 우리의 프랑스어 회화를 더욱 풍요롭고 세련되게 만들어 줄 것입니다.

- SUMMARIZE
  Determine important ideas!
- QUESTION
  Ask questions as I read!
- VISUALIZE
  Create mental images of what I read!
- CONNECT
  Use what I knew!

Section 1.

part 05

● The value of Meta-Cognition is the training of mind to think.

 회화에서 발군, 프랑스어 대명사들!

우리들의 프랑스어 회화에 자연스러움과 세련됨을 더해줄
프랑스어 대명사들을 소개하면서 이번 섹션을 마치고자 합니다.
프랑스어의 대표적인 대명사로는 '의문대명사, 강세형인칭대명사, 중성대명사 **en, y**' 등이
있습니다. 우리는 '의문대명사'로 정체를 묻고, '강세형인칭대명사'로 문장에 생기를 더하고,
'중성대명사'로 간결하게 대답할 수 있습니다. 짧지만 강력한 힘을 발휘하는 신통방통한
대명사들을 지금부터 확인 들어가겠습니다! 먼저 의문대명사부터 시작하겠습니다.

 정체를 밝혀라, 프랑스어 의문대명사!

프랑스어 의문대명사의 대표선수는 **qui** [끼] (누구)와 **que** [끄] (무엇)입니다.
qui 는 사람, **que** 는 사물을 대신합니다. 사람을 대신하는 의문대명사 **qui** 는
'주어/직접보어/속사' 등으로 사용되어, '누가?/누구를?/누구?'의 의미로 사용됩니다.
('속사'란 주어/목적보어의 상태나 성질을 나타내는 것으로 영어의 보어와 비슷한 개념입니다.)
사물을 대신하는 의문대명사 **que** 는 '직접보어/속사'로 쓰이며, '무엇을?/무엇?'의 의미입니다.

프랑스어의 의문대명사	주어	직접보어/속사
사람	**qui** [끼] 누가	**qui** [끼] 누구를/누구
사물		**que** [끄] 무엇을/무엇
중복형	**qu'est-ce qui** [께-쓰 끼] 무엇이	**qu'est-ce que** [께-쓰 끄] 무엇이

그런데 사물을 대신하는 의문대명사 **que** 는 일상회화에서 중복형 **qu'est-ce que** [께-쓰 끄]의
형태로 더 많이 사용합니다. 일종의 강조 표현이라고 보시면 됩니다.

Section 1. Qui êtes-vous?
프랑스어의 대명사들

Part 05 — Meta-Cognition French

중복형 qu'est-ce que 다음의 어순은 평서문과 같이 주어 + 동사... 순입니다. 특히 사물이 주어인 '무엇이?'로 말할 때는 중복형 qu'est-ce qui [께-쓰 끼]만 사용합니다. 의문대명사 que 와 주어를 묻는 강조표현 est-ce qui ~ [에-쓰 끼] (~입니까?)가 결합한 형태입니다.

Fm05-01
Qui êtes-vous?
[끼 에뜨-부?]
당신(들)은 누구입니까?

Fm05-02
Qui est là?
[끼 에 라?]
거기 누구입니까?

Fm05-03
Qu'est-ce que c'est?
[께-쓰 끄 쎄?]
이것은 무엇입니까?

Fm05-04
Qu'est-ce que tu as?
[께-쓰 끄 뛰 아?]
너는 무엇을 가지고 있니?

● 주어와 동사의 위치가 바뀔 때는 반드시 연결부호 - (trait d'union [트헤 뒤니옹])을 넣습니다. (êtes-vous)
● 중복형 Qu'est-ce que ~ 다음에는 주어와 동사가 도치되지 않습니다. 단순형보다는 길지만 도치의 번거로움이 없어서 일상회화에서 더 많이 사용합니다.
● Qu'est-ce que tu as? 는 문맥에 따라 '너 무슨 일 있니?' 등의 안부를 묻는 의미로도 사용합니다.
● être [에트흐] ~이다/있다, là [라] 거기/여기, c'est [쎄] 이것은 ~이다, avoir [아부아흐] 가지다/소유하다

 문장에 생기를, 강세형인칭대명사!

프랑스어 강세형인칭대명사의 첫 번째 임무는 말 그대로 인칭대명사를 강조하는 것입니다. 따라서 일상 회화에서 추임새처럼 매우 자주 사용합니다. 하지만 그 외에 문법적으로 제법 비중 있는 역할도 맡고 있기 때문에 반드시 알아두어야 하는 사항입니다.
강세형인칭대명사는 각 인칭별로 형태가 다릅니다. 잠깐 살펴보겠습니다.

- SUMMARIZE Determine important ideas!
- QUESTION Ask questions as I read!
- VISUALIZE Create mental images of what I read!
- CONNECT Use what I knew!

Meta-Cognition French

● The value of Meta-Cognition is the training of mind to think.

Section 1.
part 05

프랑스어의 강세형인칭대명사		
	단수	복수
1인칭	moi [모아]	nous [누]
2인칭	toi [뚜아]	vous [부]
3인칭	lui / elle [뤼 / 엘]	eux / elles [으 / 엘]

연습하는 순서는 언제나처럼 '단수형 ➡ 복수형'으로 갑니다. (모아-뚜아-뤼/엘-누-부-으/엘 순으로!) 1인칭 단수 moi 의 발음이 [모아]인 것을 기억해주십시오. (복합모음 -oi 는 [우아]로 소리 내는 것이 원칙입니다.) 3인칭 단수형과 복수형은 각각 남녀 구별이 있습니다. 그러나 나머지 3인칭 여성형 단수/복수형(elle/elles)과 1/2인칭 복수형 (nous/vous)은 주어인칭대명사와 형태가 똑같습니다. 강세형인칭대명사는 주어를 강조하기 위해 콤마와 함께 사용합니다. 또한 c'est ~ 구문에서는 être 동사의 보어 또는 전치사 다음에 쓰기도 합니다.

Fm05-05
Moi, j'ai vingt-six ans.
[모아, 줴 방-씨 정.]
나, 나는 26세입니다.

Fm05-06
Lui, il est français.
[뤼, 일 레 프헝쎄.]
그, 그는 프랑스인입니다.

Fm05-07
L'État, c'est moi.
[레따, 쎄 모아.]
국가, 그것은 곧 나다. (루이14세)

Fm05-08
Elle et moi, nous sommes là.
[엘 에 모아, 누 쏨므 라.]
그녀와 나, 우리는 여기에 있습니다.

● 나이를 표현할 때는 avoir 동사를 사용합니다. (avoir + 숫자 + ans)
● 국적을 나타내는 명사 앞에는 관사를 붙이지 않습니다.
● **vingt-six** [방-씨쓰] 26, **l'an** [엉] 해/년, **le français** [프헝쎄] 프랑스 남자, **l'État** [에따] 국가, **et** [에] 그리고

Section 1. Qui êtes-vous?
Part 05
프랑스어의 대명사들

Meta-Cognition / French

> The value of Meta-Cognition is the training of mind to think.
> We have the ability to transform our mental processes.
> We are able to understand our own working minds.

 간결 정확, 프랑스어 중성대명사!

같은 말 반복을 '극혐'하는 프랑스어인지라 특별히 대명사가 꼼꼼하게 발달되어 있습니다. 프랑스 사람들은 대화를 할 때 상대방이 이미 언급한 명사를 반복하지 않고 간략하게 답하려는 언어습성이 강합니다. 프랑스어 중성대명사란 특정 전치사 **de** 또는 **à** 를 동반하는 명사를 받는 독특한 대명사입니다. 프랑스어의 중성대명사에는 대표적으로 **en** [엉]과 **y** [이]가 있습니다. 중성대명사를 사용하면 간결하고 명료한 문장이 가능하기 때문에 고품격 프랑스어를 지향하는 우리들이 꼭 챙겨야 할 표현입니다.

먼저 중성대명사 **en** [엉]은 기본적으로 '전치사 **de** 를 포함하는 대명사'입니다. '전치사 **de** + 명사', '부정관사(**un/une/des**)와 (**du/de la**) + 명사', 그리고 '수량을 나타내는 형용사/부사의 보어'를 대신할 수 있습니다. 이름 그대로 '중성대명사'이기 때문에 형태는 성수 구별 없이 언제나 동일합니다.
문장 안에서 중성대명사 **en** 의 위치는 기본적으로 동사 바로 앞입니다.

Fm05-09
Vous avez des frères?
[부 자베 데 프헤흐?]
당신(들)은 남자 형제들이 있습니까?

Fm05-10
Oui, j'en ai.
[위, 저 네.]
네, 나는 (그들이) 있습니다.

Fm05-11
Elle a du talent?
[엘 라 뒤 딸렁?]
그녀는 재능이 있습니까?

Fm05-12
Oui, elle en a.
[위, 엘 어 나.]
네, 그녀는 (그것이) 있습니다.

● je + en ➡ j'en (모음축약). j'en ai 는 '주어 + 중성대명사 + 동사'의 어순입니다.
● j'en ai + 수량 표현도 가능합니다. **J'en ai deux.** [저 네 두.]는 '나는 그들 두 명이 있습니다.' 입니다.
● **des** [데] 어떤 (부정관사), **le frère** [프헤흐] 남자 형제, **oui** [위] 네, **du** [뒤] 약간의 (부분관사), **le talent** [딸렁] 재능/소질, **deux** [두] 2

- **SUMMARIZE** — Determine important ideas!
- **QUESTION** — Ask questions as I read!
- **VISUALIZE** — Create mental images of what I read!
- **CONNECT** — Use what I knew!

Section 1.
part 05

● The value of Meta-Cognition is the training of mind to think.

다음으로 중성대명사 **y** [이]는 기본적으로 '전치사 **à** 를 포함하는 대명사'입니다. 전치사 **à** 대신에 **dans** [덩] (~안에), **sur** [쒸흐] (~위에) 등 위치를 나타내는 전치사를 동반한 명사도 대신할 수 있습니다. 이들은 주로 '사물'을 나타냅니다. 문장 안에서 중성대명사 **y** 의 위치는 중성대명사 **en** 처럼 동사 바로 앞입니다.

Fm05-13	**Vous êtes à la maison?**
	[부 제뜨 자 라 메종?]
	당신(들)은 집에 있습니까?

Fm05-14	**Oui, j'y suis.**
	[위, 지 쒸.]
	네, 나는 거기에 있습니다.

Fm05-15	**Vous allez à la bibliothèque?**
	[부 잘레 자 라 비블리오떼끄?]
	당신(들)은 도서관에 갑니까?

Fm05-16	**Oui, j'y vais.**
	[위, 지 베.]
	네, 나는 거기에 갑니다.

- **je + y ➡ j'y** 로 모음축약된 형태입니다.
- **vous allez** [부 잘레] (당신은 갑니다) / **je vais** [즈 베] (나는 갑니다)입니다.
- **à** [아] ~에, **la maison** [메종] 집, **la bibliothèque** [비블리오떼끄] 도서관, **aller** [알레] 가다

 프랑스어로 시간을 말하다!

제05과의 마무리는 '프랑스어로 시간을 말하는 방법'입니다.
기본적으로 '~시입니다.'는 **Il est ~ heure(s).** [일 레 ~ 외흐.]입니다. 이때 인칭대명사 **il** 은 비인칭주어로 사용되었습니다. (영어의 **it** 과 같습니다.) '1시' (**une heure**)를 제외하고는 모두 복수형으로 씁니다. 프랑스어로 시간을 말하는 방법은 2가지입니다. 공식적인 표현은 24시간제를 이용해서 말합니다. (예를 들어 '오후 3시'를 '15시'라고 말하는 것입니다.) 일상생활에서는 우리처럼 '3시 반, 10분 전, 15분 전' 등으로 표현합니다.

The value of **Meta-Cognition** is **the training of mind to think.**
We have the ability to **transform our mental processes**.

Section 1. Qui êtes-vous?
프랑스어의 대명사들

Part 05

Meta-Cognition
French

We are able to understand **our own working minds**.

시간을 물을 때는 관용적으로 **Vous avez l'heure?** [부 자베 뢰흐?] (몇 시입니까?)라고 합니다. 의문형용사 **quelle** [껠] (어떤)을 사용해서 **Quelle heure est-il?** [껠 뢰흐 에-띨?] (몇 시입니까?) 라고 묻기도 합니다.

Fm05-17
Vous avez l'heure?
[부 자베 뢰흐?]
몇 시입니까?

Fm05-18
Il est deux heures dix.
[일 레 두 줴흐 디쓰.]
2시 10분입니다.

Fm05-19
Il est cinq heures et demie.
[일 레 쌍 꾀흐 에 드미.]
5시 반입니다.

Fm05-20
Il est sept heures moins dix.
[일 레 쎄 뙤흐 모앙 디쓰.]
7시 10분 전입니다.

- '분'은 따로 말하지 않습니다.
- '30분'을 한 시간의 절반으로 보고, **et demie** [에 드미] (그리고 반)으로 표현합니다.
- '전(前)은 **moins** [모앙] (~전의)를 사용합니다.
- **l'heure** [뢰흐] 시간, **dix** [디쓰] 10, **cinq** [쌍끄] 5, **et** [에] 그리고, **demie** [드미] 절반의, **sept** [쎄뜨] 7, **moins** [모앙] ~전의

 마무리 '꿀팁'!

이번 과에서는 회화에서 특히 힘을 발휘하는 프랑스어 대명사들을 정리했습니다. 의문대명사가 들어간 의문문에 답을 해보고, 강세형인칭대명사로 추임새를 넣어보고, 중성대명사를 이용해 답변의 길이를 줄여보세요. 그 과정에서 우리는 제01과부터 제04과의 모든 내용이 총동원되는 '신비체험'을 하게 될 것입니다. 다음 섹션에서 다룰 동사들까지 가세하면 우리의 프랑스어 기본기는 거의 전부 다져진 것이라 장담할 수 있습니다!

● SUMMARIZE	● QUESTION	● VISUALIZE	● CONNECT
Determine important ideas!	Ask questions as I read!	Create mental images of what I read!	Use what I knew!

● The value of Meta-Cognition is the training of mind to think.

Section 1.
part 05

Section 1.   Part 05+
프랑스어 회화능력 단련장

(이 책 전체를 가볍고 빠르게 일독하실 분은 이번 코너를 살짝! 스킵하셔도 됩니다.)

의문사가 있는 프랑스어 의문문을 연습합니다! 의문사 **qui** (누구)와 **que** (무엇)을 이용합니다.
그리고 의문사 **que** 의 중복형 **Qu'est-ce que ~?** 로 시작하는 의문문도 주목합시다!
Qu'est-ce que ~? 는 주어와 동사의 도치가 필요 없기 때문에 일상회화에서 활용도가 높습니다.
익숙해질수록 더욱 좋은 표현입니다.

Fm05+01
Qui est-ce?
[끼 에-쓰?]
저(그/이) 사람은 누구입니까?

Fm05+02
Qui sont-ils?
[끼 쏭-띨?]
그들은 누구입니까?

Fm05+03
Qu'est-ce qu'il y a?
[께-쓰 낄 리 아?]
무엇이 있습니까?

Fm05+04
Qu'est-ce que vous faites?
[께-쓰 끄 부 페뜨?]
당신(들)은 무엇을 합니까?

● 의문대명사 **qui/que** 로 시작하는 의문문의 어순은 '의문사 + 동사 + 주어/목적어?' 입니다. 하지만 의문대명사 **que** 의 중복형 **Qu'est-ce que ~?** 뒤의 어순은 평서문과 같습니다.
● **Qu'est-ce qu'il y a?** 는 문맥에 따라 '무슨 일입니까?'라고 안부 표현도 됩니다.
● **Vous faites ~.** 는 '당신은 ~을 합니다.'입니다. **Qu'est-ce que vous faites?** 는 직업을 묻는 표현도 됩니다.
● **être** [에트흐] ~이다/있다, **ce** [쓰] 이/그/저 (지시대명사), **il y a** [일 리 아] ~이 있다, **faire** [페흐] ~을 하다

I'm wondering.

I'm feeling.

Section 1. Qui êtes-vous?
Part 05
Meta-Cognition / French

프랑스어의 대명사들

Fm05+05
Moi, je suis célibataire.
[모아, 즈 쒸 쎌리바떼흐.]
나, 나는 독신입니다.

Fm05+06
Lui, il est marié.
[뤼, 일 레 마히에.]
그, 그는 기혼입니다.

Fm05+07
Eux, ils sont sportifs.
[으, 일 쏭 스뽀흐띠프.]
그들, 그들은 활동적입니다.

Fm05+08
C'est pour toi.
[쎄 뿌흐 뚜아.]
이것은 너를 위한 것이야.

● 강세형인칭대명사는 전치사 뒤에도 쓰입니다.
● **célibataire** [쎌리바떼흐] 독신의, **marié** [마히에] 기혼의, **sportif** [스뽀흐띠프] 활동적인, **c'est** [쎄] 이것은 ~이다, **pour** [뿌흐] ~을 위한

우리들 중의 '프랑스어 회화능력자'를 위하여!

취업면접/이력서/자격시험 등에 대비하여 좀 더 다양한 회화예문이 필요하시면 웹하드에서 아이디 **bookersbergen**, 비번 **9999**로 로그인하고, 내려받기 폴더에서 국가대표 프랑스어 회화능력자 **Pattern 083**, 그리고 **Pattern 106~107**를 다운로드하십시오. (다운로드는 무료!)
나에게 당장 필요한 문장을 골라 반복적으로 청취하여 '내 문장'으로 만듭시다!

- SUMMARIZE — Determine important ideas!
- QUESTION — Ask questions as I read!
- VISUALIZE — Create mental images of what I read!
- CONNECT — Use what I knew!

Section 1. part 05

● The value of Meta-Cognition is the training of mind to think.

Fm05+09
Il est midi.
[일 레 미디.]
정오입니다.

Fm05+10
Il est minuit.
[일 레 미뉘.]
자정입니다.

Fm05+11
Il est six heures et quart.
[일 레 씨 줴흐 에 꺄흐.]
6시 15분입니다.

Fm05+12
Il est dix heures moins le quart.
[일 레 디 줴흐 모앙 르 꺄흐.]
10시 15분 전입니다.

● 매 15분은 영어의 **quarter** 처럼 **quart** [꺄흐] (1/4)를 사용합니다.
'15분 전'은 정관사 **le** 를 붙여 **moins le quart** [모앙 르 꺄흐]라고 합니다.
● **le midi** [미디] 정오, **le minuit** [미뉘] 자정, **six** [씨쓰] 6, **l'heure** [외흐] 시간, **et** [에] 그리고, **le quart** [꺄흐] 1/4, **dix** [디쓰] 10, **moins** [모앙] ~전의

● I'm wondering.
● I'm feeling.

 마침내 섹션 1. 마무리!

우리는 제01과에서 나에 대해서 말하기 시작했고 (**Je suis ~.** [즈 쒸 ~.] 나는 ~이다., **Je ne suis pas ~.** [즈 느 쒸 빠 ~.] 나는 ~ 아니다.), 상대에 대해 물어보기를 시작했습니다. (**Es-tu ~?** [에-뛰 ~?] 너는 ~이니?, **Est-il ~?** [일 레 ~?] 그는 ~입니까?) 이런 패턴들을 가시고 어떤 표현이 더 가능한지를 하나하나 따져본다면, 세상의 그 어떤 교재도 줄 수 없는 만족감을 느낄 수 있습니다. 가장 효율적인 '궁극의 프랑스어 책'을 우리 스스로 만들어 낼 수 있습니다!

The value of **Meta-Cognition** is **the training of mind to think.**
We have the ability to **transform our mental processes.**

● **Section 1. Meta 총정리 코너!**

이번 섹션의 각 5과에 대해서
우리의 생각 속에 남아 있는 내용을 3가지로 요약하는 코너입니다.
문법내용을 생각나는 대로 자유롭게 이야기해보세요!

Section 1.　　　　Part 01
Je suis Jisoo.
프랑스어의 주어인칭대명사 그리고 être 동사

❶

❷

❸

Section 1.　　　　Part 02
Le père, la mère, les enfants.
프랑스어의 정관사와 명사의 성수

❶

❷

❸

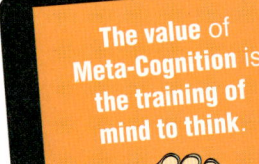

- SUMMARIZE — Determine important ideas!
- QUESTION — Ask questions as I read!
- VISUALIZE — Create mental images of what I read!
- CONNECT — Use what I knew!

We are able to understand our own working minds.

Section 1.   Part 03
Un homme, une femme, des enfants.
프랑스어의 부정관사와 부분관사

❶
❷
❸

Section 1.   Part 04
Je vous donne un cadeau.
프랑스어의 목적보어인칭대명사와 비인칭 구문

❶
❷
❸

Section 1.   Part 05
Qui êtes-vous?
프랑스어의 대명사들

❶
❷
❸

I'm wondering.

I'm feeling.

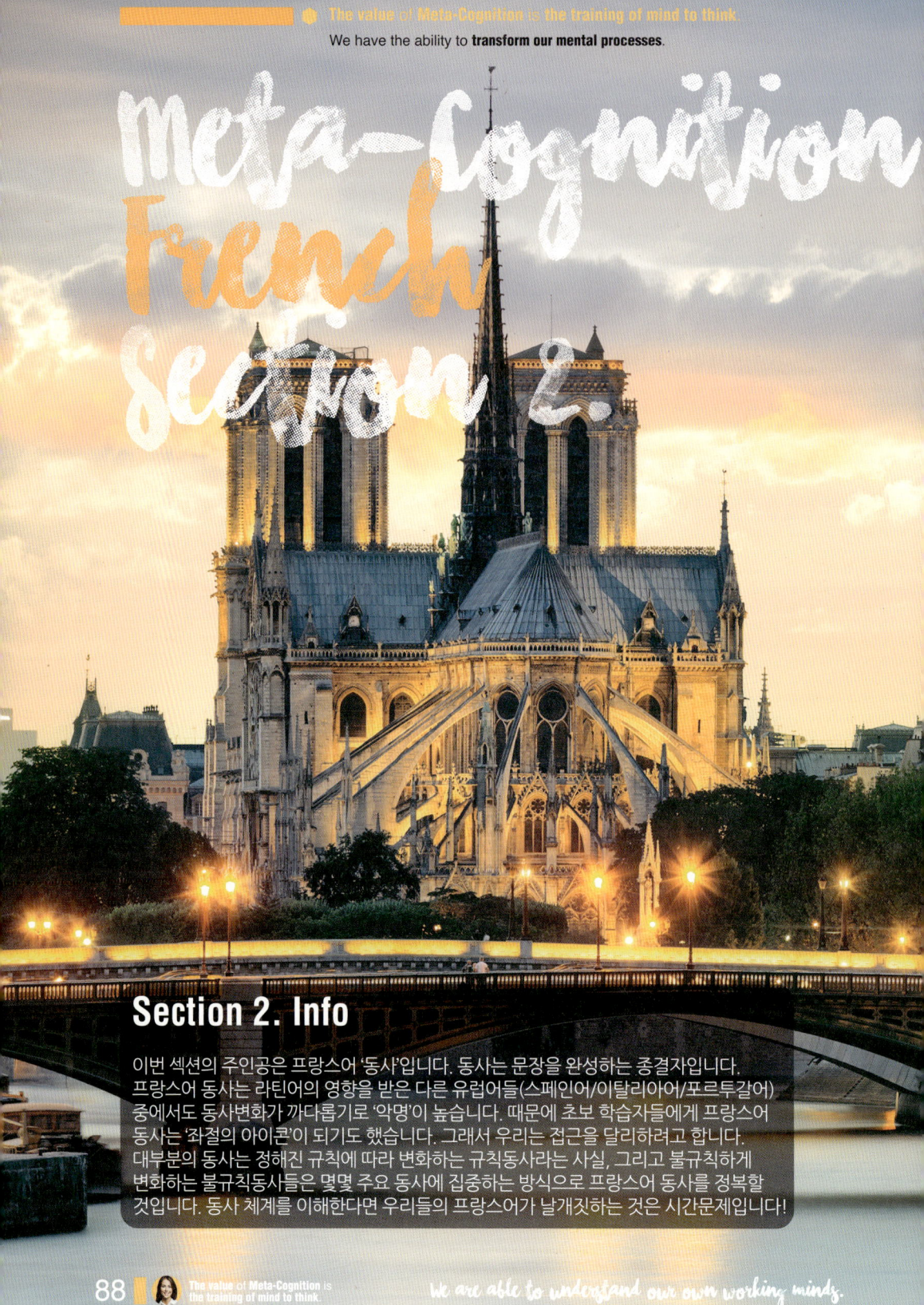

Section 2. Info

이번 섹션의 주인공은 프랑스어 '동사'입니다. 동사는 문장을 완성하는 종결자입니다. 프랑스어 동사는 라틴어의 영향을 받은 다른 유럽어들(스페인어/이탈리아어/포르투갈어) 중에서도 동사변화가 까다롭기로 '악명'이 높습니다. 때문에 초보 학습자들에게 프랑스어 동사는 '좌절의 아이콘'이 되기도 했습니다. 그래서 우리는 접근을 달리하려고 합니다.
대부분의 동사는 정해진 규칙에 따라 변화하는 규칙동사라는 사실, 그리고 불규칙하게 변화하는 불규칙동사들은 몇몇 주요 동사에 집중하는 방식으로 프랑스어 동사를 정복할 것입니다. 동사 체계를 이해한다면 우리들의 프랑스어가 날개짓하는 것은 시간문제입니다!

- **SUMMARIZE**
  Determine important ideas!

- **QUESTION**
  Ask questions as I read!

- **VISUALIZE**
  Create mental images of what I read!

- **CONNECT**
  Use what I knew!

We have the ability to transform our mental processes.

The value of Meta-Cognition is the training of mind to think.

89

Section 2.
Je parle français.

Part 06

[즈 빠흘르 프헝쎄.]
나는 프랑스어를 말합니다.
프랑스어의 1군/2군 규칙동사

지금부터 프랑스어 동사 정복의 대장정이 시작됩니다. 우선 프랑스어 동사 체계에 대한 큰 그림을 제시하고, 세부 설명으로 들어가겠습니다. 동사 인칭변화의 원리를 이해하기만 하면 대부분의 동사들을 깔끔하게 접수할 수 있습니다. 먼저 프랑스어 전체 동사의 절대 다수를 차지하고 있는, 성실하게 규칙을 준수하는 착한 동사, 규칙동사부터 만나보겠습니다.

프랑스어 동사에 대한 우리의 자세!

본격적으로 프랑스어 동사를 시작하기 전에 알아야 할 필수정보가 있습니다.
프랑스어 동사의 가장 큰 특징은 인칭에 따라 동사의 어미가 변화한다는 것입니다.
'뭐 ~, 하긴 영어도 3인칭 단수형은 변하니깐.'하고 안심할 수준이 아닌 것이
프랑스어 동사는 모든 인칭에서 동사의 어미가 격렬하게 변화합니다.
초보 학습자들이 프랑스어를 고이 접어 추억으로 간직하게 만드는 결정적 이유이기도 합니다.
하지만! 인칭별로 동사의 어미가 다르다는 것은 주어가 없어도 그 동사의 주인을 단박에
알아낼 수 있다는 강력한 증거입니다. 결국 동사의 인칭변화는
오해와 오독을 확실하게 피하려는 장치인 것입니다.
프랑스어 동사는 변화하는 방식에 따라 '규칙동사'와 '불규칙동사'로 구분합니다.
규칙동사는 동사원형의 유형별로 1군과 2군으로
세분할 수 있습니다. 불규칙동사는 3군으로 묶어 구분합니다.
먼저 프랑스어의 규칙동사인1군과 2군동사 이야기부터 시작하겠습니다.

착한 프랑스어 1군 규칙동사

프랑스어 동사는 대부분 '어간 + 어미'의 형태입니다.
그리고 동사원형의 어미의 모양에 따라 3그룹으로 나눕니다.
'1군동사'는 어미가 **-er** 로 끝납니다. '2군동사'는 어미가 **-ir** 로 끝납니다.
그리고 '3군동사'는 어미가 불규칙합니다. 프랑스어 전체 동사의 90% 이상이 1군과 2군에
속하는 규칙동사입니다. 규칙동사는 일정한 규칙에 의해 어미가 변화합니다.
그러니까 우리가 규칙동사의 변화어미를 안다는 것은 프랑스어 동사 대부분의 사용비법을
손에 쥐었다는 뜻입니다!

자! 그러면 절대 다수를 차지하고 있는 1군 규칙동사의 어미변화 패턴부터 시작해보겠습니다.
다음의 표를 보시고 동사어미만 한번 소리 내어 보십시오.
[으-으에쓰-으 / 오엔에쓰-으제드-으엔떼]

Section 2. Part 06
Je parle français.
프랑스어의 1군/2군 규칙동사

Meta-Cognition French

프랑스어 1군 규칙동사의 인칭변화어미

단수		복수	
인칭대명사	동사어미	인칭대명사	동사어미
je [즈] 나	-e [-으]	nous [누] 우리들	-ons [-오엔에쓰]
tu [뛰] 너	-es [-으에쓰]	vous [부] 당신(들)	-ez [-으제드]
il / elle [일/엘] 그/그녀/그것	-e [-으]	ils / elles [일/엘] 그들/그녀들/그것들	-ent [-으엔떼]

프랑스어 1군 규칙동사는 동사원형의 어미가 **-er** 로 끝나는 동사들입니다.
각 인칭별 변화의 팁을 드리자면, '어간'은 붙박이로 변함 없이 그대로이고, '어미'만 규칙적으로 변화합니다. 그러니까 어미변화의 규칙만 알면 거의 모든 1군 동사를 접수하는 셈입니다.
자, 그러면 1군 규칙동사의 대표선수 **parler** [빠흘레] (말하다) 동사에 인칭별 어미를 적용해봅시다! 우리가 그토록 외치고 싶은 문장, '나는 프랑스어를 말합니다.'부터 시작합니다.

Je parle français.
[즈 빠흘르 프헝쎄.]
나는 프랑스어를 말합니다.

Tu parles français.
[뛰 빠흘르 프헝쎄.]
너는 프랑스어를 말합니다.

Il/Elle parle français.
[일/엘 빠흘르 프헝쎄.]
그/그녀는 프랑스어를 말합니다.

Nous parlons français.
[누 빠흘롱 프헝쎄.]
우리는 프랑스어를 말합니다.

Vous parlez français.
[부 빠흘레 프헝쎄.]
당신(들)은 프랑스어를 말합니다.

Ils/Elles parlent français.
[일/엘 빠흘르 프헝쎄.]
그(녀)들은 프랑스어를 말합니다.

- **parler** + 언어 (언어를 말하다) 패턴에서는 언어를 나타내는 명사에 별도의 관사를 붙이지 않습니다.
- **parler** [빠흘레] 말하다, **le français** [프헝쎄] 프랑스어

● SUMMARIZE　　● QUESTION　　● VISUALIZE　　● CONNECT
Determine important ideas!　Ask questions as I read!　Create mental images of what I read!　Use what I knew!

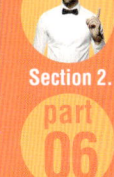

Section 2.

part 06

● We have the ability to **transform our mental processes**.

예문을 보면 **parler** 동사의 어간 (**parl-**)은 모든 인칭에서 그대로 가만히 있고, 어미만 규칙대로 변화함을 확인할 수 있습니다. 1/3인칭 단수형 어미는 똑같고, 마지막 자음을 발음하지 않는 원칙에 따라 모든 인칭의 단수형은 발음이 같습니다. 특히 3인칭 복수형 어미 **-ent** 조차 끝자음 둘 다 무시하고 그냥 [-으]로 발음한다는 것을 기억해 주십시오!

 1군 규칙 동사의 대표선수들!

이제 우리는 프랑스어 1군 규칙동사 변화의 핵심을 이해했습니다.
그러면 이제 일상에서 자주 사용하는 1군 규칙동사의 대표급 선수들을 이용하여 규칙을 확실하게 다져봅시다. **aimer** [에메] (좋아하다/사랑하다), **regarder** [흐갸흐데] (보다), **travailler** [트하바이예] (일하다)의 인칭변화를 살펴보겠습니다.

	aimer	regarder	travailler
Je(J') [쥊므]	aime 엠므	regarde (즈) 흐갸흐드	travaille 트하바이으
Tu [뛰]	aimes 엠므	regardes 흐갸흐드	travailles 트하바이으
Il/Elle [일/엘]	aime 렘므	regarde 흐갸흐드	travaille 트하바이으
Nous [누]	aimons 제몽	regardons 흐갸흐동	travaillons 트하바이용
Vous [부]	aimez 제메	regardez 흐갸흐데	travaillez 트하바이예
Ils/Elles [일/엘]	aiment 젬므	regardent 흐갸흐드	travaillent 트하바이으

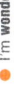

I'm wondering.

I'm feeling.

인칭대명사 1인칭 단수형 **je** 는 모음이나 무성 **h** 로 시작하는 동사와 만나면 모음축약이 일어납니다. 그리고 복수형 인칭대명사들과는 연음이 되면서 마지막 자음의 발음이 살아납니다. 때문에 동사변화를 공부할 때는 반드시 인칭대명사와 동사를 붙여서 기억하는 것이 좋습니다.

The value of Meta-Cognition is **the training of mind to think**.
We have the ability to **transform our mental processes**.

Section 2. Part 06 — Meta-Cognition French
Je parle français.
프랑스어의 1군/2군 규칙동사

We are able to understand **our own working minds**.

Fm06-01
J'aime le cinéma.
[쥄므 르 씨네마.]
나는 영화를 좋아합니다.

Fm06-02
Vous aimez la musique.
[부 제메 라 뮈지끄.]
당신(들)은 음악을 좋아합니다.

Fm06-03
Je regarde la télévision.
[즈 흐갸흐드 라 뗄레비지옹.]
나는 텔레비젼을 봅니다.

Fm06-04
Je travaille beaucoup.
[즈 트하바이으 보꾸.]
나는 일을 많이 합니다.

I'm noticing.

- Je + aime 가 **J'aime** 로 '모음축약'되었습니다.
- 기호와 취향을 표현하는 동사 **aimer** 뒤에 오는 명사에는 언제나 정관사를 붙입니다.
- **la télévision** 은 줄여서 **la télé** [뗄레] 또는 **la T.V.** [떼베]로도 말합니다.
- **le cinéma** [씨네마] 영화, **la musique** [뮈지끄] 음악, **la télévision** [뗄레비지옹] 텔레비전, **beaucoup** [보꾸] 많이

I'm thinking.

아울러 일상생활에서 사용빈도가 매우 높은 1군 규칙동사들을 보너스로 알려드리겠습니다. 동사원형의 어미 **-er** 을 뺀 어간에다가 방금 학습한 규칙어미를 붙여서 모든 인칭별로 써보고 읽어보시기 바랍니다.
(**rester** [헤스떼] 머무르다, **jouer** [주에] 놀다/운동하다, **penser** [뻥쎄] 생각하다, **étudier** [에뛰디에] 공부하다, **habiter** [아비떼] 살다/거주하다) (참고로 프랑스어 1군 규칙동사 중에는 어간의 철자가 살짝 바뀌는 변칙도 있습니다. 제09과에서 자세히 다루겠습니다.)

 더 착한 프랑스어 2군 규칙동사

프랑스어 2군동사는 동사원형의 어미가 **-ir** 로 끝나는 동사들입니다.

- SUMMARIZE — Determine important ideas!
- QUESTION — Ask questions as I read!
- VISUALIZE — Create mental images of what I read!
- CONNECT — Use what I knew!

Meta-Cognition French

Section 2. part 06

● We have the ability to **transform our mental processes**.

1군 규칙동사와 마찬가지로 일정한 규칙에 의해 모든 인칭의 동사어미가 변화합니다.
1군 동사의 원리를 이해하셨다면, 2군 동사는 규칙어미만 알면 쉽게 해결됩니다. 같은 방식으로 아래의 표에서 규칙어미를 챙기시면 됩니다. [-이에쓰-이에쓰-이떼, 이에쓰에쓰오엔에쓰-이에쓰에쓰으제드-이에쓰에쓰으엔떼] (이후 3인칭 단수/복수형은 대표로 **il/ils** 만 표기하겠습니다.)
프랑스어 2군 규칙동사의 변칙도 극소수 존재하긴 합니다. 하지만 일상생활에서 흔히 사용하는 동사 중에는 찾아보기 어렵기 때문에 기초학습 단계에서는 변칙은 거의 없다고 보셔도 좋습니다.

프랑스어 2군 규칙동사의 인칭변화어미

단수 인칭대명사	동사어미	복수 인칭대명사	동사어미
je [즈] 나	**-is** [-이에쓰]	**nous** [누] 우리들	**-issons** [-이에쓰에쓰오엔에쓰]
tu [뛰] 너	**-is** [-이에쓰]	**vous** [부] 당신(들)	**-issez** [-이에쓰에쓰으제드]
il [일] 그	**-it** [-이떼]	**ils** [일] 그들	**-issent** [-이에쓰에쓰으엔떼]

Je choisis un cadeau.
[즈 슈아지 앙 꺄도.]
나는 선물을 고릅니다.

Nous choisissons un cadeau.
[누 슈아지쏭 앙 꺄도.]
우리는 선물을 고릅니다.

Tu choisis un cadeau.
[뛰 슈아지 앙 꺄도.]
너는 선물을 고른다.

Vous choisissez un cadeau.
[부 슈아지쎄 앙 꺄도.]
당신(들)은 선물을 고릅니다.

Il choisit un cadeau.
[일 슈아지 앙 꺄도.]
그는 선물을 고릅니다.

Ils choisissent un cadeau.
[일 슈아지쓰 앙 꺄도.]
그들은 선물을 고릅니다.

● **choisir** [슈아지흐] (선택하다/고르다) 동사의 어간 **chois-** 는 그대로 두고, 어미만 규칙대로 변화했습니다. 1/2인칭 단수형 어미는 똑같고, 마지막 자음을 발음하지 않는 원칙에 따라 모든 인칭의 단수형은 발음이 같습니다. 그리고 3인칭 복수형 어미 **-issent** 도 그냥 [-이쓰]로 발음합니다.
● **un** [앙] 하나의/어떤 (부정관사), **le cadeau** [꺄도] 선물

I'm wondering.
I'm feeling.

We have the ability to transform our mental processes.   The value of Meta-Cognition is the training of mind to think.

Section 2. Part 06 — Meta-Cognition French

Je parle français.
프랑스어의 1군/2군 규칙동사

We are able to understand **our own working minds.**

자주 사용하는 2군 규칙동사 딱 3개만 더 알려드리겠습니다. (**finir** [피니흐] 끝내다/마치다, **réfléchir** [헤플레쉬흐] 숙고하다, **grandir** [그헝디흐] 자라다/커지다)

Fm06-05
Je finis le devoir.
[즈 피니 르 드부아흐.]
나는 과제를 끝냅니다.

Fm06-06
Il finit les cours.
[일 피니 레 꾸흐.]
그는 수업을 마칩니다.

Fm06-07
Je réfléchis un peu.
[즈 헤플레쉬 앙 쁘.]
나는 좀 생각해봅니다.

Fm06-08
Il grandit vite.
[일 그헝디 비뜨.]
그는 빨리 자랍니다.

- **un peu** [앙 쁘]는 분량을 나타내는 부사입니다. 반대말은 **beaucoup** [보꾸] (많이)입니다.
- **le devoir** [드부아흐] 과제/숙제, **le cours** [꾸흐] 수업/강의, **un peu** [앙 쁘] 약간/조금, **vite** [비뜨] 빨리

마무리 '꿀팁'!

우리에겐 영화로도 친숙한 '꼬마 니꼴라' (**Le Petit Nicolas**) (글 : **René Goscinny** 르네 고시니 / 그림 : **Jean-Jacques Sempé** 장 자크 상페)의 원작소설은 프랑스 초등학생들의 좌충우돌 생활을 다룬 인기 시리즈입니다. 담임 선생님은 장난꾸러기들이 교실에서 말썽을 부리면 한 문장을 주고 모든 인칭으로 동사변화시키라는 숙제를 내어주곤 합니다. 예를 들어 '나는 공부시간에 떠들지 않겠습니다.'를 '너는/그는/그녀는/우리는 ...' 등으로 인칭변화시키라는 것이조. 동사의 인칭변화 한 개라도 틀리면 처음부터 다시 써야 하기 때문에 전전긍긍하며 공들여서 한 글자 한 글자 쓰는 꼬마들의 모습이 잘 묘사되어 있습니다. 반성도 하고, 정확한 동사변화도 연습하는 일석이조의 벌칙인 셈이죠. 지금 당장이라도 이번 과에 등장한 1군과 2군 규칙동사의 모든 인칭변화를 한번 또박또박 써봅시다! '벌칙'이라 생각 맙시다! 오히려 프랑스어 동사 90%의 인칭변화를 손에 넣는 '큰 상'이 될 것입니다!

- SUMMARIZE — Determine important ideas!
- QUESTION — Ask questions as I read!
- VISUALIZE — Create mental images of what I read!
- CONNECT — Use what I knew!

Meta-Cognition French

Section 2. part 06

● We have the ability to **transform our mental processes**.

Section 2.   Part 06+
프랑스어 회화능력 단련장

(이 책 전체를 가볍고 빠르게 일독하실 분은 이번 코너를 살짝! 스킵하셔도 됩니다.)

우리는 프랑스어 1군과 2군 규칙동사의 어미변화에 대해 알게 되었습니다. 익숙해지는 방법은 어미를 활용하여 문장을 만들고 '주어 + 동사'를 세트로 반복해서 읊는 것입니다. 특히 모음축약과 연음에 주의해서 연습해야 합니다. 꼭 기억해주십시오! 여기는 이번 과에서 배운 문법을 응용하여 우리들의 회화능력을 탄탄하게 다지는 곳입니다.

Fm06+01
Je t'aime.
[즈 뗌므.]
나는 너를 사랑해.

Fm06+02
Tu m'aimes?
[뛰 멤므?]
너는 나를 사랑하니?

Fm06+03
Je travaille à la banque.
[즈 트하바이으 아 라 벙끄.]
나는 은행에서 일합니다.

Fm06+04
Je regarde un match de baseball.
[즈 흐갸흐드 앙 마치 드 베즈볼.]
나는 야구 경기를 봅니다.

● 직접보어 **me** (나를), **te** (너를)의 위치는 동사 바로 앞입니다. 뒤에 오는 동사가 모음이나 무성 **h** 로 시작하는 경우에는 앞의 모음은 축약됩니다. (Je te aime. ➔ Je t'aime. / Tu me aimes ➔ Tu m'aimes.)
● 전치사 **à** (~에)는 장소를 나타냅니다.
● **un match de baseball** 은 '야구(의) 경기'입니다.
● **aimer** [에메] 좋아하다/사랑하다, **travailler** [트하바이예] 일하다, **à** [아] ~에, **la banque** [라 벙끄] 은행, **regarder** [흐갸흐데] 보다, **un** [앙] 하나의/어떤 (부정관사), **le match** [르 마치] 경기, **de** [드] ~의, **le baseball** [르 베즈볼] 야구

We have the ability to transform our mental processes.

The value of Meta-Cognition is the training of mind to think.

> The value of Meta-Cognition is the training of mind to think.
> We have the ability to transform our mental processes.

Section 2. Part 06
Je parle français.
프랑스어의 1군/2군 규칙동사

Meta-Cognition
French

> We are able to understand our own working minds.

Fm06+05
Je reste ici.
[즈 헤스뜨 이씨.]
나는 여기에 머뭅니다.

Fm06+06
Je joue aux jeux sur mobile.
[즈 주 오 즈 쒸흐 모빌르.]
나는 핸드폰 게임들을 합니다.

Fm06+07
J'étudie le français.
[제뛰디 르 프헝쎄.]
나는 프랑스어를 공부합니다.

Fm06+08
J'habite à Séoul.
[자비 따 쎄울.]
나는 서울에 삽니다.

- jouer + à + 운동/게임 명사는 '운동/게임을 하다' 입니다.
 전치사 **à** + 정관사 **les** 는 **aux** 로 축약합니다. (관사축약)
- **les jeux sur mobile** 핸드폰 게임들
- 인칭대명사 **je** 뒤에 모음이나 무성 **h** 로 시작하는 동사가 오면 모음축약합니다. (J'étudie / J'habite)
- **rester** [헤스떼] 미물다, **ici** [이씨] 여기, **jouer** [주에] 놀다, **les jeux** [즈] 게임들, **sur** [쒸흐] ~ 위의/~ 상의, **le mobile** [모빌르] 핸드폰, **étudier** [에뛰디에] 공부하다, **le français** [프헝쎄] 프랑스어, **habiter** [아비떼] ~살다

우리들 중의 '프랑스어 회화능력자'를 위하여!

취업면접/이력서/자격시험 등에 대비하여 좀 더 다양한 회화예문이 필요하시면 웹하드에서 아이디 **bookersbergen**, 비번 **9999**로 로그인하고, 내려받기 폴더에서 국가대표 프랑스어 회화능력자 Pattern 038-039, 041-043, 045-046, 053, 055-057을 다운로드하십시오. (다운로드는 무료!)
나에게 당장 필요한 문장을 골라 반복적으로 청취하여 '내 문장'으로 만듭시다!

- SUMMARIZE — Determine important ideas!
- QUESTION — Ask questions as I read!
- VISUALIZE — Create mental images of what I read!
- CONNECT — Use what I knew!

Section 2.
part 06

● We have the ability to **transform our mental processes**.

Fm06+09
Je choisis le menu.
[즈 슈아지 르 므뉘.]
나는 메뉴를 고릅니다.

Fm06+10
Je finis le travail.
[즈 피니 르 트하바이.]
나는 일을 마칩니다.

Fm06+11
Je réfléchis beaucoup.
[즈 헤플레쉬 보꾸.]
나는 많이 숙고합니다.

Fm06+12
Je grossis trop.
[즈 그호씨 트호.]
나는 너무 살이 찝니다.

● 형용사에서 파생된 동사들은 거의 모두 2군 규칙동사입니다. **grand** [그헝] (큰) ➔ **grandir** [그헝디흐] (커지다), **gros** [그호] (뚱뚱한) ➔ **grossir** [그호씨흐] (살찌다/뚱뚱해지다)
● **choisir** [슈아지흐] 고르다/선택하다, **le menu** [므뉘] 메뉴, **finir** [피니흐] 끝내다/마치다, **le travail** [트하바이] 일/업무, **réfléchir** [헤플레쉬흐] 숙고하다/생각하다, **beaucoup** [보꾸] 많이, **grossir** [그호씨흐] 살찌다, **trop** [트호] 너무/지나치게

I'm wondering.

I'm feeling.

드디어 플러스 '엔딩'!

우리 한번 가정해 봅시다! 만약에 이번 과에 등장한 모든 동사를 인칭변화시켜 문장을 만들어보는 깃입니다. 동사 1개당 인칭별로 6개의 문장이 가능하니까 계산해보면 우리가 만들어 낼 수 있는 프랑스어 문장의 수는 … 상상 그 이상일 것입니다. 우리 중에 누군가는 그 벅찬 환희의 순간을 벌써 누리고 있을지도 모르겠습니다.

We have the ability to transform our mental processes.

The value of Meta-Cognition is the training of mind to think.

The value of **Meta-Cognition** is **the training of mind to think**.
We have the ability to **transform our mental processes**.

Section 2.
Je vais à l'école.

Part 07

[즈 베 아 레꼴.]
나는 학교에 갑니다.

프랑스어의 3군 불규칙동사

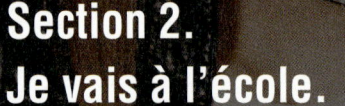

자, 이번에는 '프랑스어 3군 불규칙동사' 차례입니다.
프랑스어 전체 동사 중에서 불규칙동사는 소수에 불과합니다. 하지만 일상생활에서 자주 사용하는 동사들 상당수가 불규칙동사인 관계로 차지하는 비중이 높습니다. 때문에 반드시 접수해야 할 대상입니다. 그리고 사실 불규칙동사라고는 하지만 나름의 일정한 변화 패턴이 있기 때문에 원리만 파악하면 깔끔하게 정리할 수 있습니다!

- SUMMARIZE — Determine important ideas!
- QUESTION — Ask questions as I read!
- VISUALIZE — Create mental images of what I read!
- CONNECT — Use what I knew!

Section 2. part 07

● We have the ability to **transform our mental processes.**

 프랑스어 3군 불규칙동사의 일상!

프랑스어 동사 중 1군과 2군에 속하지 않는 동사들을 모조리 한데 모아 묶어 놓은 것이
'3군 불규칙동사' 그룹입니다. 전체 프랑스어 동사 중 10%도 되지 않습니다.
하지만 삼라만상을 연구한다는 '**C.N.R.S.**' (프랑스국립과학연구센터)의 연구 발표에 의하면
일상생활을 지배하는 프랑스어 동사 **Top 20** 중에서 3군 불규칙 동사가 무려 14개나 된다고
합니다. 이미 소개해드렸던 불규칙동사의 간판스타 **être** 와 **avoir** 동사를 보아도 그 비중을
짐작할 수 있습니다. 우리가 결코 3군 불규칙동사들을 외면할 수 없는 이유입니다.
이 와중에 다행스러운 점은 불규칙에도 나름의 유형이 있다는 것입니다.
무규칙, 막무가내로 인칭변화하는 동사는 그야말로 극소수입니다.
자! 그러면 지금부터 프랑스어 3군 불규칙동사의 대표적인 유형을 소개해드리겠습니다.

 프랑스어 3군 불규칙동사의 유형들!

기본적으로 동사원형이 **-re** 또는 **-oir** 로 끝나는 모든 동사는 불규칙동사입니다.
다만 일부 동사는 **-er** 또는 **-ir** 로 끝나기도 합니다. 프랑스어 불규칙동사의 변화방식은
'어간의 철자가 약간 달라지거나, 어미변화에 특정한 패턴이 존재한다'는 것입니다.
우선 다행스러운 점은 1/2/3인칭 복수형은 거의 대부분 **-ons / -ez / -ent** 로 끝납니다.
(네, 그렇습니다! 1군 규칙동사의 어미변화와 똑같습니다.) 그러니까 결국 문제는 1/2/3인칭
단수형인데, 이 부분의 변화 유형에 따라 총 4개 패턴으로 구분할 수 있습니다.
❶ **-e, -es, -e** 유형, ❷ **-s, -s, -t** 유형, ❸ **-s, -s, -자음소멸** 유형, ❹ **-x, -x, -t** 유형입니다.
1군규칙동사의 어미와 같은 변화를 보이는 ❶ 번 유형은 간단히 언급하고,
사용빈도가 높은 ❷ 번과 ❸ 번 유형을 중심으로 설명드리겠습니다.
그리고 유형 ❹ 는 관련 동사가 등장하는 제10과에서 자세히 다루겠습니다.

❶ **-e, -es, -e** 유형

이 유형의 불규칙동사들은 동사원형의 어미가 **-Ir** 임에도 불구하고 1/2/3인칭 단수형 동사들이
1군 규칙동사와 동일하게 변화합니다. 그러니까 한마디로 '동사원형의 형태는 2군',
'어미변화는 1군'을 따르는 동사들입니다. 대표적인 동사는 **ouvrir** [우브히흐] (열다)입니다.

Section 2. Part 07

Je vais à l'école.

프랑스어의 3군 불규칙동사

Meta-Cognition French

J'ouvre la porte.
[주브흐 라 뽀흐뜨.]
나는 문을 엽니다.

Tu ouvres la porte.
[뛰 우브흐 라 뽀흐뜨.]
너는 문을 연다.

Il ouvre la porte.
[일 루브흐 라 뽀흐뜨.]
그는 문을 엽니다.

Nous ouvrons la porte.
[누 주브홍 라 뽀흐뜨.]
우리는 문을 엽니다.

Vous ouvrez la porte.
[부 주브헤 라 뽀흐뜨.]
당신(들)은 문을 엽니다.

Ils ouvrent la porte.
[일 주브흐 라 뽀흐뜨.]
그들은 문을 엽니다.

● **ouvrir** 동사의 어간 **ouvr-** + 1군 규칙동사 어미(**-e-es-e, ons-ez-ent**)를 그대로 갖다 붙였습니다. 동일한 유형의 동사로는 **offrir** [오프히흐] (제공하다/주다), **découvrir** [데꾸브히흐] (발견하다) 등이 있습니다.
● 모음으로 시작하는 **ouvrir** 동사는 1인칭단수 주어 **je** 와 모음축약을 합니다만, 2인칭단수 주어 **tu** 와는 예외적으로 모음축약을 하지 않습니다.
나머지 인칭대명사와는 모두 연음을 하여 부드럽게 연결하여 발음합니다.
● **la porte** [뽀흐뜨] 문

---

❷ **-s, -s, -t 유형**

이 유형의 동사들은 동사원형의 어미가 **-ir** 과 **-re** 로 끝나는 동사들이 대부분입니다.
1/2/3인칭 단수형의 어미가 **-s, -s, -t** 로 변화합니다. 복수형 인칭의 어미는
1군 규칙동사 어미와 동일하게 **-ons / -ez / -ent** 로 끝납니다.
동사 **partir** [빠흐띠흐] (떠나다)로 확인해보겠습니다.

Je pars demain.
[즈 빠흐 드망.]
나는 내일 떠납니다.

Tu pars demain.
[뛰 빠흐 드망.]
너는 내일 떠난다.

Il part demain.
[일 빠흐 드망.]
그는 내일 떠납니다.

Nous partons demain.
[누 빠흐똥 드망.]
우리는 내일 떠납니다.

Vous partez demain.
[부 빠흐떼 드망.]
당신(들)은 내일 떠납니다.

Ils partent demain.
[일 빠흐뜨 드망.]
그들은 내일 떠납니다.

● SUMMARIZE Determine important ideas!   ● QUESTION Ask questions as I read!   ● VISUALIZE Create mental images of what I read!   ● CONNECT Use what I knew!

Section 2.
part 07

● We have the ability to **transform our mental processes**.

● 동사원형 **partir** 의 어간 **part-** 의 자음 **-t** 가 1/2/3인칭 단수형에서는 사라졌다가 복수형에서 일제히 재등장한 것을 확인할 수 있습니다.
이와 같이 불규칙동사는 어간에도 살짝 변화가 있는 점을 유의해야 합니다.
● **demain** [드망] 내일

같은 유형에 속하는 동사들로는 **sortir** [쏘흐띠흐] (나가다/외출하다), **dormir** [도흐미흐] (자다), **sentir** [썽띠흐] (냄새 맡다) 등이 있습니다.

Fm07-01 **Je pars pour Paris.**
[즈 빠흐 뿌흐 빠히.]
나는 파리로 떠납니다.

Fm07-02 **Elle sort avec lui.**
[엘 쏘흐 아베끄 뤼.]
그녀는 그와 함께 외출합니다.

Fm07-03 **Le bébé dort profondément.**
[르 베베 도흐 프호퐁데멍.]
아기는 깊이 자고 있습니다.

Fm07-04 **Je sens une odeur.**
[즈 썽 쥐 노되흐.]
나는 (어떤) 냄새를 맡습니다.

● **partir pour ~** 는 '~로 떠나다'입니다.
● 전치사 뒤에 있는 인칭대명사는 언제나 강세형입니다. **avec lui** [아베끄 뤼] (그와 함께), **avec eux** [아베끄 으] (그들과 함께)
● **pour** [뿌흐] ~를 향해, **avec** [아베끄] ~와 함께, **le bébé** [베베] 아기, **profondément** [프호퐁데멍] 깊이, **une** [윈느] 하나의/어떤 (부정관사), **l'odeur** [오되흐] 냄새

❸ -s, -s, -자음소멸 유형

세 번째 유형의 동사원형은 주로 **-re** 로 끝납니다.
1/2/3인칭 단수형의 어미는 '-s, -s, -자음소멸'로 변화합니다.
그러니까 3인칭 단수형은 어간만 남는 셈입니다. 복수형 인칭 어간에도 약간의 변화가 있습니다.
전체적으로 다소 격한 변화를 하는 유형이다라고 생각하시면 됩니다.

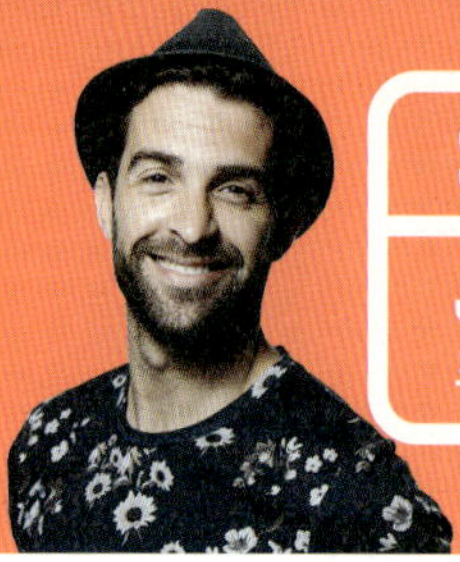

Section 2. Part 07 Meta-Cognition French

Je vais à l'école.

프랑스어의 3군 불규칙동사

We are able to understand **our own working minds.**

일상생활에서 특히 자주 쓰는 대표적인 동사로는 **prendre** [프헝드흐] (취하다/타다/먹다)를 위시해서 접두사만 살짝 얹은 그의 친구들, **apprendre** [아프헝드흐] (배우다), **comprendre** [꽁프헝드흐] (이해하다) 등이 있습니다.

Je prends un taxi.
[즈 프헝 앙 딱씨.]
나는 택시를 탑니다.

Tu prends un taxi.
[뛰 프헝 앙 딱씨.]
너는 택시를 탄다.

Il prend un taxi.
[일 프헝 앙 딱씨.]
그는 택시를 탑니다.

Nous prenons un taxi.
[누 프흐농 앙 딱씨.]
우리는 택시를 탑니다.

Vous prenez un taxi.
[부 프흐네 앙 딱씨.]
당신(들)은 택시를 탑니다.

Ils prennent un taxi.
[일 프헨느 앙 딱씨.]
그들은 택시를 탑니다.

- **prendre** 동사는 '~을 취하다/타다/먹다/마시다' 등 다양한 의미를 가지고 있습니다.
- **un** [앙] 하나의/어떤 (부정관사), **le taxi** [딱씨] 택시

I'm noticing.

I'm thinking.

Fm07-05
Je prends un café.
[즈 프헝 앙 까페.]
나는 커피를 마십니다.

Fm07-06
Vous prenez des photos.
[부 프흐네 데 포또.]
당신(들)은 사진들을 찍습니다.

Fm07-07
J'apprends le français.
[자프헝 르 프헝쎄.]
나는 프랑스어를 배웁니다.

Fm07-08
Je comprends la situation.
[즈 꽁프헝 라 씨뛰아씨옹.]
나는 상황을 이해합니다.

- SUMMARIZE — Determine important ideas!
- QUESTION — Ask questions as I read!
- VISUALIZE — Create mental images of what I read!
- CONNECT — Use what I knew!

Section 2.
part 07

● We have the ability to **transform our mental processes.**

- **prendre une photo** [프헝드흐 윈느 포또]는 '사진을 찍다'입니다.
- **un/des** [앙/데] 하나의/어떤 (부정관사), **le café** [까페] 커피, **la photo** [포또] 사진, **le français** [프헝쎄] 프랑스어, **la situation** [씨뛰아씨옹] 상황

 프랑스어 불규칙 동사의 지존, 무규칙 유형

이번에는 무규칙으로 사정없이 변신하는 동사들을 만나보겠습니다.
우리는 이미 동사 **être** 와 **avoir** 를 통해 무규칙의 종결자를 경험한 바 있습니다. 사실 언어사적으로 볼 때 동사가 불규칙하게 인칭변화한다는 것은 '세월의 흔적'입니다. 오랜 시간 동안 자주 사용되면서 겪은 풍파 때문에 변형된 것이죠. 그만큼 불규칙동사들 중에는 우리 일상생활에 밀착된 동사들이 많습니다. 애정을 가지고 동사 딱 3개만 더 알아봅시다! 프랑스어 불규칙 동사들의 지존 3인방, **aller** [알레] (가다), **venir** [브니흐] (오다), **faire** [페흐] (하다/만들다)를 소개합니다.

	aller	venir	faire
Je [즈]	vais [베]	viens [비앙]	fais [페]
Tu [뛰]	vas [바]	viens [비앙]	fais [페]
Il [일]	va [바]	vient [비앙]	fait [페]
Nous [누]	allons [잘롱]	venons [브농]	faisons [프종]
Vous [부]	allez [잘레]	venez [브네]	faites [페뜨]
Ils [일]	vont [봉]	viennent [비엔느]	font [퐁]

나름 1/2인칭 복수형이 동사원형에 가깝고, **-ons/-ez** 로 끝난다는 것을 공통점으로 볼 수도 있겠습니다만, **faire** 동사의 2인칭 복수형 어미는 **-es** 입니다.

● I'm wondering.
● I'm feeling.

We have the ability to transform our mental processes.
The value of Meta-Cognition is the training of mind to think.

107

Section 2. Part 07
Je vais à l'école.
프랑스어의 3군 불규칙동사

Meta-Cognition French

We are able to understand **our own working minds**.

이와 같이 2인칭 복수형 어미가 **-es** 로 끝나는 경우는 매우 희귀한 경우입니다. (**dire** [디흐] (말하다) 동사도 여기에 해당합니다.) 그리고 추가적으로 유의할 점은, **faire** 동사 1인칭 복수형 **faisons** 의 경우 복합모음 **ai** 발음이 [에]가 아니라 [으]가 되어 [프종]으로 소리 나는 것입니다. 이래저래 무규칙 유형 동사들은 인칭대명사와 세트로 붙여서 소리 내어 연습하는 것이 '정답입니다'!

Fm07-09
Je vais à l'école.
[즈 베 아 레꼴.]
나는 학교에 갑니다.

Fm07-10
Nous venons tout de suite.
[누 브농 뚜 드 쒸뜨.]
우리는 곧 옵니다. (곧 가겠습니다.)

Fm07-11
Vous faites la cuisine.
[부 페뜨 라 뀌진느.]
당신(들)은 요리를 만듭니다.

Fm07-12
Vous ne dites pas la vérité.
[부 느 디뜨 빠 라 베히떼.]
당신(들)은 진실을 말하지 않습니다.

- à + la école = à l'école 은 모음 축약형입니다.
- **tout de suite** (즉시/곧)은 숙어 표현입니다.
- **à** [아] ~에, **l'école** [에꼴] 학교, **tout** [뚜] 매우/아주, **la suite** [쒸뜨] 연속, **la cuisine** [뀌진느] 요리/주방, **ne ~ pas** [느 ~ 빠] ~ 아니다, **dire** [디흐] 말하다, **la vérité** [베히떼] 진실

 마무리 '꿀팁'!

마지막 자음을 발음하지 않는 프랑스어의 특성상 단어 어미의 철자를 정확하게 아는 것이 매우 중요합니다. 프랑스에서는 초등학생은 물론 중학생까지도 받아쓰기 (**dictée** [딕떼]) 연습을 엄격하게 합니다. 발음되지 않는 동사의 인칭 어미를 정확하게 말할 수 있도록 훈련시키려는 의도입니다. 모국어인 프랑스인들에게도 이러한데 외국어로서 프랑스어를 처음 배우는 우리에게는 말할 필요도 없이 중요한 부분입니다. 결국 프랑스어 동사변화의 문제는 '유형의 구별'이 아니고 '얼마나 익숙한가?'에 귀착됩니다!

- **SUMMARIZE** — Determine important ideas!
- **QUESTION** — Ask questions as I read!
- **VISUALIZE** — Create mental images of what I read!
- **CONNECT** — Use what I knew!

Meta-cognition French

● We have the ability to **transform our mental processes**.

Section 2.
part **07**

Section 2.   Part 07+
프랑스어 회화능력 단련장

(이 책 전체를 가볍고 빠르게 일독하실 분은 이번 코너를 살짝! 스킵하셔도 됩니다.)

일상생활에서 자주 사용하기 때문에 꼭 챙겨야하는 불규칙동사의 갯수는 20개가 채 안됩니다.
'프랑스어의 불규칙동사'는 우리가 본문에서 배운 것만으로도 '초급'에서는 충분합니다.
이번 과에서 학습한 불규칙동사의 어미변화 원리를 이해하고, 패턴을 반복한다면
우리들의 프랑스어 동사 활용능력은 충분하게 튼튼해질 것입니다!

Fm07+01
Je pars à huit heures.
[즈 빠흐 아 위 뙤흐.]
나는 8시에 떠납니다.

Fm07+02
Nous sortons tous les soirs.
[누 쏘흐똥 뚜 레 수아흐.]
우리는 저녁마다 나갑니다.

Fm07+03
Il dort encore.
[일 도흐 엉꼬흐.]
그는 여전히 자고 있습니다.

Fm07+04
Je sens un parfum doux.
[즈 썽 앙 빠흐팡 두.]
나는 달콤한 향기를 맡습니다.

I'm **wondering**.

I'm **feeling**.

- ● **à ~ heures** [아 ~ 외흐]는 '~시에'입니다.
- ● **tous les soirs** 는 '모든 저녁' 즉 '저녁마다' 입니다. **tous les matins** [뚜 레 마땅] 아침마다/ **tous les jours** [뚜 레 주흐] 날마다
- ● **partir** [빠흐띠흐] 떠나다, **à** [아] ~에 (시간/장소), **huit** [위뜨] 8, **l'heure** [외흐] 시간, **sortir** [쏘흐띠흐] 나가다, **tous** [뚜] 모든, **le soir** [수아흐] 저녁, **dormir** [도흐미흐] 자다, **encore** [엉꼬흐] 여전히/아직, **sentir** [썽띠흐] 냄새 맡다, **un** [앙] 하나의/어떤(부정관사), **le parfum** [빠흐팡] 향기/향수, **doux** [두] 부드러운/달콤한

We have the ability to transform our mental processes.

The value of Meta-Cognition is the training of mind to think.

The value of Meta-Cognition is the training of mind to think.
We have the ability to transform our mental processes.

Section 2. Part 07
Meta-Cognition French

Je vais à l'école.
프랑스어의 3군 불규칙동사

We are able to understand our own working minds.

Fm07+05
Qu'est-ce que vous prenez?
[께-쓰 끄 부 프흐네?]
당신(들)은 어떤 것을 드십니까?

Fm07+06
Je prends un café.
[즈 프헝 앙 꺄페.]
나는 커피를 마십니다.

Fm07+07
J'apprends le français depuis deux ans.
[자프헝 르 프헝쎄 드쀠 두 정.]
나는 2년 전부터 프랑스어를 배우고 있습니다.

Fm07+08
Vous comprenez maintenant?
[부 꽁프흐네 망뜨넝?]
당신(들)은 이제 이해합니까?

● prendre 동사는 '~을 취하다/타다/먹다/마시다' 등 다양한 의미입니다.
(**Je prends un bus.** [즈 프헝 앙 뷔스.] 나는 버스를 탑니다., **Je prends une douche.**
[즈 프헝 윈느 두슈.] 나는 샤워를 합니다.)
● **qu'est-ce que** [께-쓰 끄] 무엇을 (의문대명사 중복형), **le café** [꺄페] 커피, **apprendre**
[아프헝드흐] 배우다, **le français** [프헝쎄] 프랑스어, **depuis** [드쀠] ~이래로, **deux** [두] 2,
l'an [렁] 해/년, **comprendre** [꽁프헝드흐] 이해하다, **maintenant** [망뜨넝] 지금/이제

I'm noticing.

I'm thinking.

우리들 중의 '프랑스어 회화능력자'를 위하여!

취업면접/이력서/자격시험 등에 대비하여 좀 더 다양한 회화예문이 필요하시면
웹하드에서 아이디 **bookersbergen**, 비번 **9999**로 로그인하고, 내려받기 폴더에서
국가대표 프랑스어 회화능력자 **Pattern 034-036, Pattern 040, Pattern 052,
Pattern 059-060**을 다운로드하십시오. (다운로드는 무료!)
나에게 당장 필요한 문장을 골라 반복적으로 청취하여 '내 문장'으로 만듭시다!

● SUMMARIZE ● QUESTION ● VISUALIZE ● CONNECT
Determine important ideas! Ask questions as I read! Create mental images of what I read! Use what I knew!

Meta-Cognition French

Section 2.
part 07

● We have the ability to **transform our mental processes**.

Fm07+09
Je vais à la gym.
[즈 베 아 라 짐.]
나는 체육관에 갑니다.

Fm07+10
Je viens de Corée.
[즈 비앙 드 꼬헤.]
나는 한국에서 왔습니다.

Fm07+11
Je fais les courses.
[즈 페 레 꾸흐쓰.]
나는 장을 봅니다.

Fm07+12
Je dis bonjour.
[즈 디 봉주흐.]
나는 안녕이라고 말합니다. (인사합니다.)

● **venir de** + 나라/도시명으로 출신지를 말할 수 있습니다.
● **faire les courses** (시장을 보다)는 숙어 표현입니다.
● **dire bonjour** 는 '안녕이라고 말하다'(인사하다)입니다.
● **venir** [브니흐] 오다, **la gym (la gymnastique)** [짐 (짐나스띠끄)] 체조/체육관, **de** [드] ~로부터, **la Corée** [꼬헤] 한국, **faire** [페흐] 하다/만들다, **les courses** [꾸흐쓰] 구입/쇼핑, **dire** [디흐] 말하다, **bonjour** [봉주흐] 안녕하세요

I'm **wondering**.

I'm **feeling**.

 드디어 플러스 '엔딩'!

지금 우리에게 무엇보다도 필요한 것은 '프랑스어 동사 인칭변화의 원리를 이해하고 납득하는 것'입니다. 각각의 유형으로 구분된 상태를 이해하고, 각각의 유형이 서로 어떻게 다른지를 납득한다면, 우리는 비로소 프랑스어를 하나의 살 만들어진 언어로 여길 수 있습니다. 그리고 우리는 바로 이런 방식으로 프랑스어를 조금씩 더 사랑하게 될 것입니다.

			CONNECT
Determine important ideas!	Ask questions as I read!	Create mental images of what I read!	Use what I knew!

We have the ability to transform our mental processes.

The value of Meta-Cognition is the training of mind to think.

113

Section 2. Part 08
Je me lave.
[즈 므 라브.]
나는 씻습니다.
프랑스어의 대명동사

이번 과에서는 프랑스어의 독특한 동사 체계인 '대명동사'를 살펴보겠습니다. 대명동사는 프랑스어의 '재귀대명사' (영어의 **myself, yourself** … 등)을 데리고 다니는 동사를 말합니다. 대명동사는 일상 회화에서 다양한 용법으로 활용되는데, 특히 대명동사를 이용하면 우리의 하루 일과를 모두 프랑스어로 표현할 수 있습니다. 이제부터 확인해보겠습니다.

 프랑스어의 대명동사!

프랑스어에는 대명동사(代名動詞)라는 것이 있습니다.
'대명사를 대동하고 다니는 동사'라는 뜻입니다. 여기서 대명사라 함은 '재귀대명사'를 말합니다.
'재귀'란 행위의 결과가 다시 스스로에게 돌아가는 것을 의미합니다. 예를 들어 우리말로 '나는 씻는다.'를 프랑스어 방식으로 표현하면 '나는 나(스스로)를 씻는다.'라고 해야합니다.
이때 사용된 '나(스스로)를'이 재귀대명사이고, '씻는다'는 재귀동사인 것입니다.
그러니까 프랑스어 대명동사는 '스스로를 ~한다'라는 뜻으로 사용하는 독특한 동사 체계입니다.
그러면 먼저 프랑스어 재귀대명사 se [쓰]의 각 인칭별 형태를 확인해 보겠습니다!
읽는 순서는 단수형 ➜ 복수형으로 [므-뜨-쓰, 누-부-쓰]입니다.

프랑스어의 재귀대명사

단수		복수	
je [즈]	**me** [므]	**nous** [누]	**nous** [누]
tu [뛰]	**te** [뜨]	**vous** [부]	**vous** [부]
il / elle [일/엘]	**se** [쓰]	**ils / elles** [일/엘]	**se** [쓰]

3인칭은 단수형과 복수형의 형태가 원형 그대로 se [쓰]로 동일합니다.
1/2인칭 복수형 재귀대명사는 주어인칭대명사와 형태가 똑같습니다. 모양은 같아도 역할은 다릅니다. 그리고 재귀대명사의 위치는 동사 바로 직전입니다. 자! 그러면 동사 laver [라베] (~를 씻다)를 가지고 문장을 만들어 보겠습니다. laver 는 타동사로 laver + 목적어 (~를 씻다)이지만, 재귀대명사 se 를 동반한 se laver 는 'se 를 씻다'입니다. 각 인칭별 변화를 쭉 읽어봅시다!
(이하 이해를 돕기 위해서 재귀대명사를 굳이 해석했습니다.)

Je me lave.
[즈 므 라브.]
나는 나를 씻습니다.

Nous nous lavons.
[누 누 라봉.]
우리는 우리를 씻습니다.

The value of Meta-Cognition is **the training of mind to think.**
We have the ability to **transform our mental processes.**

Section 2. Part 08 — Meta-Cognition French
Je me lave.
프랑스어의 대명동사

We are able to understand **our own working minds.**

Tu te laves.
[뛰 뜨 라브.]
너는 너를 씻는다.

Il se lave.
[일 쓰 라브.]
그는 그를 씻습니다.

Vous vous lavez.
[부 부 라베.]
당신(들)은 당신(들)을 씻습니다.

Ils se lavent.
[일 쓰 라브.]
그들은 그들을 씻습니다.

대명동사의 의미에 따라 보통 4가지 용법으로 구분합니다.
(재귀적/상호적/수동적/본질적 대명동사)

❶ 재귀적 대명동사

'재귀적 대명동사'는 '주어의 동작이 주어 자신으로 돌아가는 경우'입니다.
대명동사의 가장 기본 사용법입니다.
s'appeler [싸쁠레] (부르다/이름이 ~이다), **se réveiller** [쓰 헤베이예] (깨다),
se lever [쓰 르베] (일어나다), **se raser** [쓰 하제] (면도하다), **s'habiller** [싸비예] (옷 입다),
se maquiller [쓰 마끼예] (화장하다), **se coucher** [쓰 꾸쉐] (눕다/잠자리에 들다) 등
하루의 일상 행위를 표현하는 대부분이 '재귀적 대명동사'에 해당합니다.

Fm08-01
Je m'appelle Jisoo.
[즈 마뻴르 지수.]
내 이름은 지수입니다.

Fm08-02
Je me réveille tôt.
[즈 므 헤베이으 또.]
나는 일찍 깹니다.

Fm08-03
Je m'habille vite.
[즈 마비으 비뜨.]
나는 빨리 옷을 입습니다.

Fm08-04
Je me couche très tard.
[즈 므 꾸슈 트헤 따흐.]
나는 매우 늦게 잠자리에 듭니다.

- SUMMARIZE — Determine important ideas!
- QUESTION — Ask questions as I read!
- VISUALIZE — Create mental images of what I read!
- CONNECT — Use what I knew!

Section 2.
part 08

Meta-Cognition French

● We have the ability to **transform our mental processes**.

● 재귀대명사 뒤에 모음이나 무성 h 로 시작하는 동사가 오면 모음축약합니다.
(Je m'appelle / Je m'habille)
● Je m'appelle ~. 는 '나는 나를 ~라고 부른다.', 즉 '내 이름은 ~이다.'입니다.
동사원형 s'appeler [싸쁠레]는 1군규칙동사로 어미는 규칙어미 그대로지만,
어간의 모양에 살짝 변화가 있습니다. 1군 규칙동사의 변칙은 제09과에서 더 살펴보겠습니다.
● **tôt** [또] 일찍, **vite** [비뜨] 빨리, **très** [트헤] 매우/몹시, **tard** [따흐] 늦게

❷ 상호적 대명동사

'상호적 대명동사'는 '같은 동작을 서로에게 똑같이 행하는 경우'입니다.
따라서 주어는 항상 복수입니다.
자주 사용하는 동사로는 **se regarder** [쓰 흐갸흐데] (서로 보다), **s'aimer** [쎄메] (서로 사랑하다),
se téléphoner [쓰 뗄레포네] (서로 전화하다), **se marier** [쓰 마히에] (서로 결혼하다) 등이
있습니다.

Fm08-05
Nous nous regardons longtemps.
[누 누 흐갸흐동 롱떵.]
우리는 서로를 오랫동안 바라봅니다.

Fm08-06
Nous nous aimons l'un l'autre.
[누 누 제몽 렁 로트흐.]
우리는 서로서로를 사랑합니다.

Fm08-07
Ils se téléphonent souvent.
[일 쓰 뗄레폰느 쑤벙.]
그들은 서로 자주 통화합니다.

Fm08-08
Ils se marient bientôt.
[일 쓰 마히 비앙또.]
그들은 서로 곧 결혼합니다.

I'm wondering.
I'm feeling.

We have the ability to transform our mental processes.
The value of Meta-Cognition is the training of mind to think.

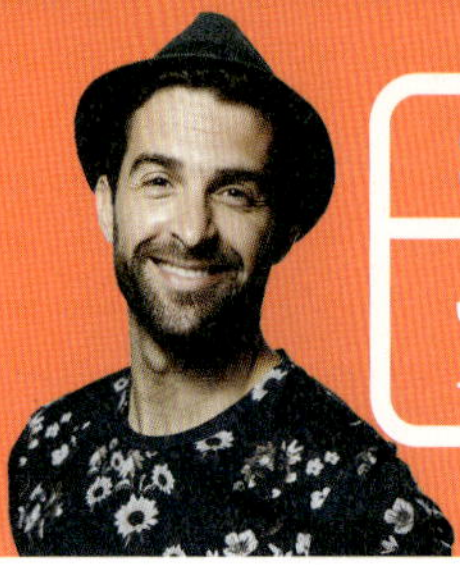

Section 2. Part 08 Meta-Cognition French

Je me lave.

프랑스어의 대명동사

We are able to understand **our own working minds.**

- 1/2인칭 복수형의 주어인칭대명사와 재귀대명사의 형태는 동일합니다.
- **l'un l'autre** [렁 로트흐] 서로서로
- **regarder** [흐갸흐데] 보다, **longtemps** [롱떵] 오랫동안, **aimer** [에메] 좋아하다/사랑하다, **téléphoner** [뗄레포네] 전화하다, **souvent** [쑤벙] 자주/종종, **marier** [마히에] 결혼시키다/결혼하다, **bientôt** [비앙또] 곧

❸ 수동적 대명동사

'수동적 대명동사'는 대명동사가 주어의 행위를 나타내는 것이 아니라, 행위를 받아서 말 그대로 '수동적 의미'를 나타냅니다. 완료된 상태보다는 동작이 더욱 강조되는 표현입니다.
주어는 주로 3인칭의 사물입니다.
예를 들면, **fermer** [페흐메]는 '닫다'이고, **se fermer** [쓰 페흐메]는 '스스로를 닫다' > '닫힌다'는 의미입니다.

Fm08-09
La porte se ferme.
[라 뽀흐뜨 쓰 페흠므.]
문이 (저절로) 닫힙니다.

Fm08-10
Le vin blanc se sert frais.
[르 방 블렁 쓰 쎄흐 프헤.]
화이트 와인은 차갑게 대접됩니다. (차갑게 해서 마십니다.)

Fm08-11
Le livre se vend bien.
[르 리브흐 쓰 벙 비앙.]
그 책은 잘 팔립니다.

Fm08-12
La voiture se fabrique en Corée.
[라 부아뛰흐 쓰 파브히끄 엉 꼬헤.]
그 자동차는 한국에서 제작됩니다.

- **se servir** [쓰 쎄흐비흐]는 '(음식이나 술 등이) 차려진다 > 대접된다'의 뜻입니다.

I'm noticing.
I'm thinking.

● SUMMARIZE — Determine important ideas!
● QUESTION — Ask questions as I read!
● VISUALIZE — Create mental images of what I read!
● CONNECT — Use what I knew!

Meta-Cognition French

● We have the ability to **transform our mental processes**.

Section 2. part 08

● 여성국가명 앞에는 전치사 **en** 이 붙습니다. **en Corée / en France** [엉 꼬헤/엉 프헝쓰] (한국에서/프랑스에서)
● **la porte** [뽀흐뜨] 문, **fermer** [페흐메] 닫다, **le vin** [방] 와인, **blanc (blanche)** [블렁(슈)] 흰, **servir** [쎄흐비흐] 대접하다/내놓다, **frais** [프헤] 차가운/시원한, **le livre** [리브흐] 책, **vendre** [벙드흐] 팔다, **bien** [비앙] 잘, **la voiture** [부아뛰흐] 자동차, **fabriquer** [파브히께] 제작하다, **en** [엉] ~에, **la Corée** [꼬헤] 한국

❹ 본질적 대명동사

'본질적 대명동사'의 재귀대명사는 아무 뜻도 없이 동사랑 꼭 붙어 다닙니다. 숙어처럼 사용되기 때문에 세트로 함께 기억하는 것이 좋습니다. 대표적으로 **se souvenir** [쓰 쑤브니흐] (기억하다), **se moquer** [쓰 모께] (놀리다), **s'occuper** [쏘뀌뻬] (담당하다) 등이 있습니다.

Fm08-13
Je me souviens de la journée.
[즈 므 쑤비앙 드 라 주흐네.]
나는 그 날을 기억합니다.

Fm08-14
Vous vous souvenez de moi?
[부 부 쑤브네 드 모아?]
당신(들)은 나를 기억합니까?

Fm08-15
Ils se moquent de vous.
[일 쓰 모끄 드 부.]
그들이 당신을 놀리고 있습니다.

Fm08-16
Je m'occupe de la caisse.
[주 모뀌쁘 드 라 께스.]
나는 계산대를 담당합니다.

● 전치사 뒤에는 인칭대명사 강세형을 사용합니다.
● **la journée** [주흐네] 날, **moi/vous** [모아/부] 나/당신 (강세형 인칭대명사), **la caisse** [께쓰] 계산대

The value of Meta-Cognition is the training of mind to think.
We have the ability to transform our mental processes.

Section 2.
Je me lave.
프랑스어의 대명동사

Part 08

Meta-Cognition
French

We are able to understand our own working minds.

 우리의 일상을 프랑스어 대명동사로!

지금까지 배운 프랑스어 대명동사에 대한 지식을 총동원하여 '우리의 아침 일상'을
표현해보겠습니다. 대명동사 부분을 괄호 (   ) 치고 알맞은 인칭변화를 묻는 방식은 각종
프랑스어 시험에 등장하는 **Hexagone** [엑자곤] (6각형: 프랑스 국토 모양 비유 표현)의
흔하디 흔한 문제유형입니다. 프랑스어 시험문제의 '본심'을 의식하면서 다음을 연습해 봅시다!

Fm08-17
Je me réveille à sept heures.
[즈 므 헤베이으 아 쎄 뙤흐.]
나는 7시에 깹니다.

Fm08-18
Je me lave le visage.
[즈 므 라브 르 비자주.]
나는 (나의) 얼굴을 씻습니다.

Fm08-19
Je me brosse les dents.
[즈 므 브호쓰 레 덩.]
나는 (나의) 이를 닦습니다.

Fm08-20
Je m'habille vite.
[즈 마비으 비뜨.]
나는 재빨리 옷을 입습니다.

- à + ~ heures 는 '~시에' 입니다.
- Je me lave le visage. 에서 재귀대명사 **me** 는 간접보어이고, **le visage** 는 직접보어입니다.
- se brosser les dents [쓰 브호쎄 레 덩] (이를 닦다)입니다.
- sept [쎄뜨] 7, l' heure [외흐] 시간, le visage [비자주] 얼굴,
se brosser [쓰 브호쎄] 솔질하다, la dent [덩] 이/치아

 마무리 '꿀팁'!

프랑스어 대명동사는 우리에게 낯선 동사 체계입니다. 하지만 프랑스어를 포함하여 영어/
독일어/스페인어/이탈리아어/러시아어에 이르기까지 대부분의 유럽어에 존재하는 어법입니다.
대명동사는 재귀대명사와 세트입니다. 대명동사는 특히 생활표현이 많기 때문에
대명동사의 표현을 반복 연습하는 것이 프랑스어 회화능력 향상의 지름길이 될 수 있습니다.

- SUMMARIZE — Determine important ideas!
- QUESTION — Ask questions as I read!
- VISUALIZE — Create mental images of what I read!
- CONNECT — Use what I knew!

Meta-Cognition French

● We have the ability to **transform our mental processes**.

Section 2.
part 08

Section 2.   Part 08+
프랑스어 회화능력 단련장

(이 책 전체를 가볍고 빠르게 일독하실 분은 이번 코너를 살짝! 스킵하셔도 됩니다.)

대명동사 패턴은 우리의 일과를 말할 수 있는 필수표현입니다. 그리고 프랑스어 회화능력은 우리 몸의 근육을 키우듯 반복된 훈련이 필요합니다. 연습에 익숙해지면 그렇게 그대로 우리들의 회화능력이 되는 것입니다!

Fm08+01
Je me lave les mains.
[즈 므 라브 레 망.]
나는 (나의) 손을 씻습니다.

Fm08+02
Je me lave le visage.
[즈 므 라브 르 비자주.]
나는 얼굴을 씻습니다.

Fm08+03
Je me lave les cheveux.
[즈 므 라브 레 슈브.]
나는 머리를 감습니다.

Fm08+04
Je me lave les dents après le repas.
[즈 므 라브 레 덩 아프헤 르 흐빠.]
나는 식사 후 이를 닦습니다.

● 신체의 일부를 나타내는 말은 간접보어를 사용하여 소유자를 나타냅니다.
따라서 **Je me lave les mains.** 의 재귀대명사 **me** 는 간접보어로 사용되었습니다.
● 치아/머리카락 등을 닦거나 빗을 때는 **se brosser** [쓰 브호쎄] (솔질하다)를 사용할 수도 있습니다.
● **se laver** [쓰 라베] ~을 씻다, **la main** [망] 손, **le visage** [비자주] 얼굴, **les cheveux** [슈브] 머리카락들, **la dent** [덩] 치아, **après** [아프헤] ~후에, **le repas** [흐빠] 식사

I'm wondering.

I'm feeling.

The value of Meta-Cognition is the training of mind to think.
We have the ability to **transform our mental processes**.

Section 2. Part 08
Je me lave.
프랑스어의 대명동사

Meta-Cognition
French

We are able to understand **our own working minds**.

Fm08+05
Je me rase tous les matins.
[즈 므 하즈 뚜 레 마땅.]
나는 매일 아침 면도합니다.

Fm08+06
Il se rase une fois par jour.
[일 쓰 하즈 윈느 푸아 빠흐 주흐.]
그는 하루에 한 번 면도합니다.

Fm08+07
Je me maquille souvent.
[즈 므 마끼으 쑤벙.]
나는 자주 화장합니다.

Fm08+08
Elle ne se maquille pas.
[엘 느 쓰 마끼으 빠.]
그녀는 화장하지 않습니다.

● **tous les matins** [뚜 레 마땅] 매일 아침, **une fois par jour** [윈느 푸아 빠흐 주흐] 하루에 한 번
● 부정문을 만들 때 사용하는 부정부사 **ne ~ pas** [느 ~ 빠] (~ 아니다)는 대명동사 전체의 앞 뒤를 감싸줍니다.
● **se raser** [쓰 하제] 면도하다, **tous** [뚜] 모든, **le matin** [마땅] 아침, **une** [윈느] 하나의, **la fois** [푸아] 회/때/번, **par** [빠흐] 마다, **jour** [주흐] 날, **se maquiller** [쓰 마끼예] 화장하다, **souvent** [쑤벙] 자주/종종, **ne ~ pas** [느 ~ 빠] ~ 아니다

I'm noticing.

I'm thinking.

우리들 중의 '프랑스어 회화능력자'를 위하여!

취업면접/이력서/자격시험 등에 대비하여 좀 더 다양한 회화예문이 필요하시면 웹하드에서 아이디 **bookersbergen**, 비번 **9999**로 로그인하고, 내려받기 폴더에서 국가대표 프랑스어 회화능력자 **Pattern 096~105**를 다운로드하십시오. (다운로드는 무료!)
나에게 당장 필요한 문장을 골라 반복적으로 청취하여 '내 문장'으로 만듭시다!

- SUMMARIZE — Determine important ideas!
- QUESTION — Ask questions as I read!
- VISUALIZE — Create mental images of what I read!
- CONNECT — Use what I knew!

Meta-Cognition French

Section 2.
part 08

● We have the ability to **transform our mental processes**.

Fm08+09
Je me souviens bien.
[즈 므 쑤비앙 비앙.]
나는 잘 기억하고 있습니다.

Fm08+10
Je ne me souviens plus.
[즈 느 므 쑤비앙 쁠뤼.]
나는 더 이상 기억하지 않습니다. (기억이 안납니다.)

Fm08+11
Je m'occupe de la comptabilité.
[즈 모뀌쁘 드 라 꽁따빌리떼.]
나는 회계를 담당합니다.

Fm08+12
Je m'occupe de l'après-vente.
[즈 모뀌쁘 드 라프헤-벙뜨.]
나는 애프터서비스를 담당합니다.

- **ne ~ plus** 는 '더 이상 ~ 않다'입니다.
- **se souvenir de ~** [쓰 쑤브니흐 드 ~] ~을 기억하다, **s'occuper de ~** [쏘뀌뻬 드 ~] ~을 담당하다/맡다
- **l'après-vente** 는 **après** [아프헤] (~후에) + **vente** [벙뜨] (판매)가 결합한 단어입니다. 2개 이상의 단어가 이어져 하나의 단어를 이룰 때에는 - (**trait d'union**) [트헤 뒤니옹]으로 연결합니다.
- **se souvenir** [쓰 쑤브니흐] 기억하다, **bien** [비앙] 잘, **la comptabilité** [꽁따빌리떼] 회계, **l'après-vente** [아프헤-벙뜨] 애프터서비스

I'm **wondering**.

I'm **feeling**.

 드디어 플러스 '엔딩'!

우리는 대명동사를 통해 아침에 눈을 떠서 잠자리에 들 때까지 모든 일상을 프랑스어로 말할 수 있게 되었습니다. 처음에는 번거롭게 느껴지는 것이 사실이지만, 우리 스스로 익숙해지면 특별한 어법을 구사한다는 뿌듯함이 생깁니다. 분명 우리에게 낯선 어법이긴 하지만, 한두 문장만 익숙해지면 자연스럽게 습관이 되는 것도 금방입니다.

We have the ability to transform our mental processes.

The value of Meta-Cognition is the training of mind to think.

The value of Meta-Cognition is the training of mind to think.
We have the ability to transform our mental processes.

Section 2.   Part 09
Il fait beau.

[일 페 보.] 날씨가 좋습니다.

프랑스어의 비인칭동사와 1군 규칙동사의 변칙

제9과에서는 프랑스어의 '비인칭동사'를 이용한 다양한 표현들을 살펴보겠습니다.
날씨/필요 등 본질적으로 비인칭으로만 사용하는 동사들과 태생은 일반동사지만 경우에 따라
비인칭 용법으로 사용되는 동사들을 함께 정리했습니다. 그리고 다음으로는 제06과에 이어서
1군 규칙동사 중에서 살짝 변화를 하는 '변칙동사'의 유형을 짚어보겠습니다.
'변칙동사'까지 살펴보면 우리는 프랑스어 동사의 모든 변화 유형을 망라하게 됩니다.

We are able to understand our own working minds.

- SUMMARIZE Determine important ideas!
- QUESTION Ask questions as I read!
- VISUALIZE Create mental images of what I read!
- CONNECT Use what I knew!

Meta-Cognition French

We have the ability to **transform our mental processes**.

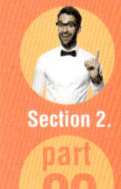

Section 2.
part 09

 프랑스어의 비인칭동사!

프랑스어 동사 중에 3인칭 단수형으로만 사용되는 동사를 '비인칭동사'라고 합니다. 비인칭동사의 주어를 '비인칭주어'라고 하는데, 영어에서 비인칭주어 **it** 에 해당하는 것이 프랑스어의 **il** [일]입니다. 비인칭주어는 특별한 의미가 없는 어디까지나 형식적인 주어에 불과합니다. 비인칭주어와 비인칭동사는 영원한 소울메이트입니다.
커플을 이루어 날씨/시간/요일/계절/거리 등을 표현합니다. 비인칭동사는 태생부터 비인칭인 동사와 원래는 일반동사이지만 상황에 따라 비인칭동사로 변신하는 2종류가 있습니다.

 태생부터 비인칭동사!

태생부터 비인칭동사인 동사들이 있습니다. 대표적으로 날씨를 나타내는 동사들입니다. 이들 동사는 '비인칭주어 **il** + 3인칭 단수형'으로 깔끔하게 문장을 만들 수 있습니다. 여기에 적당한 형용사/부사 등을 곁들이면, 어디에 내놓아도 부끄럽지 않은 멋진 프랑스어 날씨표현이 완성됩니다! **pleuvoir** [쁠르부아흐] 비가 오다, **neiger** [네제] 눈이 오다, **tonner** [또네] 천둥치다, **venter** [벙떼] 바람이 불다 등)

Fm09-01
Il pleut beaucoup.
[일 쁠르 보꾸.]
비가 많이 옵니다.

Fm09-02
Il neige aujourd'hui.
[일 네주 오주흐뒤.]
오늘 눈이 옵니다.

Fm09-03
Il tonne souvent.
[일 똔느 쑤벙.]
자주 천둥칩니다.

Fm09-04
Il vente très fort.
[일 벙뜨 트헤 포흐.]
바람이 심하게 붑니다.

The value of Meta-Cognition is **the training of mind to think.**
We have the ability to **transform our mental processes.**

Section 2. Part 09 — Meta-Cognition French

Il fait beau.
프랑스어의 비인칭동사와 1군 규칙동사의 변칙

We are able to understand **our own working minds.**

● 일반적으로 프랑스어 부사의 위치는 동사를 꾸며줄 때는 동사 바로 뒤에(**Il pleut beaucoup.**), 형용사나 다른 부사를 꾸며줄 때는 형용사와 부사 바로 앞에 놓입니다.(**Il vente très fort.**)
● **beaucoup** [보꾸] 많이, **aujourd'hui** [오주흐뒤] 오늘, **souvent** [쑤벙] 자주, **très** [트헤] 매우, **fort** [포흐] 강하게/세게

본래부터 비인칭동사 중 높은 사용빈도를 자랑하는 동사 딱 한 개만 더 보겠습니다.
동사 **falloir** [팔루아흐] (~가 필요하다/~해야만 한다)는 3인칭 단수형 **faut** 를 이용해서
Il faut + 명사/동사원형. 패턴으로 사용합니다. 뒤에 명사가 오면 '~이 필요하다', 동사가 오면 '~해야만 한다'의 의미입니다.

I'm noticing.

Fm09-05
Il faut un ticket pour entrer.
[일 포 앙 띠께 뿌흐 엉트헤.]
입장하기 위해서 (하나의) 티켓이 필요합니다.

Fm09-06
Il faut du courage et de la volonté.
[일 포 뒤 꾸하쥬 에 드 라 볼롱떼.]
용기와 의지가 필요합니다.

Fm09-07
Il faut continuer.
[일 포 꽁띠뉘에.]
계속해야만 합니다.

I'm thinking.

Fm09-08
Il faut payer maintenant.
[일 포 뻬이예 망뜨넝.]
지금 지불해야만 합니다.

● 전치사 **pour** + 동사원형은 '~하기 위해서'입니다.
● 추상명사 앞에는 부분관사(**du** [뒤]/**de la** [드 라])를 붙입니다.
● **un** [앙] 하나의/어떤, **le ticket** [띠께] 티켓/표, **pour** [뿌흐] ~위해, **entrer** [엉트헤] 들어가다/입장하다, **du** [뒤]/**de la** [드 라] 약간의 (부분관사), **le courage** [꾸하쥬] 용기, **et** [에] 그리고, **la volonté** [볼롱떼] 의지, **continuer** [꽁띠뉘에] 계속하다, **payer** [뻬이예] 지불하다/계산하다, **maintenant** [망뜨넝] 지금

때때로 비인칭동사!

● SUMMARIZE ● QUESTION ● VISUALIZE ● CONNECT
Determine important ideas! Ask questions as I read! Create mental images of what I read! Use what I knew!

Meta-Cognition French

● We have the ability to **transform our mental processes**.

Section 2.
part 09

평소에는 멀쩡하게 인칭변화를 하며 일반동사로 활동하다가 필요하면 비인칭주어 **il** 과 함께 어울려 비인칭동사로 변신하는 동사들이 있습니다. 대표적으로 **faire** [페흐] (~하다/만들다), **avoir** [아부아흐] (~가지다), **être** [에트흐] (~이다)를 들 수 있습니다. 먼저 동사 **faire** 는 비인칭구문에서 **Il fait** + 형용사/명사. 패턴으로 '날씨/기후/시간' 등을 표현합니다.

Fm09-09
Il fait beau.
[일 페 보.]
날씨가 좋습니다.

Fm09-10
Il fait chaud.
[일 페 쇼.]
날씨가 덥습니다.

Fm09-11
Il fait 25 ºC.
[일 페 방-쌍끄 드그헤.]
섭씨 25 ºC입니다.

Fm09-12
Il fait nuit.
[일 페 뉘.]
밤이 됩니다. (어두워집니다.)

● **Il fait** + 부분관사 + 명사. 패턴으로 날씨를 표현할 수도 있습니다. **Il fait du vent.** [일 페 뒤 벙.] (바람이 붑니다.), **Il fait du soleil.** [일 페 뒤 쏠레이으.] (해가 났습니다./날씨가 맑습니다.), **Il fait de la neige.** [일 페 드 라 네주.] (눈이 옵니다.)
● **beau** [보] 좋은, **chaud** [쇼] 더운, **vingt-cinq** [방-쌍끄] 25, **le degré** [드그헤] ºC, **la nuit** [뉘] 밤, **du/de la** [뒤/드라] 약간의 (부분관사), **le vent** [벙] 바람, **le soleil** [쏠레이으] 태양/해, **la neige** [네주] 눈

être 동사는 형용사와 소합을 이루어 비인칭구문을 만들기도 합니다
Il est + 형용사 + **de** + 동사원형.의 패턴으로 '~하는 것은 ~하다'는 뜻입니다.
(전치사 **de** 는 동사원형을 이끌며, '~하는 것'의 의미입니다.)
형용사를 다양하게 교체하면 가히 무궁무진한 문장 생산이 가능한 유용한 '핵꿀패턴'입니다!

I'm wondering.

I'm feeling.

The value of Meta-Cognition is the training of mind to think.
We have the ability to **transform our mental processes.**

Section 2.
Il fait beau.
프랑스어의 비인칭동사와 1군 규칙동사의 변칙

Part 09

Meta-Cognition French

We are able to understand **our own working minds.**

Fm09-13
Il est possible de choisir.
[일 레 뽀씨블르 드 슈아지흐.]
선택하는 것이 가능합니다.

Fm09-14
Il est difficile de répondre.
[일 레 디피씰르 드 헤뽕드흐.]
대답하는 것은 어렵습니다.

Fm09-15
Il est interdit de fumer ici.
[일 레 앙떼흐디 드 퓌메 이씨.]
여기에서 흡연하는 것은 금지입니다.

Fm09-16
Il est important de réviser.
[일 레 앙뽀흐떵 드 헤비제.]
복습하는 것이 중요합니다.

● 구어체에서는 **Il est ~.** 대신에 지시대명사 **ce** 를 이용하여 **C'est ~.** 구문으로도 흔히 사용합니다. 의미는 정확히 똑같지만 **C'est ~.** 구문의 문장이 좀 더 경쾌한 느낌입니다.
● **possible** [뽀씨블르] 가능한, **de** [드] ~하는 것, **choisir** [슈아지흐] 선택하다, **difficile** [디피씰르] 어려운, **répondre** [헤뽕드흐] 대답하다, **interdit** [앙떼흐디] 금지된, **fumer** [퓌메] 흡연하다, **ici** [이씨] 여기, **important** [앙뽀흐떵] 중요한, **réviser** [헤비제] 복습하다

1군 규칙동사 속의 이단아들!

우리는 제06과에서 착실하게 규칙을 준수하는 1군 규칙동사들을 만나보았습니다. 한없이 착할 것만 같았던 1군 규칙동사에 '삐뚤어질 테다!'하며 나선 이단아들이 있습니다. 사실 이 동사들의 '변칙' 배경에는 '발음 상의 문제'가 있습니다. 모음이 반복되는 것을 피해서 보다 또렷하게 들리도록 하기 위한 조치로 일종의 '이유 있는 반항'입니다.
어간의 변화 형태에 따라 1군 변칙 동사의 대표적인 3가지 유형을 살펴보겠습니다.

- SUMMARIZE — Determine important ideas!
- QUESTION — Ask questions as I read!
- VISUALIZE — Create mental images of what I read!
- CONNECT — Use what I knew!

Meta-Cognition French

Section 2. part 09

● We have the ability to **transform our mental processes**.

espérer [에스뻬헤] (희망하다), **essayer** [에쎄이에] (시도하다), **appeler** [아쁠레] (부르다) 동사의 인칭변화를 보시겠습니다.

	espérer	essayer	appeler
J' [	espère 제스뻬흐	essaie 제쎄	appelle 자뻴르.]
Tu [뛰	espères 에스뻬흐	essaies 에쎄	appelles 아뻴르.]
Il [일	espère 레스뻬흐	essaie 레쎄	appelle 라뻴르.]
Nous [누	espérons 제스뻬홍	essayons 제쎄이옹	appelons 자쁠롱.]
Vous [부	espérez 제스뻬헤	essayez 제쎄이에	appelez 자쁠레.]
Ils [일	espèrent 제스뻬흐	essaient 제쎄	appellent 자뻴르.]

I'm wondering.

I'm feeling.

프랑스어 '1군 변칙동사'의 어미는 1군 규칙동사의 변화규칙을 그대로 준수합니다. (기억하시죠? **-e-es-e, -ons-ez-ent** 입니다.) 그런데 자세히 살펴보면 1군 변칙동사들의 '1/2/3인칭 단수형과 3인칭 복수형'의 형태가 조금 달라졌습니다.
espérer 의 경우에는 동사원형의 철자 **é** 가 **è** 로 바뀌었고,
essayer 는 동사원형의 **y** 가 **i** 로, **appeler** 는 자음 **l** 이 추가되었습니다.

전반적으로 발음을 또렷하게 만들기 위한 조치입니다.

Section 2. Il fait beau.

Part 09 — Meta-Cognition French

프랑스어의 비인칭동사와 1군 규칙동사의 변칙

The value of Meta-Cognition is the training of mind to think.
We have the ability to transform our mental processes.
We are able to understand our own working minds.

Fm09-17
J'espère un succès.
[제스뻬흐 앙 쒁쎄.]
나는 성공을 희망합니다.

Fm09-18
J'essaie un pantalon.
[제쎄 앙 뻥딸롱.]
나는 바지를 입어봅니다.

Fm09-19
Nous essayons d'apprendre le français.
[누 제쎄이용 다프헝드흐 르 프헝쎄.]
우리는 프랑스어를 배우려고 시도합니다.

Fm09-20
J'appelle un médecin.
[자뻴르 앙 메드쌍.]
나는 의사를 부릅니다.

● **essayer** + 명사는 '~을 시도하다/~을 한번 해보다'입니다. **essayer** 뒤에 동사가 올 때는 전치사 **de** 로 연결합니다. **essayer + de +** 동사원형은 '~하는 것을 시도하다'입니다.
● **appeler** 는 '~에게 전화하다'라는 의미도 있습니다.
● **un** [앙] 하나의/어떤, **le succès** [쒁쎄] 성공, **le pantalon** [뻥딸롱] 바지, **apprendre** [아프헝드흐] 배우다, **le français** [프헝쎄] 프랑스어, **le médecin** [메드쌍] 의사

이외에도 주의해야 할 중요한 변칙은 **voyager** [부아야제] (여행하다), **commencer** [꼬멍쎄] (시작하다) 동사의 1인칭 복수형의 철자가 각각 **nous voyagons** ➡ **nous voyageons** [누 부아야종]으로, **nous commencons** ➡ **nous commençons** [누 꼬멍쏭]이 되는 것입니다. 없던 **-e** 가 추가 되거나 **-c** 가 **-ç** 로 바뀌었습니다.
다시 한 번 말씀드리지만 이 모든 변칙은 모두 부드러운 발음을 위한 조치일 뿐입니다.

 마무리 '꿀팁'!

비인칭 구문은 일상회화에서 특히 맹렬하게 활약합니다. 비인칭 구문은 날씨/필요/존재 등 다양한 표현으로 우리들의 프랑스어를 더욱 유연하고 풍요롭게 만들어 줍니다.
특히 **Il est +** 형용사 **+ de +** 동사원형.의 패턴에다가 우리가 알고 있는 동사들을 조합하면, 우리들의 프랑스어 능력은 그야말로 폭풍성장을 경험하게 될 것입니다!

- SUMMARIZE — Determine important ideas!
- QUESTION — Ask questions as I read!
- VISUALIZE — Create mental images of what I read!
- CONNECT — Use what I knew!

Meta-Cognition French

● We have the ability to **transform our mental processes**.

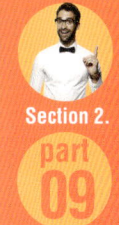

Section 2.
part 09

Section 2.　　Part 09+
프랑스어 회화능력 단련장

(이 책 전체를 가볍고 빠르게 일독하실 분은 이번 코너를 살짝! 스킵하셔도 됩니다.)

비인칭 동사 **faire** 를 이용한 **Il fait ~**. 패턴으로 여러 가지 날씨표현을 연습해보겠습니다. 더불어 '~하는 것은 ~하다'는 뜻의 **Il est + 형용사 + de + 동사원형**. 구문을 다양한 형용사와 동사로 활용해 보겠습니다. 비인칭동사로 우리들의 프랑스어를 파워 업! 하겠습니다!

I'm wondering.

Fm09+01	**Quel temps fait-il aujourd'hui?**
	[껠 떵 페-띨 오주흐뒤?]
	오늘 날씨가 어떻습니까?

Fm09+02	**Il fait frais.**
	[일 페 프헤.]
	날씨가 선선합니다.

Fm09+03	**Il ne fait pas très froid.**
	[일 느 페 빠 트헤 프후아.]
	날씨가 매우 춥지는 않습니다.

I'm feeling.

Fm09+04	**Il fait jour.**
	[일 페 주흐.]
	날이 밝습니다.

● **quel** [껠] (어떤)은 '의문형용사'입니다. 의문사가 문장 앞에 오면 주어와 동사는 도치하고 - **(trait d'union)** [트헤 뒤니옹]으로 표시합니다.
● **quel** [껠] 어떤, **le temps** [떵] 시간/날씨, **aujourd'hui** [오주흐뒤] 오늘, **frais** [프헤] 선선한/신선한, **ne ~ pas** [느 ~ 빠] ~ 아니다, **très** [트헤] 매우/몹시, **froid** [프후아] 추운, **le jour** [주흐] 날/낮

We have the ability to transform our mental processes.

The value of Meta-Cognition is the training of mind to think.

133

Section 2. Part 09 — Il fait beau.

Meta-Cognition French

프랑스어의 비인칭동사와 1군 규칙동사의 변칙

Fm09+05
Il est possible de contacter directement.
[일 레 뽀씨블르 드 꽁딱떼 디헥뜨멍.]
직접 연락이 가능합니다.

Fm09+06
Il est difficile de choisir.
[일 레 디피씰르 드 슈아지흐.]
선택하는 것은 어렵습니다.

Fm09+07
Il est interdit de stationner ici.
[일 레 땅떼흐디 드 쓰따씨오네 이씨.]
여기에 주차하는 것은 금지입니다.

Fm09+08
Il est important de respecter la loi.
[일 레 땅뽀흐떵 드 헤스뻭떼 라 루아.]
규칙을 존중하는 것이 중요합니다.

- **Il est + 형용사 + de + 동사원형**.은 '~하는 것은 ~하다.'입니다.
- 위의 4문장 모두 주어를 **ce** 로 바꿔서 **C'est ~.** 구문으로 만들 수 있습니다.
- **possible** [뽀씨블르] 가능한, **de** [드] ~하는 것, **contacter** [꽁딱떼] 연락/접촉하다,
directement [디헥뜨멍] 직접, **difficile** [디피씰르] 어려운, **choisir** [슈아지흐] 선택하다,
interdit [앙떼흐디] 금지된, **stationner** [쓰따씨오네] 주차하다, **ici** [이씨] 여기,
important [앙뽀흐떵] 중요한, **respecter** [헤스뻭떼] 존중하다, **la loi** [라 루아] 규칙/법칙

우리들 중의 '프랑스어 회화능력자'를 위하여!

취업면접/이력서/자격시험 등에 대비하여 좀 더 다양한 회화예문이 필요하시면
웹하드에서 아이디 **bookersbergen**, 비번 **9999**로 로그인하고,
내려받기 폴더에서 국가대표 프랑스어 회화능력자 **Pattern 037, Pattern 064**,
그리고 **Pattern 081~095**를 다운로드하십시오. (다운로드는 무료!)
나에게 당장 필요한 문장을 골라 반복적으로 청취하여 '내 문장'으로 만듭시다!

- SUMMARIZE Determine important ideas!
- QUESTION Ask questions as I read!
- VISUALIZE Create mental images of what I read!
- CONNECT Use what I knew!

Meta-Cognition French

Section 2.
part 09

We have the ability to **transform our mental processes**.

Fm09+09
J'essaie de comprendre.
[제쎄 드 꽁프헝드흐.]
나는 이해하려고 시도합니다.

Fm09+10
J'appelle un taxi.
[자뻴르 앙 딱씨.]
나는 택시를 부릅니다.

Fm09+11
Nous voyageons à l'étranger.
[누 부아야종 아 레트헝제.]
우리는 외국으로 여행갑니다.

Fm09+12
Nous commençons maintenant.
[누 꼬멍쏭 망뜨넝.]
우리는 지금 시작합니다.

- **essayer de** + 동사원형은 '~하는 것을 시도하다'입니다.
- **comprendre** [꽁프헝드흐] 이해하다, **appeler** [아쁠레] 부르다, **un** [앙] 하나의/어떤, **le taxi** [딱씨] 택시, **voyager** [부아야제] 여행하다, **à** [아] ~에, **l'étranger** [에트헝제] 외국, **commencer** [꼬멍쎄] 시작하다, **maintenant** [망뜨넝] 지금

I'm wondering.

I'm feeling.

드디어 플러스 '엔딩'!

매우 친밀한 사이가 아니라면 프랑스인과 대화를 나눌 때 정치/종교/외모/결혼 여부/자녀 유무/수입/성적 취향 등의 주제는 피하는 것이 예의입니다. 결국 남는 주제는? 날씨! 오직 날씨뿐입니다. 날씨에 대한 대화는 장소불문/남녀노소 언제든지 나눌 수 있는 인류 보편적 테마입니다. 더군다나 프랑스에선 변덕스러운 파리의 날씨 덕분에 나눌 이야기가 차고도 남습니다. 분명 프랑스어의 비인칭구문은 그 어떤 상황에서도 대화를 열 수 있는 '만능키'입니다!

The value of **Meta-Cognition** is **the training of mind to think**.
We have the ability to **transform our mental processes**.

Meta-Cognition
French
Section 2.

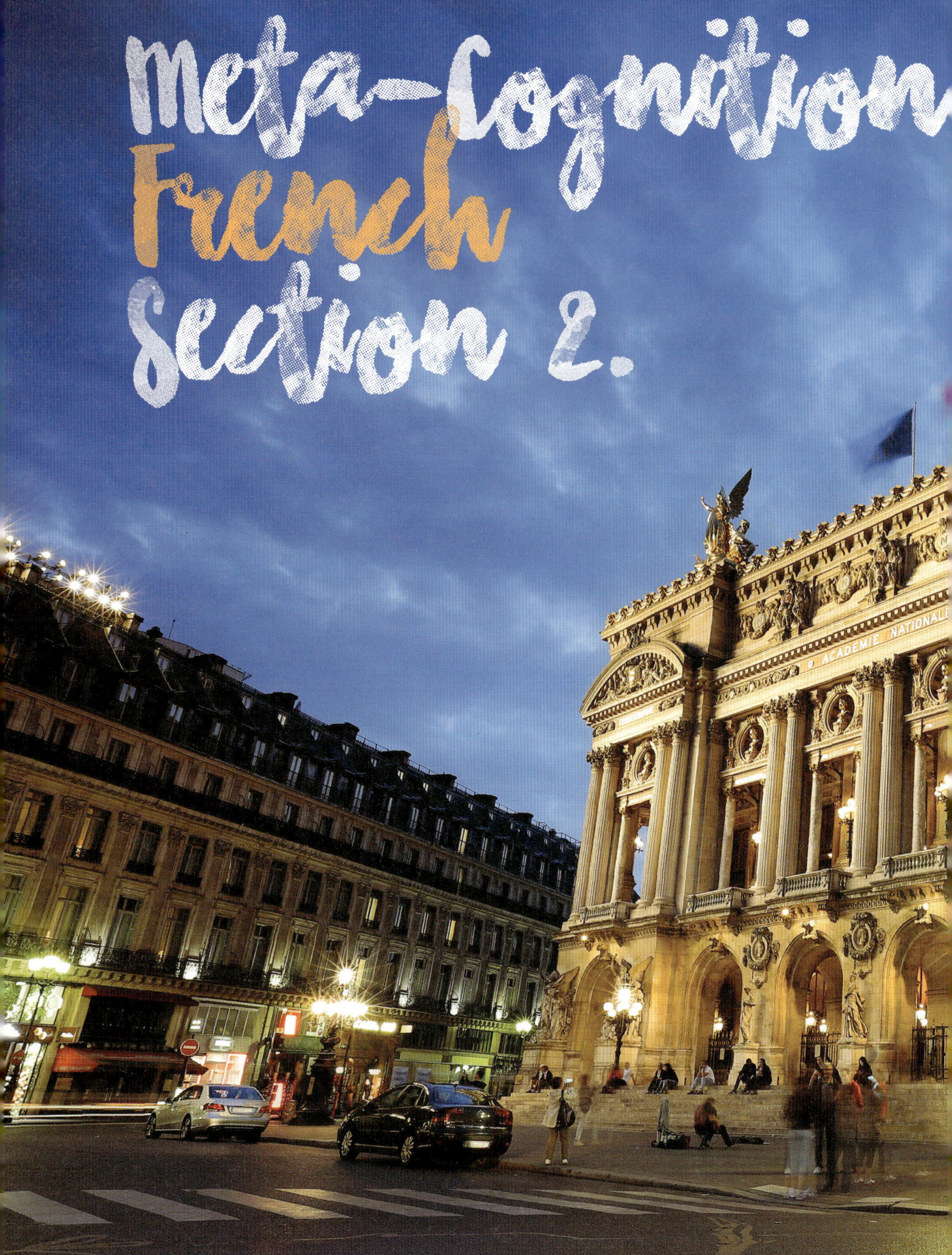

The value of Meta-Cognition is the training of mind to think.

We are able to understand our own working minds.

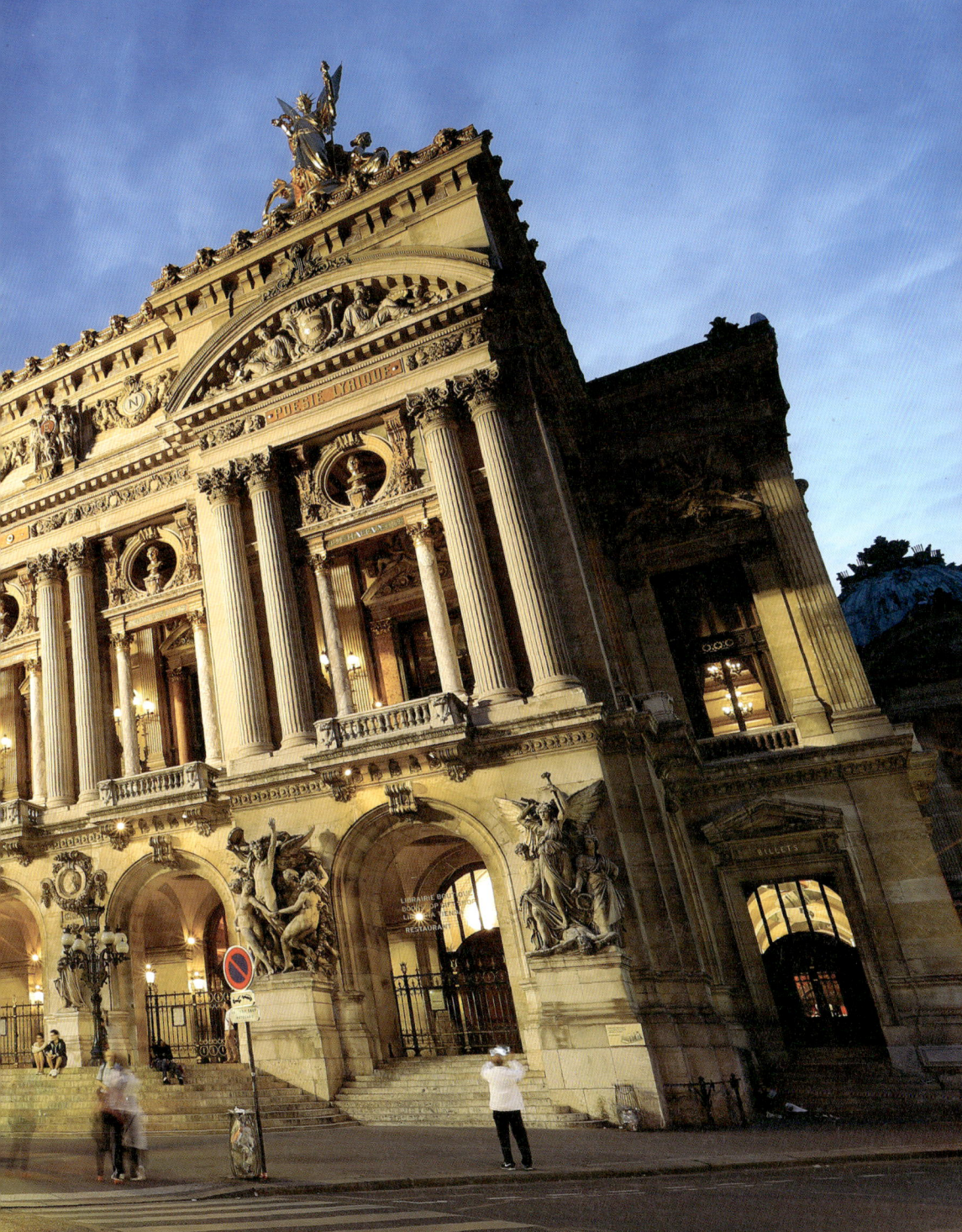

- **SUMMARIZE** Determine important ideas!
- **QUESTION** Ask questions as I read!
- **VISUALIZE** Create mental images of what I read!
- **CONNECT** Use what I knew!

We have the ability to transform our mental processes.

The value of Meta-Cognition is the training of mind to think.

137

Section 2. Part 10
Je sais parler français.
[즈 쎄 빠흘레 프헝쎄.]
나는 프랑스어를 말할 줄 압니다.

프랑스어의 준조동사

마침내 동사 섹션의 마지막 파트입니다! 이번 과에서는 프랑스어 회화에 힘을 더해주는 준조동사를 다룹니다. '준조동사'라는 명칭에서 알 수 있듯이 조동사에 준하는 동사들로서 단독으로 사용할 수도 있고, 동사원형과 함께 '~할 수 있다/~하고 싶다/~해야 한다/~할 줄 안다' 등의 표현으로 쓰이는 유용한 동사들입니다. (영어의 조동사 **can, must, may** 등에 해당) 동사의 인칭변화만 알면 사용법도 간단해서 여러모로 쓸모 있는 신통방통한 동사들입니다.

- SUMMARIZE Determine important ideas!
- QUESTION Ask questions as I read!
- VISUALIZE Create mental images of what I read!
- CONNECT Use what I knew!

Meta-cognition French

Section 2.
part 10

● We have the ability to **transform our mental processes**.

 프랑스어 준조동사!

프랑스어의 순수한 조동사는 **être** 와 **avoir** 딱 2개뿐입니다.
이들은 분사와 결합해서 복합시제를 만드는 용도로 사용합니다. (시제조동사) 영어에서 '조동사'라고 부르는 **can, must, will** 등의 동사를 프랑스어에서는 '준조동사' (또는 반조동사)라고 합니다. 그러니까 준조동사란 '조동사에 준하는 역할을 하는 동사'라는 의미입니다. 프랑스어 준조동사는 동사원형과 하게 사용하여, '가능/허가/부탁/희망/의지/의무/추측/능력/시간' 등을 표현합니다. 물론 단독으로 사용할 수도 있습니다. 프랑스어 대표 준조동사들을 소개하겠습니다.

pouvoir
[뿌부아흐] ~할 수 있다 (가능/허가/부탁)

vouloir
[불루아흐] ~하고 싶다 (희망/의지)

devoir
[드부아흐] ~해야만 한다/~일 것이다 (의무/추측)

savoir
[싸부아흐] ~할 줄 안다 (능력)

 프랑스어 준조동사의 인칭변화!

당연히 준조동사들 역시 인칭변화를 합니다. 그런데 사용빈도가 많은 만큼 세월의 풍파를 겪어서인지 모두 불규칙하게 변화합니다. 그러니까 준조동사들 모두 3군 불규칙동사이기 때문에 주의가 필요합니다. 지금부터 프랑스어 준조동사의 인칭변화를 살펴보겠습니다.
(**pouvoir** ~할 수 있다, **vouloir** ~하고 싶다)

	pouvoir	vouloir
Je [즈]	peux 쁘	veux 브
Tu [뛰]	peux 쁘	veux 브
Il [일]	peut 쁘	veut 브

I'm wondering.

I'm feeling.

The value of Meta-Cognition is the training of mind to think.
We have the ability to transform our mental processes.

Section 2. Part 10 — Meta-Cognition French
Je sais parler français.
프랑스어의 준조동사

We are able to understand our own working minds.

Nous [누]	**pouvons** 뿌봉]	**voulons** 불롱]
Vous [부]	**pouvez** 뿌베]	**voulez** 불레]
Ils [일]	**peuvent** 쁘브]	**veulent** 블르]

3군 불규칙동사 파트에서 설명드린 바와 같이 1/2/3인칭 복수형의 어미는 모두 **-ons, -ez, -ent** 로 동일합니다.
pouvoir 와 **vouloir** 는 1/2/3인칭 단수형 어미가 **-x, -x, -t** 로 끝나는 전형적인 유형입니다.
하지만 단수형과 3인칭 복수형의 어간모음이 변한다는 점을 유의해야 합니다.
(**devoir** ~해야만 한다/~일 것이다, **savoir** ~할 줄 안다)

	devoir	**savoir**
Je [즈]	**dois** 두아]	**sais** 쎄]
Tu [뛰]	**dois** 두아]	**sais** 쎄]
Il [일]	**doit** 두아]	**sait** 쎄]
Nous [누]	**devons** 드봉]	**savons** 싸봉]
Vous [부]	**devez** 드베]	**savez** 싸베]
Ils [일]	**doivent** 두아브]	**savent** 싸브]

devoir 와 **savoir** 도 1/2/3인칭 단수형 어미가 **-s, -s, -t** 로 끝나는 유형으로 묶을 수 있습니다. 하지만 역시 단수형과 3인칭 복수형 어간의 철자가 달라진다는 점을 놓치지 말아야 합니다.

- SUMMARIZE
Determine important ideas!
- QUESTION
Ask questions as I read!
- VISUALIZE
Create mental images of what I read!
- CONNECT
Use what I knew!

Section 2.
part 10

● We have the ability to **transform our mental processes**.

  프랑스어 준조동사 사용법!

준조동사는 동사원형과 나란히 위치합니다. 이제 각각의 프랑스어 준조동사들의 용법을 살펴보겠습니다. 편의상 2개씩 묶어서 정리하였습니다.

❶ **pouvoir** [뿌부아흐] ~할 수 있다 (가능/허가/부탁)
pouvoir 는 주로 능력의 여부에 대한 '가능'을 표현합니다. 학습을 통해 할 줄 아는 능력을 표현하는 **savoir** 와 혼동하지 마시기 바랍니다. 의문형 **Puis-je ~?** [쀠-즈 ~?] (내가 ~할 수 있습니까?)로 허가를 구하는 의미로도 사용할 수 있습니다. 특히 **Pouvez-vous ~?** [뿌베-부 ~?] (당신은 ~ 할 수 있습니까?)는 상대방에게 정중하게 부탁하는 표현입니다.

❷ **vouloir** [불루아흐] ~원하다 (희망/의지)
vouloir 는 '희망과 의지'를 표현합니다. **Voulez-vous ~?** [불레-부 ~?] (당신은 ~하는 것을 원합니까?)는 '~해주시겠습니까?'라는 완곡한 부탁의 의미로도 사용할 수 있습니다.

Fm10-01
Je peux comprendre.
[즈 쁘 꽁프헝드흐.]
나는 이해할 수 있습니다.

Fm10-02
Puis-je voir la chambre?
[쀠-즈 부아흐 라 셩브흐?]
내가 방을 볼 수 있습니까?

Fm10-03
Je veux visiter Paris.
[즈 브 비지떼 빠히.]
나는 파리를 방문하고 싶습니다.

Fm10-04
Voulez-vous fermer la porte?
[불레-부 페흐메 라 뽀흐뜨?]
당신(들)은 문을 닫아주시겠습니까?

The value of Meta-Cognition is the training of mind to think.
We have the ability to **transform our mental processes**.

Section 2. Part 10
Meta-Cognition French

Je sais parler français.
프랑스어의 준조동사

We are able to understand **our own working minds**.

- **pouvoir** 동사의 1인칭 단수 의문형은 특별히 **Puis-je~?** 를 사용합니다.
- 의문문에서 주어와 동사가 도치되면 - (**trait d'union**) [트헤 뒤니옹]으로 도치를 표시합니다.
- **comprendre** [꽁프헝드흐] 이해하다, **voir** [부아흐] 보다, **la chambre** [셩브흐] 방, **visiter** [비지떼] 방문하다, **fermer** [페흐메] 닫다, **la porte** [뽀흐뜨] 문

❸ **devoir** [드부아흐] ~해야만 한다/~일 것이다 (의무/추측)
devoir 는 주로 반드시 해야 하는 '의무'를 표현합니다.
또한 '~일 것이다'라는 필연을 강조한 강한 추측의 의미로도 사용합니다.

❹ **savoir** [싸부아흐] ~할 줄 안다 (능력)
savoir 는 '능력'을 표현합니다.
특히 '외국어/운전/스포츠/악기 연주 등' 학습을 통해 배운 것을 할 줄 안다는 표현에 사용합니다.

I'm noticing.

Fm10-05
Je dois partir tout de suite.
[즈 두아 빠흐띠흐 뚜 드 쒸뜨.]
나는 당장 떠나야 합니다.

Fm10-06
Vous devez travailler.
[부 드베 트하바이예.]
당신(들)은 일해야만 합니다.

I'm thinking.

Fm10-07
Je sais conduire.
[즈 쎄 꽁뒤흐.]
나는 운전할 줄 압니다.

Fm10-08
Je sais parler français.
[즈 쎄 빠흘레 프헝쎄.]
나는 프랑스어를 할 줄 압니다.

- **tout de suite** [뚜 드 쒸뜨] (즉시/당장)은 숙어표현입니다.
- '~언어를 말하다'라고 말할 때는 관사가 생략됩니다.
- **partir** [빠흐띠흐] 떠나다, **travailler** [트하바이예] 일하다/작업하다, **conduire** [꽁뒤흐] 운전하다, **parler** [빠흘레] 말하다, **le français** [프헝쎄] 프랑스어

• SUMMARIZE Determine important ideas!
• QUESTION Ask questions as I read!
• VISUALIZE Create mental images of what I read!
• CONNECT Use what I knew!

Meta-Cognition French
Section 2. part 10
● We have the ability to **transform our mental processes.**

  공손하고 정중한 **vouloir** 동사!

vouloir 동사가 가진 특별한 용법을 설명드리겠습니다.
영어의 '가정법'에 해당하는 어법을 프랑스어에서는 '조건법'이라고 합니다.
프랑스어 조건법의 용법 중에는 말을 부드럽게 만들어 공손하게 표현하는 기능이 있습니다.
(조건법은 마지막 섹션에서 다룰 예정입니다.)
vouloir 동사의 조건법 1인칭 단수형의 형태는 **voudrais** [부드헤]입니다.
그러니까 **Je voudrais ~.** [즈 부드헤 ~.]는 '나는 ~를 원합니다.'이며, 예의 바르게 표현하는 어법입니다. 카페나 식당에서 주문을 하거나 요구할 때 우리들을 교양인으로 만들어주는 유용한 표현입니다! **Je voudrais +** 명사/동사원형.의 패턴입니다.

Fm10-09
Je voudrais un café.
[즈 부드헤 앙 까페.]
나는 커피 한 잔을 원합니다.

Fm10-10
Je voudrais une autre bière.
[즈 부드헤 윈 노트흐 비에흐.]
나는 맥주 한 잔 더 원합니다.

Fm10-11
Je voudrais faire un stage.
[즈 부드헤 페흐 앙 스따주.]
나는 연수를 하고 싶습니다.

Fm10-12
Je voudrais ouvrir un compte.
[즈 부드헤 주브히흐 앙 꽁뜨.]
나는 계좌를 열고 싶습니다.

● **faire un stage** 는 '연수하다'입니다. 참고로 **faire un stage linguistique** [페흐 앙 스따주 랑귀스띠끄]는 '어학연수하다'가 됩니다. **linguistique** [랑귀스띠끄] 언어의
● **un/une** [앙/윈] 하나의/어떤 (부정관사), **le café** [까페] 커피, **autre** [오트흐] 다른,
la bière [비에흐] 맥주, **faire** [페흐] ~하다, **le stage** [스따주] 연수/실습,
ouvrir [우브히흐] 열다, **le compte** [꽁뜨] 통장/계좌

I'm **wondering**.
I'm **feeling**.

Section 2. Part 10
Je sais parler français.
프랑스어의 준조동사

Meta-Cognition French

> The value of Meta-Cognition is the training of mind to think.
> We have the ability to transform our mental processes.
> We are able to understand our own working minds.

~ s'il vous plaît! 를 더하면 금상첨화!

s'il vous plaît [씰 부 쁠레]는 영어의 **please** 에 해당합니다. 그 효용성이 딱 감 잡히시죠? 참고로 **s'il vous plaît** 의 구조를 해부해보면, **si** [씨] (만일) + **il** [일] (비인칭주어) + **vous** [부] (당신에게 : 간접보어) + **plaît** [쁠레] (**plaire à** [쁠레흐 아] (~의 마음에 들다)의 3인칭 단수형) 입니다. 직역해보면 '그것이 당신 마음에 드신다면' 입니다.
친한 사이에는 간접보어 **vous** 대신 **te** 를 사용하여 **s'il te plaît** [씰 뜨 쁠레]로 쓰면 됩니다.

I'm noticing.

Fm10-13
Un café, s'il vous plaît!
[앙 까페, 씰 부 쁠레!]
커피 한 잔, 부탁합니다!

Fm10-14
L'addition, s'il vous plaît!
[라디씨옹, 씰 부 쁠레!]
계산서, 부탁합니다!

Fm10-15
Un instant, s'il te plaît!
[아 낭스떵, 씰 뜨 쁠레!]
잠시만 기다려줘!

Fm10-16
Je voudrais un dessert, s'il vous plaît!
[즈 부드헤 앙 데쎄흐, 씰 부 쁠레!]
나는 디저트를 원합니다.

- **un instant** 은 연음하여 [아 낭스떵]으로 부드럽게 발음합니다. '순간/잠시'의 뜻이지만 한 단어만 사용해도 기다려 달라는 의미가 내포되어 있습니다.
- **Je voudrais ~, s'il vous plaît!** 는 최고 수준의 공손한 표현입니다.
- **l'addition** [아디씨옹] 계산서, **l'instant** [앙스떵] 순간/잠시, **le dessert** [데쎄흐] 디저트

I'm thinking.

마무리 '꿀팁'!

프랑스어 준조동사의 개념과 용법을 잘 이해하셨다면 제06과부터 제09과까지 학습한 모든 문장의 동사 앞에 적절한 준조동사를 넣어 보시기 바랍니다. **Je sais parler ~, Je dois travailler ~, Je veux jouer ~** 등 수많은 표현이 가능합니다. 준조동사를 사용하여 문장의 의미가 반전하는 묘미를 느껴봅시다!

- SUMMARIZE — Determine important ideas!
- QUESTION — Ask questions as I read!
- VISUALIZE — Create mental images of what I read!
- CONNECT — Use what I knew!

Meta-Cognition French

● We have the ability to **transform our mental processes**.

Section 2.
part 10

Section 2.   Part 10+
프랑스어 회화능력 단련장

(이 책 전체를 가볍고 빠르게 일독하실 분은 이번 코너를 살짝! 스킵하셔도 됩니다.)

비슷한 의미의 문장이라도 준조동사를 사용할 때는 프랑스어의 품격이 달라집니다. 준조동사의 조력으로 우리의 프랑스어를 더욱 '고급진 뉘앙스'로 단장할 수 있습니다.

Fm10+01
Je peux arriver à l'heure.
[즈 쁘 자히베 아 로흐.]
나는 제 시간에 도착할 수 있습니다.

Fm10+02
Pouvez-vous épeler?
[뿌베-부 제쁠레?]
당신(들)은 철자를 불러줄 수 있습니까?

Fm10+03
Je veux apprendre le français.
[즈 브 자프헝드흐 르 프헝쎄.]
나는 프랑스어를 배울 것을 원합니다.

Fm10+04
Voulez-vous m'aider?
[불레-부 메데?]
당신(들)은 나를 도와주시겠습니까?

I'm wondering.
I'm feeling.

● **Voulez-vous m'aider?** 는 '당신은 나를 도와주기를 원합니까?', 즉 '당신은 나를 도와주시겠습니까?'입니다.
● 의문문에서 주어와 동사가 도치되면 - **(trait d'union)** [트헤 뒤니옹]으로 표시합니다.
● **m'aider** 는 직접보어 **me + aider** [에데] (돕다)의 모음축약형입니다. 직접보어의 위치는 본동사 바로 앞입니다.
● **pouvoir** [뿌부아흐] ~할 수 있다, **arriver** [아히베] 도착하다, **à** [아] ~에, **l'heure** [뢰흐] 시간, **à l'heure** [아 뢰흐] 정각에/제 시간에, **épeler** [에쁠레] 철자를 말하다, **vouloir** [불루아흐] 원하다/바라다, **apprendre** [아프헝드흐] 배우다, **le français** [르 프헝쎄] 프랑스어, **me** [므] 나를 (직접보어), **aider** [에데] 돕다

145

The value of **Meta-Cognition** is **the training of mind to think**.
We have the ability to **transform our mental processes**.

Section 2. | Part 10 | Meta-Cognition French
Je sais parler français.
프랑스어의 준조동사

We are able to understand **our own working minds**.

Fm10+05
Je dois perdre du poids.
[즈 두아 뻬흐드흐 뒤 뿌아.]
나는 (체중) 감량해야만 합니다.

Fm10+06
Vous devez planifier.
[부 드베 쁠라니피에.]
당신(들)은 계획을 세워야만 합니다.

Fm10+07
Je sais cuisiner italien.
[즈 쎄 뀌지네 이딸리엉.]
나는 이탈리아 요리를 할 줄 압니다.

Fm10+08
Je ne sais pas comment faire.
[즈 느 쎄 빠 꼬멍 페흐.]
나는 어떻게 하는지 모릅니다.

● **perdre du poids** 는 '무게를 줄이다/감량하다'입니다. **du** 는 셀 수 없는 명사 앞에 붙는 부분관사 남성형입니다.
● 준조동사가 있는 문장의 부정문은 준조동사 앞뒤를 **ne ~ pas** 로 감싸면 됩니다.
● **devoir** [드부아흐] ~해야만 한다/~일 것이다, **perdre** [뻬흐드흐] 잃다/상실하다, **du** [뒤] 약간의 (부분관사), **le poids** [뿌아] 무게/중량, **planifier** [쁠라니피에] 계획을 세우나, **savoir** [싸부아흐] ~할 줄 안다, **cuisiner** [뀌지네] 요리하다, **italien** [이딸리엉] 이탈리아의, **ne ~ pas** [느 ~ 빠] ~ 아니다, **comment** [꼬멍] 어떻게, **faire** [페흐] 하다/만들다

I'm noticing.

I'm thinking.

우리들 중의 '프랑스어 회화능력자'를 위하여!

취업면접/이력서/자격시험 등에 대비하여 좀 더 다양한 회화예문이 필요하시면 웹하드에서 아이디 **bookersbergen**, 비번 **9999**로 로그인하고, 내려받기 폴더에서 국가대표 프랑스어 회화능력자 **Pattern 116~125**를 다운로드하십시오. (다운로드는 무료!)
나에게 당장 필요한 문장을 골라 반복적으로 청취하여 '내 문장으로 만듭시다!

- SUMMARIZE — Determine important ideas!
- QUESTION — Ask questions as I read!
- VISUALIZE — Create mental images of what I read!
- CONNECT — Use what I knew!

meta-cognition French

● We have the ability to **transform our mental processes**.

Section 2.
part 10

Fm10+09
Qu'est-ce que vous voulez prendre?
[께-쓰 끄 부 불레 프헝드흐?]
당신(들)은 무엇을 마시고 싶습니까?

Fm10+10
Je voudrais du vin.
[즈 부드헤 뒤 방.]
나는 와인을 원합니다.

Fm10+11
Qu'est-ce que vous voulez faire?
[께-쓰 끄 부 불레 페흐?]
당신(들)은 무엇을 하고 싶습니까?

Fm10+12
Je voudrais être spécialiste.
[즈 부드헤 제트흐 스뻬씨알리스뜨.]
나는 전문가가 되고 싶습니다.

● 의문대명사 중복형 다음은 주어 + 동사의 어순입니다. Qu'est-ce que vous voulez prendre? 구문은 동사 prendre 의 다양한 의미에 따라 문맥상 '당신은 무엇을 취하고/먹고/마시고/타고 싶습니까?'등의 뜻으로 해석될 수 있습니다.
● **qu'est-ce que** [께-쓰 끄] 무엇을 (의문대명사 중복형), **prendre** [프헝드흐] 취하다/먹다/마시다/타다, **du** [뒤] 약간의 (부분관사), **le vin** [방] 와인, **être** [에트흐] 이다/있다, **le spécialiste** [스뻬씨알리스뜨] 전문가

 드디어 플러스 '엔딩'!

프랑스어 '준조동사 + 동사원형' 구문은 간단한 사용방법 대비 소위 '가성비 갑'의 문장 패턴입니다. 우리는 준조동사 4개가 모두 불규칙동사라는 점을 기억하고, 각각의 인칭변화형만 잘 챙기면 됩니다. 그러면 준조동사는 우리의 프랑스어 표현력을 한 단계 더 높이 끌어올려 줄 것입니다.

 마침내 섹션 2. 마무리!

섹션 1.의 명사에 이어서 이번 섹션 2.에서는 동사까지 다뤘으니 이제 우리는 프랑스어 문법의 가장 중요한 두 기둥을 세운 셈입니다. 난공사 구간을 훌륭하게 지나온 것입니다.
기초공사를 튼튼히 하였으니 다음 섹션의 세부 인테리어는 비교적 쉽게 진행할 수 있습니다.

The value of Meta-Cognition is the training of mind to think.
We have the ability to transform our mental processes.

● Section 2. Meta 총정리 코너!

이번 섹션의 각 5과에 대해서
우리의 생각 속에 남아 있는 내용을 3가지로 요약하는 코너입니다.
문법내용을 생각나는 대로 자유롭게 이야기해보세요!

Section 2.   Part 06
Je parle français.
프랑스어의 1군/2군 규칙동사

❶

❷

❸

I'm noticing.

Section 2.   Part 07
Je vais à l'école.
프랑스어의 3군 불규칙동사

❶

❷

❸

I'm thinking.

The value of Meta-Cognition is the training of mind to think.

We are able to understand our own working minds.

- **SUMMARIZE** Determine important ideas!
- **QUESTION** Ask questions as I read!
- **VISUALIZE** Create mental images of what I read!
- **CONNECT** Use what I knew!

We are able to understand our own working minds.

Section 2. Part 08
Je me lave.
프랑스어의 대명동사

❶
❷
❸

Section 2. Part 09
Il fait beau.
프랑스어의 비인칭동사와 1군 규칙동사의 변칙

❶
❷
❸

Section 2. Part 10
Je sais parler français.
프랑스어의 준조동사

❶
❷
❸

We have the ability to transform our mental processes.

The value of Meta-Cognition is the training of mind to think.

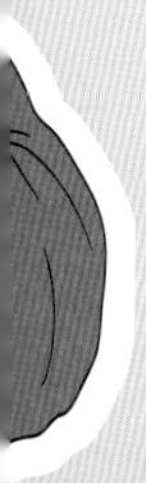

The value of Meta-Cognition is the training of mind to think.

Meta-Cognition French Section 3

Section 3. Info

명사와 동사로 프랑스어의 기둥을 세웠으니 이번에는 좀 더 세부공사를 시작해보겠습니다. 섹션 3.에서 다룰 형용사/전치사/접속사 등은 명사와 동사로 견고해진 프랑스어 문장을 다채롭게 업그레이드해 줄 성분들입니다. 특히 관련 명사에 충성하며 형태가 변화하는 프랑스어 형용사의 특별한 시스템을 이해하면 더욱 아기자기한 문장을 구사할 수 있습니다. 우리들의 프랑스어가 화려하게 변신하는 시간입니다!

Section 3. Part 11
J'ai un chat noir.

[줴 앙 샤 누아흐.]
나는 검은 고양이 한 마리를 가지고 있습니다.

프랑스어 형용사의 성수

프랑스어 형용사는 변화무쌍합니다. 물론 막무가내로 튀는 것은 아닙니다.
프랑스어의 형용사는 명사를 철저하게 따르며 충성합니다. 우리가 이번 과에서 주목하는 점은
'프랑스어의 형용사는 어떤 방식으로 명사를 보좌하는가?'입니다.

● SUMMARIZE ● QUESTION ● VISUALIZE ● CONNECT
Determine important ideas! Ask questions as I read! Create mental images of what I read! Use what I knew!

Meta-cognition French

● Meta-Cognition will make us smarter.

Section 3.
part 11

 프랑스어 형용사, 순종한다!

형용사의 기본 미션은 '명사를 수식하라!'입니다.
그런데 프랑스어 형용사는 한 발 더 나아가서 '명사에 순종하라!'라는 추가 미션이 있습니다.
프랑스어 형용사는 명사를 꾸며주는 것은 물론이고, 명사의 성과 수에 따라 형태를 맞춰야 하는 별도의 특징이 있습니다. 그러니까 프랑스어의 형용사는 명사를 닮아, 명사처럼 남성형과 여성형, 남성/여성 복수형까지 모두 4가지 형태가 있습니다. 엄밀히 말하면 형용사 어미가 성수에 따라 변화하는 것입니다. 일견 또다른 복잡계의 등장인가?하는 부담을 느낄 수도 있지만, 역으로 생각하면 아무리 까다로운 문장이라도 형용사의 형태만으로 명사의 속성을 파악할 수 있는 시스템입니다. 그리고 무엇보다도 중요한 또 한 가지는 '프랑스어 형용사는 기본적으로 명사 뒤에서 수식'합니다. 어떤 구조인지 예문을 통해 살펴보겠습니다.

un homme allemand
[아 놈므 알르멍] 독일 남자

une femme allemande
[윈느 팜므 알르멍드] 독일 여자

des hommes allemands
[데 좀므 잘르멍] 독일 남자들

des femmes allemandes
[데 팜므 잘르멍드] 독일 여자들

● 모음이나 무성 h 로 시작하는 단어는 앞의 자음과 연음하여 발음합니다.
un homme allemand [아 놈므 알르멍] / **des hommes allemands** [데 좀므 잘르멍]
● **un/une/des** [앙/윈느/데] 하나의/어떤, **l'homme** [옴므] 남자/사람,
allemand [알르멍] 독일의, **la femme** [팜므] 여자

형용사 **allemand** (독일의)의 형태가 명사의 성별과 수에 따라 달라지고, 발음에도 변화가 있다는 사실을 확인할 수 있습니다. 형용사의 어미가 명사의 상황에 따라 열심히 변화하고 있는 것이죠!

 프랑스어 형용사의 포지션!

본격적으로 형용사의 형태를 살펴보기 전에 프랑스어 '형용사의 위치'에 대해 알아보겠습니다.

The value of Meta-Cognition is the training of mind to think.
We have the ability to transform our mental processes.

Section 3.   Part 11
Meta-Cognition French

J'ai un chat noir.
프랑스어 형용사의 성수

We are able to understand our own working minds.

프랑스어 형용사의 위치는 기본적으로 명사의 뒤입니다.
특히 색깔/형태/국적/기후 등을 나타내는 형용사는 반드시 명사 뒤에서 수식합니다.

Fm11-01
J'ai un chat noir.
[줴 앙 샤 누아흐.]
나는 검은 고양이 한 마리를 가지고 있습니다.

Fm11-02
J'ai rendez-vous avec un ami français.
[줴 헝데-부 아베 까 나미 프헝쎄.]
나는 한 프랑스 친구와 약속이 있습니다.

Fm11-03
Il y a un cahier épais.
[일 리 아 앙 까이예 에뻬.]
하나의 두꺼운 공책이 있습니다.

Fm11-04
Je déteste le poisson cru.
[즈 데떼스트 르 뿌아쏭 크휘.]
나는 날 생선을 싫어합니다.

● **Il y a ~.** [일 리 아 ~.] (~이 있습니다.)는 비인칭구문입니다.
● **le rendez-vous** [헝데-부] (약속)은 대명동사 **se rendre** [쓰 헝드흐] (따르다/받아들이다)의 2인칭 복수 명령형이 명사화된 형태입니다. 한 단어로 기억하시는 것이 좋습니다.
● **avoir** [아부아흐] 소유하다, **le chat** [샤] 고양이, **noir** [누아흐] 검은,
le rendez-vous [헝데-부] 약속, **avec** [아베끄] ~와 함께, **l'ami** [라미] (남자) 친구,
français [프헝쎄] 프랑스의, **le cahier** [까이예] 공책, **épais** [에뻬] 두꺼운,
détester [데떼스떼] 싫어하다, **le poisson** [뿌아쏭] 생선, **cru** [크휘] 날 것의

그러나 음절이 짧고 사용 빈도가 높은 형용사들은 명사 앞에 놓이기도 합니다.
(**grand** [그헝] 큰 / **petit** [쁘띠] 작은, **bon** [봉] 좋은 / **mauvais** [모베] 나쁜, **jeune** [죈느] 젊은 / **vieux** [비으] 늙은, **nouveau** [누보] 새로운 / **ancien** [엉씨앙] 오래된 등) 그리고 한 쌍 더! **beau** [보] (아름다운) / **joli** [졸리] (귀여운)도 주로 명사 앞에서 수식하는 형용사입니다.
C'est ~. [쎄~.] (이것은 ~이다.) 구문으로 정리해보겠습니다.

Section 3. part 11

- **SUMMARIZE** — Determine important ideas!
- **QUESTION** — Ask questions as I read!
- **VISUALIZE** — Create mental images of what I read!
- **CONNECT** — Use what I knew!

● Meta-Cognition will make us smarter.

Fm11-05
C'est un grand arbre.
[쎄 땅 그헝 따흐브흐.]
이것은 하나의 큰 나무입니다.

Fm11-06
C'est un bon film.
[쎄 땅 봉 필므.]
이것은 하나의 좋은 영화입니다.

Fm11-07
C'est un jeune homme.
[쎄 땅 죄 놈므.]
한 젊은이입니다.

Fm11-08
C'est un ancien modèle.
[쎄 따 넝씨앙 모델르.]
이것은 예전 모델입니다. (구형입니다.)

● 지시대명사 **ce** 는 사람/사물 모두 지칭할 수 있습니다.
● **c'est ~** [쎄~] 이것은 ~이다, **l'arbre** [아흐브흐] 나무, **le film** [필므] 영화, **le modèle** [모델르] 모델/형

프랑스어 형용사의 여성형 제작법!

자, 그러면 프랑스어 형용사의 형태를 살펴보겠습니다.
프랑스어 형용사의 기본형은 남성형입니다. 프랑스어 사전에서 형용사를 찾아보면 남성 단수형이 대표로 표기되어 있고, 여성형과 각각의 복수형이 따로 병기되어 있음을 알 수 있습니다. 그러니까 하나의 형용사를 안다는 것은 4가지 형태를 모두 안다는 것을 의미합니다. 하지만 여러 변형들이 존재하기 때문에 일단 형용사를 만나면 여성형과 복수형을 함께 기억하는 것이 좋습니다. 여성형을 만드는 기본 원칙과 유형을 파악하는 것이 포인트입니다!

프랑스어 형용사를 여성형으로 만드는 기본방법은 '남성형용사 + **-e**' 입니다.
-e 를 붙이면서 죽어지내던 마지막 자음의 소리가 살아나는 경우도 있습니다.

Section 3. Part 11
J'ai un chat noir.
프랑스어 형용사의 성수

Meta-Cognition French

남성형용사가 원래 **-e** 로 끝나는 경우의 여성형용사는 남성형과 동일합니다.
그리고 어미가 **-as, -eil, -el, -en, -on** 등으로 끝나는 남성형용사는 보통 마지막 자음을 한 번 더 쓰고 **-e** 를 붙입니다. 다른 또 하나의 방법은 남성형용사의 끝음절을 바꾸는 방법입니다.
일반적으로 남성형용사 어미를 **-er > -ère, -et > -ète, -f > -ve, -x > -se** 등으로 바꿉니다.

남성 ➜ 여성	예제
rond ➜ ronde [홍 > 홍드] 둥근	**une table ronde** [윈느 따블르 홍드] 한 원형 테이블
coréen ➜ coréenne [꼬헤엉 > 꼬헤엔느] 한국의	**une femme coréenne** [윈느 팜므 꼬헤엔느] 어떤 한국 여자
cher ➜ chère [쉐흐] 비싼	**la voiture chère** [라 부아뛰흐 쉐흐] 그 비싼 자동차
heureux ➜ heureuse [외흐 > 외흐즈] 행복한	**la fille heureuse** [라 피으 외흐즈] 그 행복한 소녀

하지만 언제나 그렇듯 불규칙하게 변화하는 형용사들도 존재합니다. **long ➜ longue** [롱 > 롱그] (긴), **doux ➜ douce** [두 > 두쓰] (부드러운), **blanc ➜ blanche** [블렁 > 블렁슈] (흰) 등입니다. 불규칙 유형 대부분은 발음조차 완전히 달라지기 때문에 특별한 주의가 필요합니다.
모든 유형을 한꺼번에 암기할 필요는 결코 없습니다!
지금 우리들이 기억해야 할 것은 '프랑스어 형용사가 성구별을 한다는 대원칙'입니다!

 프랑스어 형용사의 복수형 제작법!

프랑스어 형용사는 성구별뿐만 아니라 수의 일치에도 엄격합니다.
형용사의 복수형을 만드는 기본 원칙은 명사의 복수형 만드는 방법과 마찬가지로 단수형에 **-s** 를 붙입니다. 특히 여성형용사의 복수형은 언제나 여성단수형에 **-s** 를 붙이기만 하면 됩니다.
여성형용사의 복수형은 간단합니다!
그러면 이제 남은 남성형용사 복수형의 두 유형을 중심으로 설명을 이어나가 보겠습니다.
프랑스어 남성단수형용사를 복수형으로 만드는 가장 일반적인 방법은 '단수형 + **-s**' 입니다.

- SUMMARIZE Determine important ideas!
- QUESTION Ask questions as I read!
- VISUALIZE Create mental images of what I read!
- CONNECT Use what I knew!

Meta-Cognition French

Section 3.
part 11

- Meta-Cognition will make us smarter.

마지막 자음을 발음하지 않는 프랑스어의 원칙에 따라 단수형과 복수형의 발음 변화는 없습니다. 단수형이 **-s** 또는 **-x** 로 끝나는 남성형용사의 복수형은 단수형과 동일합니다.
다음은 단수형의 끝음절을 변화시키는 방법입니다. 일반적으로 남성형용사 어미를 **-eau > -eaux** (**-x** 추가), **-al > -aux** 등으로 바꿉니다. 발음도 변화하는 경우가 있어서 주의가 필요합니다!

단수 ➔ 복수	예제
noir ➔ noirs [누아흐] 검은	**des stylos noirs** [데 스띨로 누아흐] 검은색 볼펜들
gris ➔ gris [그히] 회색의	**des cahiers gris** [데 까이예 그히] 회색 공책들
doux ➔ doux [두] 부드러운/달콤한	**des vins doux** [데 방 두] 달콤한 와인들
original ➔ originaux [오히지날 > 오히지노] 특별한	**des artistes originaux** [데 자흐띠스뜨 조히지노] 독창적인 예술가들

 남성 제2형을 갖는 형용사!

앞서 살펴본대로 하나의 프랑스어 형용사는 기본적으로 4가지 형태(남성/여성/남녀의 복수형)을 가지고 있습니다. 그런데 형태 하나를 더 추가로 가지고 있는 형용사들이 있습니다. 모음이나 무성 **h** 로 시작하는 남성명사 단수형 앞에서 '제2형'으로 일치시켜야 하는 형용사들입니다. **beau** [보] (아름다운/멋진)의 예를 들어보겠습니다.

	남성	여성
단수	**beau / bel** [보/벨]	**belle** [벨르]
복수	**beaux** [보]	**belles** [벨르]

기본형은 남성단수 **beau** 이지만 무성 **h** 로 시작하는 남성 단수명사 **homme** 를 수식할 때는 **bel** 이 됩니다. 이유는 단지 발음 때문입니다. 모음이 연속해서 충돌하는 것을 방지하기 위해

The value of Meta-Cognition is the training of mind to think.
We have the ability to **transform our mental processes**.

Section 3. Part 11 — Meta-Cognition French
J'ai un chat noir.
프랑스어 형용사의 성수

We are able to understand **our own working minds**.

고안한 방법이죠. (프랑스어 문법의 예외사항은 거의 대부분 유연한 발음 때문이라는 사실을 다시 한번 상기합시다!) 이런 방식으로 남성 제2형을 하나씩 더 가지고 있는 형용사 중 가장 자주 만나는 형용사 딱 2개만 더 알려드리겠습니다.
nouveau (nouvel) [누보/누벨] (새로운)과 **vieux (vieil)** [비으/비에이] (늙은/낡은)입니다. 참고로 남성 제2형을 갖는 형용사들은 모두 명사의 앞에서 수식합니다.

I'm noticing.

Fm11-09
Je regarde un bel homme.
[즈 흐갸흐드 앙 벨 롬므.]
나는 한 잘생긴 남자를 보고 있습니다.

Fm11-10
Je rêve d'un bel avenir.
[즈 헤브 당 벨 라브니흐.]
나는 멋진 미래를 꿈꾸고 있습니다.

Fm11-11
Je cherche un nouvel acteur.
[즈 쉐흐슈 앙 누벨 락뙤흐.]
나는 어떤 새로운 남자 배우를 찾고 있습니다.

Fm11-12
C'est un vieil immeuble.
[쎄 땅 비에이 임뫼블르.]
이것은 낡은 건물입니다.

I'm thinking.

● 형용사 남성 제2형을 사용하면 다음에 시작하는 모음이나 무성 h 와 연음이 됩니다.
un bel homme [앙 벨 롬므], **un nouvel acteur** [앙 누벨 락뙤흐]
● **rêver de** + 명사/동사는 '~을/하기를 꿈꾸다'입니다. de + un bel avenir ➔ d'un bel avenir 모음축약입니다.
● **regarder** [흐갸흐데] 보다, **rêver** [헤베] 꿈꾸다, **de** [드] ~을, **l'avenir** [아브니흐] 미래/장래, **chercher** [쉐흐쉐] 찾다, **l'acteur** [악뙤흐] 남자 배우, **c'est** [쎄~] ~이다, **l'immeuble** [임뫼블르] 건물

마무리 '꿀팁'!

프랑스어 형용사 하나를 안다는 것은 성수에 따른 4가지의 형태를 확보했다는 뜻입니다. 어떠한 형태의 명사가 와도 그에 맞는 형용사를 붙일 수 있습니다. 지금 우리에게 필요한 것은 명사에 따라 변화하는 '프랑스어 형용사 시스템의 이해'입니다.

Section 3. Part 11+
프랑스어 회화능력 단련장

(이 책 전체를 가볍고 빠르게 일독하실 분은 이번 코너를 살짝! 스킵하셔도 됩니다.)

프랑스어 형용사의 핵심은 '명사와 서로 일치한다'는 것입니다. 명사와 함께 형용사의 형태와 발음 변화를 따라잡는 것이 우리의 타깃입니다. 예문을 통해 프랑스어 형용사의 활약상을 확인해보겠습니다.

Fm11+01
Il est grand et elle est petite.
[일 레 그헝 에 엘 레 쁘띠뜨.]
그는 크고 그녀는 작습니다.

Fm11+02
Il est marié et elle n'est pas mariée.
[일 레 마히에 에 엘 네 빠 마히에.]
그는 기혼이고 그녀는 미혼입니다.

Fm11+03
Il est content et elle est heureuse.
[일 레 꽁떵 에 엘 레 푀회즈.]
그는 만족하고 그녀는 행복합니다.

Fm11+04
Il est ambitieux et elle est créative.
[일 레 떵비씨으 에 엘 레 크헤아띠브.]
그는 야심있고 그녀는 창조적입니다.

● Il/Elle est + 형용사. 패턴으로 '그(녀)의 외모/신분/기분/상태/성격/능력' 등을 표현할 수 있습니다.
● 접속사 **et** [에] (그리고)는 뒤에 오는 단어와 언제나 연음하지 않고 끊어 읽습니다.
● **être** [에트흐] ~이다, **grand(e)** [그헝(드)] 큰, **et** [에] 그리고, **petit(e)** [쁘띠(뜨)] 작은, **marié(e)** [마히에] 기혼의, **ne ~ pas** [느 ~ 빠] ~ 아니다, **content(e)** [꽁떵(뜨)] 만족한/기쁜, **heureux (heureuse)** [외흐(즈)] 행복한, **ambitieux (ambitieuse)** [엉비씨으(즈)] 야심있는, **créatif (créative)** [크헤아띠프(크헤아띠브)] 창조적인

Section 3. Part 11

Meta-Cognition / French

J'ai un chat noir.
프랑스어 형용사의 성수

We are able to understand our own working minds.

Fm11+05
Je cherche un nouveau travail.
[즈 쉐흐슈 앙 누보 트하바이.]
나는 새로운 일을 찾고 있습니다.

Fm11+06
Nous cherchons un nouvel appartement.
[누 쉐흐숑 앙 누벨 라빠흐뜨멍.]
우리는 새 아파트를 찾고 있습니다.

Fm11+07
Elle regarde un beau garçon.
[엘 흐갸흐드 앙 보 갸흐쏭.]
그녀는 잘생긴 소년을 보고 있습니다.

Fm11+08
Je regarde un bel arbre.
[즈 흐갸흐드 앙 벨 라흐브흐.]
나는 멋진 나무를 보고 있습니다.

● 형용사 **nouveau** [누보] (새로운) / **beau** [보] (아름다운/멋진)은 모음이나 무성 h 로 시작하는 남성단수 명사를 수식할 때 모음충돌을 피하기 위해 남성 제2형 (**nouvel** [누벨] / **bel** [벨])을 사용합니다.
● **chercher** [쉐흐쉐] 찾다, **un** [앙] 하나의/어떤, **le travail** [트하바이] 일/작업, **l'appartement** [아빠흐뜨멍] 아파트, **regarder** [흐갸흐데] 보다, **le garçon** [갸흐쏭] 소년, **l'arbre** [아흐브흐] 나무

우리들 중의 '프랑스어 회화능력자'를 위하여!

취업면접/이력서/자격시험 등에 대비하여 좀 더 다양한 회화예문이 필요하시면 웹하드에서 아이디 **bookersbergen**, 비번 **9999**로 로그인하고, 내려받기 폴더에서 국가대표 프랑스어 회화능력자 Pattern 009~014를 다운로드하십시오. (다운로드는 무료!)
나에게 당장 필요한 문장을 골라 반복적으로 청취하여 '내 문장'으로 만듭시다!

- SUMMARIZE — Determine important ideas!
- QUESTION — Ask questions as I read!
- VISUALIZE — Create mental images of what I read!
- CONNECT — Use what I knew!

Meta-Cognition French

Meta-Cognition will make us smarter.

Section 3. part 11

Fm11+09
Je porte un manteau rouge.
[즈 뽀흐뜨 앙 멍또 후즈.]
나는 빨간 외투를 입고 있습니다.

Fm11+10
Avez-vous un ami français?
[아베-부 아 나미 프헝쎄?]
당신(들)은 프랑스 친구가 있습니까?

Fm11+11
Il a une voiture chère.
[일 라 윈느 부아뛰흐 쉐흐.]
그는 비싼 자동차를 가지고 있습니다.

Fm11+12
Elle regarde un film magnifique.
[엘 흐갸흐드 앙 필므 마니피끄.]
그녀는 멋진 영화를 봅니다.

- 색깔/형태/국적/성질 등을 나타내는 프랑스어의 형용사는 반드시 명사 뒤에서 수식합니다.
- 의문문에서 인칭대명사와 동사가 도치되면 - (trait d'union) [트헤 뒤니옹]으로 표시합니다.
  (Avez-vous ~?)
- porter [뽀흐떼] 입다, un/une [앙/윈느] 하나의, le manteau [멍또] 외투, rouge [후즈] 빨간, l'ami [아미] (남자) 친구, français(e) [프헝쎄(즈)] 프랑스의, la voiture [부아뛰흐] 자동차, cher (chère) [쉐흐] 비싼, le film [필므] 영화, magnifique [마니피끄] 멋진/매우 아름다운

I'm wondering.

I'm feeling.

드디어 플러스 '엔딩'!

누벨 바그(Nouvelle vague : 새로운 물결)은 전통과 관습을 벗어나 이른바 개성있는 작가주의 영화를 표방한 1960년대 프랑스 영화계의 대조류입니다. 누벨 바그는 프랑스뿐만 아니라 전 세계 영화사에 중요한 이정표가 되었습니다. 누벨 바그의 대표 주자 프랑수아 트뤼포(François Truffaut) 감독의 작품 '400번의 구타' (Les quatre cents coups)에는 기성세대를 상징하는 엄격한 교사가 등장합니다. 그는 프랑스어 수업시간에 형용사의 일치를 강조하며 분필로 칠판에 한 자 한 자 글자를 새겨 넣듯 적습니다. 자못 비장하기까지한 이 장면은 이 시대 오늘 이 시간 여기에서 프랑스어 형용사를 배우고 있는 우리들에게 '무엇이 중헌디?'를 강렬하게 시사합니다!

We have the ability to transform our mental processes.

The value of Meta-Cognition is the training of mind to think.

161

The value of Meta-Cognition is the training of mind to think.
We have the ability to **transform our mental processes**.

Section 3.   Part 12
La fille aime ses parents.

[라 피으 엠므 쎄 빠헝.]
소녀는 그녀의 부모님을 사랑합니다.
프랑스어의 소유형용사/지시형용사/의문형용사

제12과의 공략대상은 프랑스어 형용사 중 가장 중요한 '소유형용사/지시형용사/의문형용사'입니다. 세 형용사 모두 프랑스어 형용사의 본질에 충실하여 명사와 연동합니다. 이들이 다소 복잡해 보일 수는 있으나 근저에는 명사에 순종하기 위해 필요한 조치로 이해하시면 되겠습니다.

We are able to understand our own working minds.

Section 3. part 12

 '당신의' 프랑스어 소유형용사!

'소유형용사'는 관사 대신 명사 앞에 붙어서 소유자를 밝혀줍니다.
(영어의 my, your, his, her 등에 해당) 그런데 프랑스어 소유형용사는 타이틀 그대로
일단 신분이 형용사입니다. 앞서 우리는 프랑스어 형용사의 특징을 공부했습니다.
핵심은 '수식하는 명사의 성수에 일치한다!'입니다.
그래서 소유형용사 역시 소유자의 성수는 물론이고,
소유대상(사람/사물)이 되는 명사의 성수도 일치시켜줘야 합니다. (예 : 나의 자동차들)
프랑스어 소유형용사의 이해를 돕기 위해 편리한 표 하나를 보겠습니다.

프랑스어의 소유형용사			
소유자 & 소유대상	남성단수	여성단수	남성/여성 복수
1인칭단수 (나의)	**mon** [몽]	**ma** [마]	**mes** [메]
2인칭단수 (너의)	**ton** [똥]	**ta** [따]	**tes** [떼]
3인칭단수 (그(녀)의)	**son** [쏭]	**sa** [싸]	**ses** [쎄]
1인칭복수 (우리들의)	**notre** [노트흐]	**notre** [노트흐]	**nos** [노]
2인칭복수 (당신(들)의)	**votre** [보트흐]	**votre** [보트흐]	**vos** [보]
3인칭복수 (그(녀)들의)	**leur** [뢰흐]	**leur** [뢰흐]	**leurs** [뢰흐]

Section 3. Part 12
La fille aime ses parents.
프랑스어의 소유형용사/지시형용사/의문형용사

Meta-Cognition French

> The value of Meta-Cognition is the training of mind to think.
> We have the ability to transform our mental processes.
> We are able to understand our own working minds.

표를 보는 방법은 소유자를 기준으로 1인칭의 남성단수-여성단수-복수의 순서로 읽으면 됩니다. 그러니까 [몽마메/똥따떼/쏭싸쎄, 노트흐노트흐/보트흐보트흐보/ 뢰흐뢰흐뢰흐] 이런 방식으로 기억하는 겁니다. 랩이다 생각하고 리듬을 붙여 불러보면 쉽게 적응될 것입니다. 라임이 딱딱 들어맞아 스웩이 살아있다고 할까요?
그러면 표를 좀 더 들여다 볼까요? 소유대상의 명사가 복수일 경우에는 남성형과 여성형의 형태가 동일합니다. (**mes/tes/ses/nos/vos/leurs**) 그리고 소유자가 복수일 때 소유대상 명사가 단수라면 남성형과 여성형이 같습니다. (**notre/votre/leur**) '엇박으로 조화롭다!'라고 기억해주십시오! 주의사항! 하나 말씀드리겠습니다. 프랑스어 소유형용사의 성은 소유자의 성별이 아니라 '소유대상의 성별에 의해 결정'됩니다. 특히 소유자가 3인칭 단수일 때 **son/sa** 의 사용에 유의하십시오. 예를 들어 **son père** [쏭 뻬흐]라고 하면, 소유자에 따라 '그 남자의 아버지' 또는 '그녀의 아버지' 둘 다 가능합니다. 명사 **le père** [뻬흐] (아버지)의 성이 남성이기 때문에 남성단수를 쓴 것이지, 소유자의 성과는 상관이 없습니다. (그렇기 때문에 **sa père** 라는 말은 존재하지 않습니다.) 명사의 성 구별이 없는 영어에서 소유자에만 일치하여 **his/her father** 로 사용하는 것과 혼동하지 마십시오!

Fm12-01
Elle aime son chien.
[엘 렘므 쏭 쉬앙.]
그녀는 그녀의 개를 사랑합니다.

Fm12-02
Il aime sa mère.
[일 렘므 싸 메흐.]
그는 그의 어머니를 사랑합니다.

Fm12-03
La fille aime ses parents.
[라 피으 엠므 쎄 빠헝.]
소녀는 그녀의 부모님을 사랑합니다.

Fm12-04
Les parents aiment leurs enfants.
[레 빠헝 엠므 뢰흐 졍펑.]
부모님은 그들의 아이들을 사랑합니다.

- 명사주어 + 동사는 연음하지 않습니다. **Les parents aiment** [레 빠헝 엠므]
- **son/sa** 는 문맥에 따라 '그의/그녀의' 모두 가능합니다.
- **aimer** [에메] 사랑하다/좋아하다, **le chien** [쉬앙] 개, **la mère** [메흐] 어머니, **la fille** [피으] 소녀/딸, **les parents** [빠헝] 부모님, **l'enfant** [엉펑] 아이

I'm noticing.
I'm thinking.

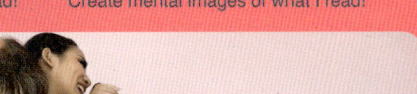

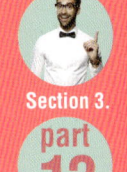

Section 3.
part 12

그런데 소유형용사를 사용할 때도 변칙사항이 있습니다.
여성명사라도 모음이나 무성 h 로 시작하면 ma/ta/sa 대신에 남성형인 mon/ton/son 을 사용합니다. 네, 그렇습니다. 역시나 모음이 충돌하는 것을 방지하기 위해서입니다.

Fm12-05
Je te donne mon adresse.
[즈 뜨 돈느 모 나드헤쓰.]
나는 너에게 나의 주소를 줄게.

Fm12-06
Ton histoire est intéressante.
[또 니스뚜아흐 에 땅떼헤썽뜨.]
너의 이야기는 흥미롭다.

Fm12-07
Ton école est loin d'ici?
[또 네꼴 에 루앙 디씨?]
너의 학교는 여기서 머니?

Fm12-08
Son amie est cusinière.
[쏘 나미 에 뀌지니에흐.]
그(녀)의 여자 친구는 요리사입니다.

- te [뜨] (너에게)는 간접보어입니다. 간접보어의 위치는 동사 바로 앞입니다.
- être loin de ~ [에트흐 루앙 드~]는 '~에서 멀다'입니다.
- donner [도네] 주다, l'adresse [아드헤쓰] 주소, l'histoire [이스뚜아흐] 이야기/역사, être [에트흐] ~이다, intéressant(e) [앙떼헤썽(뜨)] 흥미로운, l'école [에꼴] 학교, loin [루앙] 먼, de [드] ~로부터, ici [이씨] 여기, l'amie [아미] (여자) 친구, la cusinière [뀌지니에흐] 여자 요리사

프랑스어의 '이/그/저' 지시형용사!

프랑스어 지시형용사는 명사 앞에서 '이/그/저'의 의미로 명사를 지시합니다.
사람과 사물 모두에게 사용이 가능합니다. 영어의 this/that 과 같지만 프랑스어 형용사의 특성상 따라 붙는 명사의 성수에 일치시켜야 합니다.

The value of Meta-Cognition is the training of mind to think.
We have the ability to **transform our mental processes**.

Section 3. Part 12 — Meta-Cognition French
La fille aime ses parents.
프랑스어의 소유형용사/지시형용사/의문형용사

We are able to understand **our own working minds**.

프랑스어의 지시형용사

	남성	여성
단수	ce / cet [쓰/쎄뜨]	cette [쎄뜨]
복수	ces [쎄]	

모음이나 무성 **h** 로 시작하는 남성단수명사 앞에서는 '남성제2형'을 사용하여 모음이 충돌하는 것을 피하고 야무진 발음으로 살아나도록 합니다. 복수형은 남성형과 여성형이 동일합니다.

ce livre / cet homme
[쓰 리브흐/쎄 똠므] 이 책/이 남자

cette femme
[쎄뜨 팜므] 이 여자

ces étudiants
[쎄 제뛰디엉] 이 (남)학생들

ces étudiantes
[쎄 제뛰디엉뜨] 이 여학생들

● 원래는 **ce homme** [쓰 옴므]가 되어야 하지만, 남성 제2형을 사용하여 **cet homme** [쎄 똠므]와 같이 또렷한 발음이 되었습니다.
● **le livre** [리브흐] 책, **l'homme** [옴므] 남자/사람, **la femme** [팜므] 여자, **l'étudiant** [에뛰디엉] 남학생, **l'étudiante** [에뛰디엉뜨] 여학생

I'm noticing.

Fm12-09
Ce dictionnaire est utile.
[쓰 딕씨오네흐 에 뛰띨르.]
이 사전은 유용합니다.

I'm thinking.

Fm12-10
J'aime beaucoup cette fleur.
[쥄므 보꾸 쎄뜨 플뢰흐.]
나는 이 꽃을 매우 좋아합니다.

Fm12-11
Cet appartement est très cher.
[쎄 따빠흐뜨멍 에 트헤 쉐흐.]
이 아파트는 매우 비쌉니다.

Fm12-12
Je rentre tard ce soir.
[즈 헝트흐 따흐 쓰 수아흐.]
나는 오늘 저녁 늦게 돌아옵니다.

The value of Meta-Cognition is the training of mind to think.
We are able to understand our own working minds.

● 지시형용사 뒤에 때를 나타내는 명사가 오면 현재와 관련된 시간을 표현할 수 있습니다.
ce soir [쓰 수아흐] 오늘 저녁, **cet après-midi** [쎄 따프헤-미디] 오늘 오후,
cette nuit [쎄뜨 뉘] 오늘 밤 등입니다.

● **le dictionnaire** [딕씨오네흐] 사전, **utile** [위띨르] 유용한, **beaucoup** [보꾸] 많이,
la fleur [플뢰흐] 꽃, **l'appartement** [아빠흐뜨멍] 아파트, **très** [트헤] 매우,
cher [쉐흐] 비싼, **rentrer** [헝트헤] 돌아오다/귀가하다, **tard** [따흐] 늦게,
le soir [수아흐] 저녁, **l'après-midi** [아프헤-미디] 오후, **la nuit** [뉘] 밤

 프랑스어의 '어떤 ~?' 의문형용사!

프랑스어 의문형용사는 명사와 결합해서 '어떤/무슨/어느' 등의 의미입니다.
'어떤 취미?/무슨 책?/어느 주소? ...' 등
의문형용사 역시 형용사인지라 명사의 성수에 일치시켜야 합니다.
남성형/여성형/각각의 복수형으로 모두 4가지 형태가 있습니다.

프랑스어의 의문형용사

	남성	여성
단수	**quel** [껠]	**quelle** [껠]
복수	**quels** [껠]	**quelles** [껠]

être 동사를 이용해서 질문할 때 기본형은 **Quel est** + 명사? (어떤 ~입니까?)이고,
그 외의 동사를 사용할 때는 **Quel** + 무관사명사 + 동사+주어? (어떤 ~을 ~합니까?)의
패턴입니다.

The value of Meta-Cognition is **the training of mind to think.**
We have the ability to **transform our mental processes.**

Section 3. Part 12 — Meta-Cognition French
La fille aime ses parents.
프랑스어의 소유형용사/지시형용사/의문형용사

We are able to understand **our own working minds**.

Fm12-13
Quel est ton numéro de téléphone?
[껠 레 똥 뉘메호 드 뗄레폰느?]
너의 전화번호는 무엇이니?

Fm12-14
Quelle est votre adresse e-mail?
[껠 레 보트흐 아드헤쓰 이-메일?]
당신(들)의 이메일 주소는 무엇입니까?

Fm12-15
Quels sports aimez-vous?
[껠 스뽀흐 에메-부?]
당신(들)은 어떤 운동들을 좋아하십니까?

Fm12-16
Quelles boissons prenez-vous?
[껠 부아쏭 프흐네-부?]
당신(들)은 어떤 음료들을 마십니까?

● 의문사가 문장 앞에 오면 인칭대명사인 주어와 동사를 도치시키고 **-** 으로 표시합니다.
● **le numéro** [뉘메호] 번호, **de** [드] ~의, **le téléphone** [뗄레폰느] 전화,
l'adresse [아드헤쓰] 주소, **l'e-mail** [이-메일] 이메일, **le sport** [스뽀흐] 스포츠/운동,
la boisson [부아쏭] 음료, **prendre** [프헌드흐] 취하다/먹다/마시다/타다

 마무리 '꿀팁'!

소유형용사로 '랩배틀'이 가능합니다.
J'aime mon/ma/mes ~. [쥊므 몽/마/메 ~.] (나는 나의 ~(들)을 좋아해.)라고 시작하면,
Je n'aime pas ton/ta/tes ~. [즈 넴므 빠 똥/따/떼 ~.] (나는 너의 ~(들)을 싫어해.)라고 디스할 수 있습니다. 그러면 **Nous n'aimons pas votre/votre/vos ~.** [누 네몽 빠 보트흐/보트흐/보 ~.] (우리는 너희들의 ~(들)을 싫어해.)라고 받아치고, 이렇게 주고받고 날밤을 샐 수 있는 것이죠! 프랑스어 랩실력이 '쇼미더머니'가 되는 것은 순식간입니다!

- SUMMARIZE — Determine important ideas!
- QUESTION — Ask questions as I read!
- VISUALIZE — Create mental images of what I read!
- CONNECT — Use what I knew!

Meta-Cognition French

Meta-Cognition will make us smarter.

Section 3. part 12

Section 3.　　Part 12+
프랑스어 회화능력 단련장

(이 책 전체를 가볍고 빠르게 일독하실 분은 이번 코너를 살짝! 스킵하셔도 됩니다.)

우리는 프랑스어 소유형용사/지시형용사/의문형용사를 사용할 때 무엇보다도 신경 써야 할 것이 '알맞은 인칭과 성수의 확인'이라는 사실을 알고 있습니다. 프랑스어 형용사는 바로 이런 묘미가 있다라고 기억합시다!

Fm12+01
Mon métier est banquier.
[몽 메티에 에 벙끼에.]
나의 직업은 은행원입니다.

Fm12+02
Je connais votre numéro de téléphone.
[즈 꼬네 보트흐 뉘메호 드 뗄레폰느.]
나는 당신(들)의 전화번호를 알고 있습니다.

Fm12+03
Il donne un cadeau à sa copine.
[일 돈느 앙 꺄도 아 싸 꼬삔느.]
그는 그의 여자친구에게 선물을 줍니다.

Fm12+04
Ils parlent de leurs vacances.
[일 빠흘르 드 뢰흐 바껑쓰.]
그들은 그들의 휴가에 대해 이야기합니다.

● 직업을 말할 때는 관사가 필요 없습니다.
● parler de ~ [빠흘레 드 ~]는 '~에 대해서 이야기하다'입니다.
● **mon** [몽] 나의, **le métier** [메티에] 직업, **être** [에트흐] ~이다, **le banquier** [벙끼에] 은행원, **connaître** [꼬네트흐] 알다, **votre** [보트흐] 당신(들)의, **le numéro** [뉘메호] 번호, **de** [드] ~의/~에 대해, **le téléphone** [뗄레폰느] 전화, **donner** [도네] 주다, **le cadeau** [꺄도] 선물, **un** [앙] 하나의, **à** [아] ~에게, **sa** [싸] 그(녀)의, **la copine** [꼬삔느] 여자 친구, **parler** [빠흘레] 말하다, **leurs** [뢰흐] 그(녀)들의, **les vacances** [바껑쓰] 휴가

I'm wondering.

I'm feeling.

The value of Meta-Cognition is the training of mind to think.
We have the ability to transform our mental processes.

Section 3. Part 12 — Meta-Cognition French
La fille aime ses parents.
프랑스어의 소유형용사/지시형용사/의문형용사

We are able to understand our own working minds.

Fm12+05
Je regarde ce tableau.
[즈 흐갸흐드 쓰 따블로.]
나는 그 그림을 보고 있습니다.

Fm12+06
Cet hôtel est au centre-ville.
[쎄 또뗄 에 또 썽트흐-빌르.]
그 호텔은 도심에 있습니다.

Fm12+07
Cette semaine, nous avons des examens.
[쎄뜨 스멘느, 누 자봉 데 제그자멍.]
이번 주에 우리는 시험들이 있습니다.

Fm12+08
Elle lit ces articles.
[엘 리 쎄 자흐띠끌르.]
그녀는 그 기사들을 읽습니다.

● 모음이나 무성 h 로 시작하는 남성단수명사 앞에서는 지시형용사 '남성제2형' (**cet**)를 사용합니다.
● **à + le centre-ville ➜ au centre-ville** 관사축약형입니다. **le centre** [썽뜨흐] (중심)과 **la ville** [빌르] (도시)가 결합하여 하나의 단어가 되었고, **-** (**trait d'union**) [트헤 뒤니옹]으로 연결합니다.
● **regarder** [흐갸흐데] 보다, **le tableau** [따블로] 그림, **l'hôtel** [오뗄] 호텔, **à** [아] ~에, **le centre-ville** [썽트흐-빌르] 도심, **la semaine** [스멘느] 주, **avoir** [아부아흐] 가지다, **des** [데] 약간의, **l'examen** [에그자멍] 시험, **lire** [리흐] 읽다, **l'article** [아흐띠끌르] 기사

우리들 중의 '프랑스어 회화능력자'를 위하여!

취업면접/이력서/자격시험 등에 대비하여 좀 더 다양한 회화예문이 필요하시면 웹하드에서 아이디 **bookersbergen**, 비번 **9999**로 로그인하고, 내려받기 폴더에서 국가대표 프랑스어 회화능력자 **Pattern 015~018**, 그리고 **Pattern 114**를 다운로드하십시오. (다운로드는 무료!)
나에게 당장 필요한 문장을 골라 반복적으로 청취하여 '내 문장'으로 만듭시다!

SUMMARIZE	QUESTION	VISUALIZE	CONNECT
Determine important ideas!	Ask questions as I read!	Create mental images of what I read!	Use what I knew!

Meta-Cognition French

● **Meta-Cognition** will make us **smarter**.

Section 3.
part 12

Fm12+09

Quel est votre hobby?
[껠 레 보트흐 오비?]
당신(들)의 취미는 무엇입니까?

Fm12+10

Quelle est sa spécialité?
[껠 레 싸 스뻬씨알리떼?]
그(녀)의 전공은 무엇입니까?

Fm12+11

Quelle est votre qualité principale?
[껠 레 보트흐 꺌리떼 프항씨빨르?]
당신(들)의 중요한 장점은 무엇입니까?

Fm12+12

Quel est leur point de vue?
[껠 레 뢰흐 뿌앙 드 뷔?]
그들의 관점은 무엇입니까?

● **le hobby** 처럼 외국어에서 차용한 명사들은 일반적으로 남성명사 취급합니다.
le week-end [위-껜드] (주말)
● **le point de vue** 는 '시선의 포인트', 즉 '관점'입니다.
● **quel/quelle** [껠] 어떤 (의문형용사), **le hobby** [오비] 취미, **la spécialité** [스뻬씨알리떼] 전공, **la qualité** [꺌리떼] 장점, **principal(e)** [프항씨빨르] 주된/중요한, **leur** [뢰흐] 그들의, **le point** [뿌앙] 점, **de** [드] ~의, **la vue** [뷔] 시선/시각

I'm wondering.

I'm feeling.

 드디어 플러스 '엔딩'!

'취업 면접장에서 면접관이 의문형용사 **quel** 로 계속해서 질문합니다.
하지만 우리는 평소에 가상의 면집관을 앞에 두고 의문형용사로 질문하고, 소유형용사로
대답하는 1인2역 다중이 놀이로 충분히 단련되어 있습니다.
그래서 프랑스어 면접 질문 따윈 아무 걱정이 없습니다!' 우리는 이런 '부심'이 필요합니다!

Section 3.   Part 13
Elle habite en France.

[엘 라비뜨 엉 프헝쓰.]
그녀는 프랑스에 살고 있습니다.
프랑스어의 전치사와 의문부사

프랑스어 '전치사'는 비교적 짧고 단순한 형태이지만 전후 단어 사이에서 막강한 의미관계를 만들어냅니다. 전치사에 따라 의미가 판이하게 달라집니다. 또한 프랑스어 전치사는 매우 다양합니다. 이번 과의 목표는 프랑스어 전치사의 눈부신 활약상을 지켜보는 것입니다. 더불어 우리들의 궁금증을 꼼꼼히 해결하기 위해 반드시 필요한 프랑스어의 '의문부사'도 깔끔하게 정리하겠습니다.

프랑스어 전치사, 강력하다!

프랑스어 전치사는 짧지만 강력합니다.
전치사는 기본적으로 명사 앞에 놓여 다른 단어와 의미관계를 만들어 냅니다.
단독으로 사용하지는 못하며, 대부분의 전치사는 형태가 변하지 않습니다.
종류만큼이나 의미도 다양하고, 하나의 전치사가 여러 가지 다른 뜻으로 사용되는
경우도 있습니다. 전치사만 잘 이해해도 단어 간의 의미를 딱 잡아낼 수 있습니다.

자, 이제부터 프랑스어에서 사용빈도 높은 순위 상위에 랭크된 8개의 전치사를 만나보겠습니다.
❶ **à** [아] 장소/시간/~에게, ❷ **de** [드] 소유/출신, ❸ **en** [엉] ~에 (장소/시간)/~으로 (수단/방법), ❹ **dans** [덩] ~안에 (장소)/~후에 (시간), ❺ **pour** [뿌흐] ~를 위해 (목적)/~를 향해 (방향), ❻ **avec** [아베끄] ~와 함께 (동반)/~으로 (수단), ❼ **sur** [쒸흐] ~위에 (위치)/~에 대해 (주제), ❽ **par** [빠흐] ~를 통해 (위치/방향)/~으로 (수단)
우선 순위를 정할 수 없기에 압도적으로 가장 많이 사용하는 전치사 **à** [아]와 **de** [드]부터
시작하겠습니다. 예문과 함께 둘씩 세트로 만나보겠습니다.

프랑스어의 전치사 2 TOP! à 와 de

❶ **à** [아] : 장소, 시간, ~에게

전치사 **à** 는 주로 장소 앞에서 '~에/에서/으로'의 의미로 사용합니다.
그리고 때를 나타내는 단어 앞에 붙어 시간을 나타내기도 합니다.
또한 영어의 **to** 처럼 '~에게'로도 사용할 수 있습니다.

❷ **de** [드] : 소유, 출신

전치사 **de** 의 대표 용법은 소유를 나타내는 '~의'와
출신과 근원지를 나타내는 '~로부터'입니다.

Section 3. Part 13
Elle habite en France.
프랑스어의 전치사와 의문부사

Meta-Cognition French

Fm13-01
Je vais à la poste.
[즈 베 아 라 뽀스트.]
나는 우체국에 갑니다.

Fm13-02
Je parle à Sophie.
[즈 빠흘르 아 쏘피.]
나는 소피에게 말합니다.

Fm13-03
C'est la voiture de mes parents.
[쎄 라 부아뛰흐 드 메 빠헝.]
이것은 나의 부모님의 자동차입니다.

Fm13-04
Je viens de Corée.
[즈 비앙 드 꼬헤.]
나는 한국에서 왔습니다.

● **venir de** + 나라/도시는 '~ 출신이다'입니다. 국가명에는 일반적으로 관사가 붙지 않습니다.
● **aller** [알레] 가다, **la poste** [뽀스트] 우체국, **parler** [빠흘레] 말하다,
c'est [쎄] 이것은 ~이다, **la voiture** [부아뛰흐] 자동차, **mes** [메] 나의,
les parents [빠헝] 부모, **venir** [브니흐] 오다, **la Corée** [꼬헤] 한국

 전치사와 정관사 축약!

그런데 전치사 **à** 와 **de** 는 프랑스 전치사의 투톱답게 사용빈도가 높다 보니 형태상의 변화를 겪습니다. 정관사의 남성단수 **le** 와 복수형 **les** 를 만나면 아예 한 단어로 압축되어 버립니다. 이것을 관사의 축약이라고 합니다. 제04과에서 전치사 **à** 의 축약은 잠깐 살펴보았지만 이번 과에서는 **de** 와 세트로 기억하시도록 함께 정리하겠습니다. 모음이나 무성 **h** 로 시작하는 남성단수 앞에서는 모음축약만 합니다. 정관사의 여성형 **la** 는 변화가 없습니다.

à + le ➔ au [오]   (à l' + 모음/무성 h)   à + les ➔ aux [오]
de + le ➔ du [뒤] (de l' + 모음/무성 h)   de + les ➔ des [데]

Meta-Cognition French

- SUMMARIZE — Determine important ideas!
- QUESTION — Ask questions as I read!
- VISUALIZE — Create mental images of what I read!
- CONNECT — Use what I knew!

● Meta-Cognition will make us **smarter**.

Section 3.
part **13**

Fm13-05
Je vais au cinéma.
[즈 베 오 씨네마.]
나는 극장에 갑니다.

Fm13-06
Il habite aux Etats-Unis.
[일 라비뜨 오 제따-쥬니.]
그는 미국에 살고 있습니다.

Fm13-07
Je viens du travail.
[즈 비앙 뒤 트하바이.]
나는 직장에서 돌아왔습니다.

Fm13-08
C'est le livre du professeur.
[쎄 르 리브흐 뒤 프호페쐬흐.]
이것은 선생님의 책입니다.

● 복수형 국가명으로는 **les Etats-Unis** [에따-쥬니] 미국, **les Philippines** [필리핀] 필리핀, **les Pays-Bas** [뻬이-바] 네덜란드 등이 있습니다.
● **le cinéma** [씨네마] 극장, **habiter** [아비떼] 살다/거주하다, **le travail** [트하바이] 일/작업/직장, **le livre** [리브흐] 책, **le professeur** [프호페쐬흐] 교사

❸ **en** [엉] : ~에 (장소/시간), ~으로 (수단/방법)

❹ **dans** [덩] : ~안에 (장소), ~후에 (시간)

Fm13-09
Elle habite en France.
[엘 라비뜨 엉 프헝쓰.]
그녀는 프랑스에 살고 있습니다.

Fm13-10
Je voyage en avion.
[즈 부아야주 어 나비옹.]
나는 비행기로 여행합니다.

Section 3. Part 13
Elle habite en France.
프랑스어의 전치사와 의문부사

Meta-Cognition French

Fm13-11
Mon fils est dans sa chambre.
[몽 피스 에 덩 싸 셩브흐.]
나의 아들은 그의 방 안에 있습니다.

Fm13-12
Il arrive dans dix minutes.
[일 라히브 덩 디 미뉘뜨.]
그는 10분 후에 도착할 것입니다.

● 여성 국가명과 대륙명 앞에는 언제나 전치사 en 을 씁니다. en France [엉 프헝쓰] 프랑스에, en Corée [엉 꼬헤] 한국에, en Europe [어 느호쁘] 유럽에, en Asie [어 나지] 아시아에 등
● cinq [쌍끄] 5 / six [씨쓰] 6 / huit [위뜨] 8 / dix [디쓰] 10 뒤에 자음이 오면 마지막 자음은 발음하지 않습니다.
● voyager [부아야제] 여행하다, l'avion [아비옹] 비행기, mon [몽] 나의, le fils [피스] 아들, être [에트흐] ~있다, sa [싸] 그(녀)의, la chambre [셩브흐] 방, arriver [아히베] 도착하다, dix [디쓰] 10, la minute [미뉘뜨] 분

❺ pour [뿌흐] : ~를 위해 (목적), ~를 향해 (방향)

❻ avec [아베끄] : ~와 함께 (동반), ~으로 (수단)

Fm13-13
Je cuisine pour ma famille.
[즈 뀌진느 뿌흐 마 파미으.]
나는 나의 가족을 위해 요리합니다.

Fm13-14
Ce train part pour Busan.
[쓰 트항 빠흐 뿌흐 부산.]
이 기차는 부산으로 떠납니다.

Fm13-15
Je dîne avec mon ami.
[즈 딘느 아베끄 모 나미.]
나는 나의 남자 친구와 저녁식사를 합니다.

Fm13-16
Nous mangeons avec des baguettes.
[누 멍종 아베끄 데 바게뜨.]
우리는 젓가락으로 먹습니다.

- 1군 규칙동사 manger 동사의 1인칭 복수형은 -e 를 추가하여 nous mangeons [누 멍종] 입니다. 부드러운 발음을 위한 변칙입니다.
- cuisiner [뀌지네] 요리하다, ma/mon [마/몽] 나의, la famille [파미으] 가족, ce [쓰] 이/그/저, le train [트항] 기차, partir [빠흐띠흐] 떠나다, dîner [디네] 저녁식사하다, l'ami [아미] 남자 친구, manger [멍제] 먹다, les baguettes [바게뜨] 젓가락

❼ sur [쒸흐] : ~위에 (위치), ~에 대해 (주제)

❽ par [빠흐] : ~를 통해 (위치/방향), ~으로 (수단)

Fm13-17
Il met un livre sur la table.
[일 메 앙 리브흐 쒸흐 라 따블르.]
그는 테이블 위에 책을 놓습니다.

Fm13-18
Ma mère lit un article sur la santé.
[마 메흐 리 아 나흐띠끌르 쒸흐 라 썽떼.]
어머니는 건강에 대한 기사를 읽습니다.

Fm13-19
On sort par l'issue de secours.
[옹 쏘흐 빠흐 리쒸 드 스꾸흐.]
(사람들은) 비상구로 나갑니다.

Fm13-20
Je paie par carte de crédit.
[즈 뻬 빠흐 꺄흐뜨 드 크헤디.]
나는 신용카드로 지불하겠습니다.

- 인칭대명사 on [옹]은 일반적인 사람을 의미합니다. 3인칭 단수로 취급합니다.
- l'issue de secours [이쒸 드 스꾸흐]는 '구조의 출구' 즉, '비상구'입니다.
- mettre [메트흐] 놓다/두다, un [앙] 하나의, la table [따블르] 테이블, ma [마] 나의, la mère [메흐] 어머니, lire [리흐] 읽다, l'article [아흐띠끌르] 기사, la santé [썽떼] 건강, sortir [쏘흐띠흐] 나가다, l'issue [이쒸] 출구, de [드] ~의, le secours [스꾸흐] 구조/도움, payer [뻬이예] 지불하다, la carte [꺄흐뜨] 카드, le crédit [크헤디] 신용/신뢰

Section 3. Part 13
Elle habite en France.
프랑스어의 전치사와 의문부사

Meta-Cognition French

> The value of Meta-Cognition is the training of mind to think.
> We have the ability to transform our mental processes.
> We are able to understand our own working minds.

궁금하면, 프랑스어 의문부사!

프랑스어 의문사에는 의문대명사, 의문형용사, 의문부사 등이 있습니다.
우리는 이미 제05과에서 의문대명사 **qui** [끼] (누가?) / **que** [끄] (무엇?)을, 제12과에서는 의문형용사 **quel** [껠] (어떤?)을 살펴보았습니다. 이제 나머지 궁금증을 해결해줄 프랑스어 의문부사, **quand** [껑] (언제?), **où** [우] (어디?), **comment** [꼬멍] (어떻게?), **pourquoi** [뿌흐꾸아] (왜?)를 만나보겠습니다. 의문사가 있는 의문문의 어순은 기본적으로 '의문사 + 동사 + (주어)?' 입니다. 인칭대명사가 동사와 도치될 경우에는 도치의 표시로 연결부호인 **- (trait d'union**[트헤 뒤니옹])을 붙입니다.

Fm13-21 **Quand partez-vous?**
[껑 빠흐떼-부?]
당신(들)은 언제 떠납니까?

Fm13-22 **Où est l'entrée?**
[우 에 렁트헤?]
입구가 어디입니까?

Fm13-23 **Comment est-il?**
[꼬멍 에-띨?]
그는 어떻습니까?

Fm13-24 **Pourquoi apprenez-vous le français?**
[뿌흐꾸아 아프흐네-부 르 프헝쎄?]
당신(들)은 왜 프랑스어를 배웁니까?

- **Comment est-il?** (그는 어떻습니까?)는 '용모/성격/능력' 등을 묻는 것입니다.
- **partir** [빠흐띠흐] 떠나다, **l'entrée** [렁트헤] 입구, **apprendre** [아프헝드흐] 배우다

마무리 '꿀팁'!

전치사는 단순한 사용법에 비해 문장의 전후관계를 뒤집는 '반전의 매력'을 소유하고 있습니다.
전치사가 바뀌면 문장의 의미 전체가 뒤바뀔 수도 있으니까요.
우리는 비록 이번 과에서 프랑스어의 핵심 전치사 몇 가지만 살펴봤지만,
문장 속에서 계속해서 만나게 될 전치사들을 좀 더 주의 깊게 살피고 챙겨두시기 바랍니다.

- SUMMARIZE Determine important ideas!
- QUESTION Ask questions as I read!
- VISUALIZE Create mental images of what I read!
- CONNECT Use what I knew!

Meta-Cognition French

Section 3.
part **13**

● Meta-Cognition will make us **smarter**.

Section 3.   Part 13+
프랑스어 회화능력 단련장

(이 책 전체를 가볍고 빠르게 일독하실 분은 이번 코너를 살짝! 스킵하셔도 됩니다.)

전치사의 '반전 매력'을 더욱 만끽하실 수 있도록 프랑스어의 전치사 8가지를 더 준비했습니다. 시간과 공간을 좌우하는 전치사 커플들 **avant** [아벙] (~ 전에) / **après** [아프헤] (~ 후에), **devant** [드벙] (~ 앞에) / **derrière** [데히에흐] (~ 뒤에)와 회화에서 자주 만나는 **sans** [썽] (~ 없이), **chez** [쉐] (~ 집에), **depuis** [드쀠] (~ 이래로), **sauf** [쏘프] (~를 제외하고)를 소개합니다.

Fm13+01
Il se lave les mains avant le repas.
[일 쓰 라브 레 망 아벙 르 흐빠.]
그는 식사 전에 손을 씻습니다.

Fm13+02
Le printemps vient après l'hiver.
[르 프항떵 비앙 따프헤 리베흐.]
봄은 겨울 다음에 옵니다.

Fm13+03
Je vous attends devant le cinéma.
[즈 부 자떵 드벙 르 씨네마.]
나는 당신(들)을 극장 앞에서 기다립니다.

Fm13+04
Le café est derrière l'école.
[르 까페 에 데히에흐 레꼴.]
카페는 학교 뒤에 있습니다.

● 직접보어 **vous** [부] (당신(들)을)의 위치는 동사 앞입니다.
● **le café** [까페] (커피/카페)는 음료와 장소 둘 다 지칭할 수 있습니다.
● **se laver** [쓰 라베] 씻다, **la main** [망] 손, **le repas** [흐빠] 식사, **le printemps** [프항떵] 봄, **venir** [브니흐] 오다, **l'hiver** [이베흐] 겨울, **attendre** [아떵드흐] 기다리다, **le cinéma** [씨네마] 극장/영화, **le café** [까페] 커피/카페, **être** [에트흐] ~이다/있다, **l'école** [에꼴] 학교

Section 3. Part 13
Elle habite en France.
프랑스어의 전치사와 의문부사

Meta-Cognition French

Fm13+05
Je préfère le café sans sucre.
[즈 프헤페흐 르 꺄페 썽 쒸크흐.]
나는 설탕을 넣지 않은 커피를 선호합니다.

Fm13+06
Elle va chez ses parents le week-end.
[엘 바 쉐 쎄 빠헝 르 위-껜드.]
그녀는 주말마다 그녀의 부모님댁에 갑니다.

Fm13+07
Je vous aime depuis longtemps.
[즈 부 젬므 드쀠 롱떵.]
나는 당신을 오래 전부터 사랑하고 있습니다.

Fm13+08
Tout le monde est content, sauf Paul.
[뚜 르 몽드 에 꽁떵, 쓰프 뽈.]
폴을 제외하고 모든 사람들이 만족합니다.

- 정관사 **le** [르]는 때를 나타내는 말과 함께 사용하면 '~마다' 의 의미가 됩니다.
- **tout le monde** 는 '모든 사람들' 입니다. 3인칭 단수로 취급합니다.
- **préférer** [프헤페헤] 선호하다, **le sucre** [쒸크흐] 설탕, **aller** [알레] 가다, **ses** [쎄] 그(녀)의, **les parents** [빠헝] 부모, **le week-end** [위-껜드] 주말, **vous** [부] 당신을, **aimer** [에메] 사랑하다, **longtemps** [롱떵] 오랫동안, **tout** [뚜] 모든, **le monde** [몽드] 세계/사람들, **content(e)** [꽁떵(뜨)] 만족한/기쁜

우리들 중의 '프랑스어 회화능력자'를 위하여!

취업면접/이력서/자격시험 등에 대비하여 좀 더 다양한 회화예문이 필요하시면 웹하드에서 아이디 **bookersbergen**, 비번 **9999**로 로그인하고, 내려받기 폴더에서 국가대표 프랑스어 회화능력자 **Pattern 034~039**, 그리고 **Pattern 108~113**을 다운로드하십시오. (다운로드는 무료!) 나에게 당장 필요한 문장을 골라 반복적으로 청취하여 '내 문장'으로 만듭시다!

- SUMMARIZE Determine important ideas!
- QUESTION Ask questions as I read!
- VISUALIZE Create mental images of what I read!
- CONNECT Use what I knew!

Meta-Cognition French

Section 3. part 13

● Meta-Cognition will make us smarter.

Fm13+09
Quand commence le film?
[껑 꼬멍쓰 르 필므?]
영화는 언제 시작합니까?

Fm13+10
Où est l'ascenseur?
[우 에 라썽쒸흐?]
엘리베이터는 어디 있습니까?

Fm13+11
Comment allez-vous?
[꼬멍 딸레-부?]
당신은 어떻게 지내십니까? (안녕하세요?)

Fm13+12
Pourquoi dites-vous cela?
[뿌흐꾸아 디뜨-부 쏠라?]
당신은 왜 그것을 말합니까?

● 의문사가 있는 문장의 어순은 '의문사 + 동사 + (주어)?'입니다. 인칭대명사가 동사와 도치될 경우에는 - 으로 표시합니다.
● **Comment allez-vous?** 는 가장 일반적인 프랑스어 인사말입니다. 동사 **aller** [알레] (가다)가 안부를 묻는 의미로 사용되었습니다. 서로 **tu** 로 말을 놓는 친근한 사이에는 **Comment vas-tu?** [꼬멍 바-뛰?]라고 인사합니다.
● **commencer** [꼬멍쎄] 시작하다, **le film** [필므] 영화, **l'ascenseur** [아썽쒸흐] 엘리베이터, **dire** [디흐] 말하다, **cela** [쏠라] 이것/저것/그것

I'm wondering.

I'm feeling.

드디어 플러스 '엔딩'!

일상생활에서 자주 사용하는 프랑스어 전치사 20여개 중에는 특히 '시간과 장소'에 연관된 표현이 많습니다. 우리의 일상이 '시간과 장소'에 지배받고 있다는 뜻이기도 합니다. 프랑스어의 전치사만 정확히 알아도 우리는 문장의 전후관계를 명확하게 파악할 수 있습니다. 이것이 바로 짧지만 강력한 파워를 지닌 프랑스어 전치사의 능력입니다.

- SUMMARIZE — Determine important ideas!
- QUESTION — Ask questions as I read!
- VISUALIZE — Create mental images of what I read!
- CONNECT — Use what I knew!

We have the ability to transform our mental processes.

The value of Meta-Cognition is the training of mind to think.

187

Section 3. Part 14
Elle est plus grande que moi.

[엘 레 쁠뤼 그헝드 끄 모아.]
그녀는 나보다 큽니다.
프랑스어의 비교문과 기수형용사

제14과에서는 프랑스어의 비교문을 만나보겠습니다. 비교문은 형용사/부사를 사용하여 만들 수 있습니다. '더 멋진' 프랑스어를 넘어 '가장 멋진' 프랑스어를 위해 우리는 비교문이 필요합니다. 아울러 날짜/가격/쇼핑/주소 등 우리 일상 생활에서 빠지지 않는 중요한 표현인 프랑스어 수사 중 기수형용사를 간결하게 정리해보겠습니다.

Section 3. part 14

 프랑스어의 비교표현!

프랑스어 비교문은 영어처럼 우등비교 (~보다 더), 동등비교 (~만큼),
열등비교 (~보다 덜한) 등이 있습니다.
영어의 경우는 각각의 형용사를 원급>비교급>최상급의 형태로 만들어 비교문을 만들지만 (**big > bigger > biggest**), 대부분의 프랑스어 형용사는 별도의 비교 형태가 없는 대신,
분량을 나타내는 부사 (**plus** [쁠뤼] 더 / **aussi** [오씨] 만큼 / **autant** [오떵] 만큼 / **moins** [모앙] 덜 등)을 사용하여 형용사와 부사 그리고 명사와 동사 모두를 비교할 수 있습니다.
'가장 ~한'에 해당하는 최상급 표현은 비교문에 정관사(**le/la/les**)를 붙여 표현합니다.
그리고 자주 사용하기 때문에 특별한 형태를 갖는 형용사 **bon** [봉] (좋은)과
부사 **bien** [비앙] (잘)의 비교급과 최상급은 특별히 기억해야 합니다.

 형용사와 부사의 비교문!

프랑스어의 형용사와 부사의 비교문은 영어의 비교구문과 비슷합니다.
영어의 비교표현 **than/as** 는 프랑스어 접속사 **que** [끄] 하나면 해결됩니다.
도식으로 정리해보겠습니다.

plus	[쁠뤼] (~보다 더)	+ 형용사/부사 + **que** [끄]
aussi	[오씨] (~만큼)	+ 형용사/부사 + **que** [끄]
moins	[모앙] (~보다 덜)	+ 형용사/부사 + **que** [끄]

비교문을 만들 때 유의해야 할 점은 언제나 형용사입니다!
비교를 할 때에도 형용사는 주어의 성수와 반드시 일치시켜야 합니다.
반면 부사는 형태 변화 없이 그대로 만들면 됩니다.

The value of Meta-Cognition is the training of mind to think.
We have the ability to **transform our mental processes**.

Section 3. Part 14 — Meta-Cognition French
Elle est plus grande que moi.
프랑스어의 비교문과 기수형용사

We are able to understand **our own working minds**.

Fm14-01
Elle est plus grande que moi.
[엘 레 쁠뤼 그헝드 끄 모아.]
그녀는 나보다 더 큽니다.

Fm14-02
Elle est aussi compétente que Paul.
[엘 레 또씨 꽁뻬떵뜨 끄 뽈.]
그녀는 폴만큼 능력이 있습니다.

Fm14-03
Elle est moins grosse que toi.
[엘 레 모앙 그호쓰 끄 뚜아.]
그녀는 너보다 덜 뚱뚱해.

Fm14-04
Elle court plus vite que Pierre.
[엘 꾸흐 쁠뤼 비뜨 끄 삐에흐.]
그녀는 피에르보다 더 빠르게 달립니다.

- 접속사 **que** 뒤에 비교대상으로 인칭대명사가 올 경우에는 강세형을 사용합니다. (**moi/toi/lui/elle/nous/vous/eux/elles**).
- **être** [에트흐] ~이다, **grand(e)** [그헝(드)] 큰, **compétent(e)** [꽁뻬떵(뜨)] 능력 있는, **gros(se)** [그호(쓰)] 뚱뚱한, **courir** [꾸히흐] 달리다, **vite** [비뜨] 빠르게

명사와 동사의 비교문!

명사를 비교할 때는 비교부사 다음에 바로 명사가 올 수 없기 때문에 전치사 **de** [드]로 연결합니다. **de** 뒤에 오는 명사는 관사 없이 씁니다. 셀 수 있는 명사는 복수형으로, 셀 수 없는 명사는 단수형을 붙입니다. 우등/열등 비교부사는 형용사/부사의 경우와 동일하고, 동등비교의 비교부사는 **autant** [오떵]입니다. 이때 **plus** 의 발음은 [쁠뤼스]입니다.

```
plus de    [쁠뤼스 드] (~보다 더 ~하다)   + 명사 + que [끄]
autant de  [오떵 드] (~만큼 ~하다)        + 명사 + que [끄]
moins de   [모앙 드] (~보다 덜 ~하다)     + 명사 + que [끄]
```

동사의 비교부사는 명사를 비교할 때 사용하는 비교부사들과 같습니다.
단, 비교부사들의 위치가 동사의 뒤이고, **plus** 의 발음이 [쁠뤼스]라는 점만 유의하시기 바랍니다.

- SUMMARIZE — Determine important ideas!
- QUESTION — Ask questions as I read!
- VISUALIZE — Create mental images of what I read!
- CONNECT — Use what I knew!

Section 3.
part 14

● Meta-Cognition will make us smarter.

동사 +	plus	[쁠뤼스] (더 많이)	+	que [끄]
동사 +	autant	[오떵] (그만큼)	+	que [끄]
동사 +	moins	[모앙] (더 적게)	+	que [끄]

Fm 14-05
J'ai plus de livres que vous.
[줴 쁠뤼스 드 리브흐 끄 부.]
나는 당신보다 더 많은 책을 가지고 있습니다.

Fm 14-06
Julie gagne autant d'argent que son mari.
[쥘리 갸니으 오떵 다흐졍 끄 쏭 마히.]
줄리는 그녀의 남편만큼 돈을 법니다.

Fm 14-07
Elle travaille plus que lui.
[엘 트하바이으 쁠뤼스 끄 뤼.]
그녀는 그 남자보다 더 일합니다.

Fm 14-08
Je mange moins qu'avant.
[즈 멍즈 모앙 꺄벙.]
나는 예전보다 덜 먹습니다.

● 접속사 **que** 뒤에 비교대상으로 인칭대명사가 올 경우에는 강세형을 사용합니다.
(moi/toi/lui/elle/nous/vous/eux/elles)
● moins qu'avant (예전보다 덜), que + avant ➡ qu'avant 으로 모음축약 되었습니다.
● **avoir** [아부아흐] 가지다, **le livre** [리브흐] 책, **vous/lui** [부/뤼] 당신/그 남자 (강세형),
gagner [갸녜] 벌다/이기다, **l'argent** [아흐졍] 돈, **son** [쏭] 그녀의, **le mari** [마히] 남편,
travailler [트하바이예] 일하다, **manger** [멍졔] 먹다, **avant** [아벙] 전에/먼저

 프랑스어의 최상급!

프랑스어의 최상급은 비교급에다 정관사만 붙이면 됩니다. 정말 간단하죠!
프랑스어에는 우등 최상급과 열등 최상급이 있습니다. 동등최상급은 논리적으로 불가능합니다.
최상급 뒤에는 '~ 중에서'라는 뜻으로 전치사 **de** [드]가 따라 붙기도 합니다.

우등최상급 : 정관사 + plus ... (de)
열등최상급 : 정관사 + moins ... (de)

Section 3. Part 14 — Meta-Cognition French
Elle est plus grande que moi.
프랑스어의 비교문과 기수형용사

형용사의 최상급은 비교급에 정관사(**le/la/les**)를 붙여 '가장 ~한'의 뜻으로 만듭니다. 이때 정관사는 관련된 명사의 성수에 일치시켜야 합니다. 프랑스어 부사는 형태가 변하지 않기 때문에 부사의 최상급은 항상 정관사 **le** [르]만 붙습니다.

Fm14-09
Le Louvre est le plus grand musée de France.
[르 루브흐 에 르 쁠뤼 그헝 뮈제 드 프헝쓰.]
루브르는 프랑스에서 가장 큰 박물관입니다.

Fm14-10
Elle est la plus intelligente de ses sœurs.
[엘 레 라 쁠뤼 쟝뗄리졍뜨 드 쎄 쐬흐.]
그녀는 자매들 중에서 가장 똑똑합니다.

Fm14-11
Je cours le plus vite de mes amis.
[즈 꾸흐 르 쁠뤼 비뜨 드 메 자미.]
나는 내 친구들 중에서 가장 빠르게 달립니다.

Fm14-12
Elle mange le plus lentement.
[엘 멍즈 르 쁠뤼 렁뜨멍.]
그녀는 가장 천천히 먹습니다.

- 전치사 **de** (~ 중에서)는 **parmi** [빠흐미] (~ 중에서)로 대신할 수도 있습니다.
- **le musée** [뮈제] 박물관, **de** [드] ~ 중에서, **intelligent(e)** [앙뗄리졍(뜨)] 똑똑한, **ses** [쎄] 그(녀)의, **la sœur** [쐬흐] 자매, **mes** [메] 나의, **l'ami** [아미] 친구, **manger** [멍제] 먹다, **lentement** [렁뜨멍] 천천히

특별한 형용사 bon 과 부사 bien

프랑스어 형용사와 부사 중 일부는 특별한 형태의 비교급과 최상급을 가지고 있습니다. 대표적인 **bon** 과 **bien** 을 살펴보겠습니다. 형용사 **bon** [봉] (좋은) ➔ **meilleur** [메이외흐] (더 좋은)입니다. 형용사이므로 성수에 따라 4형태를 가지고 있습니다. 발음은 모두 동일합니다.
(**meilleur / meilleure / meilleurs / meilleures**)

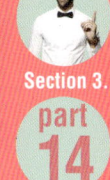

SUMMARIZE — Determine important ideas!
QUESTION — Ask questions as I read!
VISUALIZE — Create mental images of what I read!
CONNECT — Use what I knew!

Section 3.
part **14**

bon 의 최상급은 비교급에 알맞은 정관사만 붙이면 해결됩니다. (**le/la/les + meilleur / meilleure / meilleurs / meilleures**)
부사 **bien** [비앙] (잘) ➔ **mieux** [미으] (더 잘)입니다. 부사이므로 형태는 딱 하나입니다.
bien 의 최상급은 오직 **le mieux** [르 미으] (가장 잘), 1가지입니다.

Fm14-13
La cuisine française est meilleure que la cuisine anglaise.
[라 뀌진느 프헝쎄즈 에 메이외흐 끄 라 뀌진느 엉글레즈.]
프랑스 요리가 영국 요리보다 더 맛있습니다.

Fm14-14
Le vin français est le meilleur vin du monde.
[르 방 프헝쎄 에 르 메이외흐 방 뒤 몽드.]
프랑스 와인은 세계 최고 와인입니다.

Fm14-15
Tu danses mieux que moi.
[뛰 덩쓰 미으 끄 모아.]
너는 나보다 춤을 잘 춘다.

Fm14-16
Adele chante le mieux au monde.
[아델 셩뜨 르 미으 조 몽드.]
아델은 전 세계에서 가장 노래를 잘합니다.

● **au monde = à + le monde** [몽드] (세계)의 정관사 축약형태입니다.
● 접속사 **que** 뒤에 비교대상으로 인칭대명사가 올 경우에는 강세형을 사용합니다. (**moi/toi/lui/elle/nous/vous/eux/elles**)
● **la cuisine** [뀌진느] 요리, **français(e)** [프헝쎄(즈)] 프랑스의, **anglais(e)** [엉글레(즈)] 영국의, **le vin** [방] 와인, **le monde** [몽드] 세계, **danser** [덩쎄] 춤추다, **moi** [모아] 나, **chanter** [셩떼] 노래하다

I'm wondering.
I'm feeling.

 프랑스어의 기수형용사!

프랑스어 수사에는 '기수형용사'와 '서수형용사'가 있습니다.
기수형용사는 기본적으로 명사 앞에 놓여 수량을 표시합니다. 1, 2, 3 ... 등 숫자를 말합니다.

Section 3. Part 14
Elle est plus grande que moi.
프랑스어의 비교문과 기수형용사

Meta-Cognition French

The value of Meta-Cognition is the training of mind to think.
We have the ability to transform our mental processes.

We are able to understand our own working minds.

서수형용사는 첫 번째, 두 번째 … 등의 순서와 등급 등을 나타냅니다. (서수형용사는 제15과에서 설명드리겠습니다.) 제0과 **Warming Up Part+** 에서 만났던 프랑스어 기수형용사 1부터 16에 이어 17부터 정리해보겠습니다.

프랑스어 숫자는 20진법, 60진법 등을 동원하는 등 복잡하기로 악명이 높습니다.
하지만 결국 꼬마들도 줄넘기하며 사용하는 숫자에 불과합니다.
원리를 이해하고 반복 연습하면 간단히 정복할 수 있습니다. 차근차근 설명드리겠습니다.
프랑스어 숫자 17부터 19까지는 '10과 7' 방식으로 조합하여 사용합니다.
20부터 60까지는 십단위에 고유한 이름이 있습니다. 각 단위의 끝자리 1 [앙]은 **et** [에] (그리고)로 연결하고 나머지는 모두 ' **-** ' 로 연결합니다.
(**dix-sept** [디-쎄뜨] 17, **dix-huit** [디즈-위뜨] 18, **dix-neuf** [디즈-뇌프] 19, **vingt** [방] 20, **trente** [트헝뜨] 30, **quarante** [꺄헝뜨] 40, **cinquante** [쌍껑뜨] 50, **soixante** [수아썽뜨] 60, **soixante et un** [수아썽 떼 앙] 61, **soixante-deux** [수아썽뜨-두] 62, **soixante-neuf** [수아썽뜨-뇌프] 69)

• I'm noticing.

70은 60에 10을 더하는 것으로, 71은 60에 11을 더하는 것으로 표현합니다.
이런 식으로 79까지 갑니다. 80 은 4x20으로 표현합니다. 20이 4개니, **vingt** 에 복수형 **s** 를 붙입니다. **vingt** 뒤에 다른 숫자가 따라 붙으면 **s** 는 뗍니다. 90은 4x20+10입니다.
그 외의 숫자는 모두 ' **-** ' 로 주루룩 연결합니다. 100은 **cent** [썽]이고, 1,000은 **mille** [밀]입니다.
10,000은 10x1,000 즉, **dix-mille** [디-밀]입니다.
(**soixante-dix** [수아썽뜨-디쓰] 70, **soixante et onze** [수아썽 떼 옹즈] 71, **soixante-dix-neuf** [수아썽뜨-디즈-뇌프] 79, **quatre-vingts** [꺄트흐-방] 80, **quatre-vingt-un** [꺄트흐-방-앙] 81, **quatre-vingt-neuf** [꺄트흐-방-뇌프] 89, **quatre-vingt-dix** [꺄트흐-방-디쓰] 90, **quatre-vingt-onze** [꺄트흐-방-옹즈] 91, **quatre-vingt-dix-neuf** [꺄트흐-방-디즈-뇌프] 99 **cent** [썽] 100, **mille** [밀] 1,000, **dix-mille** [디-밀] 10,000

• I'm thinking.

참고로 www.podcastfrancaisfacile.com/apprendre-le-francais/les-nombres.html 에서 프랑스어 숫자1부터 100까지의 모든 철자와 발음을 확인할 수 있습니다.

마무리 '꿀팁'!

프랑스어의 형용사가 나오면 반사적으로 앞뒤의 명사를 찾고 나서, 남성/여성, 단수/복수를 따지고 있다면, 우리는 분명 이미 프랑스어 형용사 체계를 납득했다는 뜻입니다.
우리의 프랑스어가 보석처럼 세공되고 있다는 반증이기도 합니다!

- SUMMARIZE — Determine important ideas!
- QUESTION — Ask questions as I read!
- VISUALIZE — Create mental images of what I read!
- CONNECT — Use what I knew!

Meta-Cognition French
Meta-Cognition will make us smarter.

Section 3. part 14

Section 3.   Part 14+
프랑스어 회화능력 단련장

(이 책 전체를 가볍고 빠르게 일독하실 분은 이번 코너를 살짝! 스킵하셔도 됩니다.)

'~보다 더/~만큼/~보다 덜'은 대표적인 비교 패턴입니다. 최상급은 정관사만으로 표현이 가능합니다. 이들만으로 프랑스어 비교문의 전부를 표현할 수 있습니다. 그리고 날짜/가격/시간 등의 표현은 우리의 일상을 채우는 기수형용사와 좀 더 친해지는 기회입니다.

Fm14+01
Je suis plus prudente que Paul.
[즈 쒸 쁠뤼 프휘덩뜨 끄 뽈.]
나는 폴보다 더 신중합니다.

Fm14+02
Elle est aussi forte en maths qu'en chimie.
[엘 레 또씨 포흐뜨 엉 마트 껑 쉬미.]
그녀는 화학만큼 수학에도 강합니다.

Fm14+03
Avez-vous quelque chose de moins cher?
[아베-부 껠끄 쇼즈 드 모앙 쉐흐?]
뭐 좀 더 싼(덜 비싼) 것이 있습니까?

Fm14+04
Nous allons plus souvent au cinéma qu'au théâtre.
[누 잘롱 쁠뤼 쑤벙 오 씨네마 꼬 떼아트흐.]
우리는 극장보다는 영화관에 더 자주 갑니다.

- être fort(e) en + 무관사명사는 '~에 강하다/우수하다'입니다.
- quelque chose de + 형용사는 '~한 무엇인가'라는 뜻입니다.
- à + le cinéma > au cinéma, à + le théâtre > au théâtre (정관사 축약), que + au théâtre ➔ qu'au théâtre (모음 축약)
- être [에트흐] ~이다, prudent(e) [프휘덩(뜨)] 신중한, fort(e) [포흐(뜨)] 강한, en [엉] ~에, les maths [마뜨] 수학, la chimie [쉬미] 화학, avoir [아부아흐] 가지다, quelque chose [껠끄 쇼즈] 무엇인가, de [드] ~의, cher [쉐흐] 비싼, aller [알레] 가다, souvent [쑤벙] 자주, à [아] ~에, le cinéma [씨네마] 영화관, le théâtre [떼아트흐] 극장

I'm wondering.
I'm feeling.

We have the ability to transform our mental processes.
The value of Meta-Cognition is the training of mind to think.

Section 3. Part 14
Meta-Cognition French

Elle est plus grande que moi.
프랑스어의 비교문과 기수형용사

Fm14+05 La Chine est le pays le plus peuplé du monde.
[라 쉰느 에 르 뻬이 르 쁠뤼 쀠쁠레 뒤 몽드.]
중국은 세계에서 가장 인구가 많은 나라입니다.

Fm14+06 C'est la meilleure route pour Nice.
[쎄 라 메이외흐 후뜨 뿌흐 니쓰.]
이것이 니스로 가는 가장 좋은 길입니다.

Fm14+07 Qui est le meilleur acteur de cette année?
[끼 에 르 메이외흐 악뙤흐 드 쎄 따네?]
올해 최고의 배우는 누구입니까?

Fm14+08 Je vous emmène dans le restaurant le plus cher de ce quartier.
[즈 부 졍멘느 덩 르 헤쓰또헝 르 쁠뤼 쉐흐 드 쓰 꺄흐띠에.]
나는 당신(들)을 이 동네에서 가장 비싼 식당으로 데려가겠습니다.

- du monde ➔ de + le monde 정관사 축약입니다.
- 직접보어 **vous** [부] (당신(들)을)의 위치는 동사 바로 앞입니다.
- **la Chine** [쉰느] 중국, **le pays** [뻬이] 나라, **peuplé** [쀠쁠레] 사람이 사는, **de** [드] ~의, **le monde** [몽드] 세계, **la route** [후뜨] 길/도로, **pour** [뿌흐] ~향해, **qui** [끼] 누구, **l'acteur** [악뙤흐] 배우, **ce/cette** [쓰/쎄뜨] 이/그/저, **l'année** [아네] 해/년, **emmener** [엉므네] 데려가다, **dans** [덩] ~ 안에, **le restaurant** [헤쓰또헝] 식당, **le quartier** [꺄흐띠에] 동네

- **SUMMARIZE** — Determine important ideas!
- **QUESTION** — Ask questions as I read!
- **VISUALIZE** — Create mental images of what I read!
- **CONNECT** — Use what I knew!

Meta-Cognition will make us smarter.

Section 3.
part **14**

Fm14+09
Aujourd'hui, c'est le 25 novembre.
[오주흐뒤, 쎄 르 방-쌍끄 노벙브흐.]
오늘은 11월 25일입니다.

Fm14+10
Je porte du 38.
[즈 뽀흐뜨 뒤 트헝트-위뜨.]
나는 38 사이즈를 입습니다.

Fm14+11
Ça fait 392 Euros.
[싸 페 트호와 썽 꺄트흐-방-두즈흐.]
이것은 392유로입니다.

Fm14+12
C'est le meilleur film de l'année 2017.
[쎄 르 메이외흐 필므 드 라네 두 밀 디-쎄뜨.]
그것은 2017년도 최고의 영화입니다.

- 날짜 앞에는 언제나 정관사 **le** [르]를 붙입니다.
- 사이즈를 표현할 때는 일반적으로 부분관사 **du** [뒤]를 사용합니다.
- **aujourd'hui** [오주흐뒤] 오늘, **c'est** [쎄] ~이다, **vingt-cinq** [방-쌍끄] 25, **novembre** [노벙브흐] 11월, **porter** [뽀흐떼] 입다/착용하다, **du** [뒤] 약간의, **trente-huit** [트헝뜨-위뜨] 38, **ça** [싸] 이것/저것, **faire** [페흐] 하다/값이 나가다, **trois cent quatre-vingt-douze** [트호와 썽 꺄트흐-방-두즈] 392, **l'euro** [으호] 유로, **meilleur** [메이외흐] 더 좋은, **le film** [필므] 영화, **deux mille dix-sept** [두 밀 디-쎄뜨] 2017

 드디어 플러스 '엔딩'!

프랑스의 숫자 체계는 외국인들에게 악몽과도 같습니다. 60+10, 20x4+10... 이라뇨.
같은 프랑스어권이라도 스위스나 벨기에는 훨씬 쉬운 숫자 시스템을 가지고 있습니다.
예를 들어 각 10 단위에 영어처럼 고유한 명칭이 있어서 매번 사칙연산까지 동원할 필요가 없습니다. 프랑스인들은 자신들의 초복잡계 숫자 시스템에 은근히 자부심을 가지고 있습니다. 하지만 현실은 마트 계산대 앞에서 수표책에 금액을 기입할 때 숫자의 철자를 마구 틀려버리는 프랑스인들이 부지기수입니다. 그렇다고 대충 알고 있기엔 내 돈이 날아가는 상황이기 때문에 프랑스어 숫자는 '닥공'하지 않을 수 없습니다!

Meta-Cognition
French
Section 3

The value of Meta-Cognition is the training of mind to think.
We have the ability to transform our mental processes.

We are able to understand our own working minds.

The value of Meta-Cognition is the training of mind to think.
We have the ability to **transform our mental processes**.

Section 3.   Part 15
Je pense que vous avez raison.

[즈 뻥쓰 끄 부 자베 헤종.]
나는 당신(들)이 옳다고 생각합니다.
프랑스어의 접속사와 서수형용사

접속사는 우리들의 문장을 길게 만들어주는 문장력 도우미입니다. 또한 접속사는 문장의 논리를 정돈해주고 세련되게 만들어 줍니다. 섹션 3.의 마지막 파트인 이번 제15과에서는 그동안 학습했던 프랑스어 단문들을 접속사로 연결하여 우리들의 프랑스어를 더욱 유연하고 똑똑하게 만들어보겠습니다. 아울러 순서를 표현할 때 사용하는 프랑스어의 서수형용사도 마무리에서 살펴보겠습니다.

프랑스어의 접속사들!

접속사는 문장을 연결하고 관계를 이어주는 다리입니다.
접속사는 뚝뚝 끊어진 문장들을 유연하게 세련되게 정돈해 줍니다.
프랑스어의 접속사는 2종류가 있습니다. '등위접속사'는 접속사를 기준으로 앞뒤의 말이나 절이 동등한 상태입니다. 이에 비해 '종속접속사'는 한 쪽 절이 다른 쪽 절을 종속시킵니다.
그러니까 종속접속사는 주인이 되는 문장과 주인에게 종속되는 문장 사이의 의미관계를 만들어 주는 접속사입니다.

동등한 등위접속사!

다음은 프랑스어 등위접속사의 대표 선수들입니다.

et
[에] 그리고

mais
[메] 그러나

ou
[우] 또는

car
[꺄흐] 왜냐하면

Fm15-01
Paul est musicien et sa femme est peintre.
[뽈 에 뮈지씨앙 에 싸 팜므 에 빵트흐.]
폴은 음악가이고 그의 아내는 화가입니다.

Fm15-02
Elle est jolie mais elle est méchante.
[엘 레 졸리 메 젤 레 메셩뜨.]
그녀는 예쁘지만 못됐습니다.

Fm15-03
Tu pars ou tu restes?
[뛰 빠흐 우 뛰 헤스뜨?]
너는 떠날 거니 또는 머무를 거니?

Fm15-04
Je rentre car il est trop tard.
[즈 헝트흐 꺄흐 일 레 트호 따흐.]
나는 돌아가겠습니다. 왜냐하면 너무 늦었기 때문입니다.

Section 3. Part 15 — Meta-Cognition French

Je pense que vous avez raison.
프랑스어의 접속사와 서수형용사

- Il est trop tard. 의 il 은 비인칭주어입니다.
- 등위 접속사 ou (또는)과 의문사 où (어디)를 혼동하지 마십시오! 발음은 둘 다 [우]입니다.
- être [에트흐] ~이다/있다, le musicien [뮈지씨앙] 음악가, sa [싸] 그(녀)의, la femme [팜므] 여자/아내, le peintre [빵트흐] 화가, joli(e) [졸리] 예쁜/귀여운, méchant(e) [메셩(뜨)] 심술궂은/못된, partir [빠흐띠흐] 떠나다, rester [헤스떼] 머무르다, rentrer [헝트헤] 돌아가다, trop [트호] 너무, tard [따흐] 늦게

 종속적인 종속접속사!

프랑스어의 종속접속사를 사용하면 우리들의 생각을 더욱 논리적으로 전개할 수 있습니다. 주요 종속접속사 4개를 살펴보겠습니다. 2개씩 세트로 공부하시면 좋습니다.

❶ que [끄] (~하다는 것을) : 가장 중요한 종속접속사입니다. 주로 주어나 목적어 역할을 하는 종속절을 연결합니다. 영어의 that 과 같습니다. que 뒤에 모음이 오는 경우에는 qu' 형태로 '모음축약'이 됩니다.

❷ comme [꼼므] (~해서/~라서) : 이유를 표현합니다. 보통 주절 앞에 씁니다.

Fm15-05
Je pense que vous avez raison.
[즈 뻥쓰 끄 부 자베 헤종.]
나는 당신(들)이 옳다고 생각합니다.

Fm15-06
Je sais qu'il est très occupé.
[즈 쎄 낄 레 트헤 조뀌뻬.]
나는 그가 매우 바쁘다는 것을 알고 있습니다.

Fm15-07
Comme il fait beau, nous sortons dehors.
[꼼므 일 페 보, 누 쏘흐똥 드오흐.]
날씨가 좋아서 우리는 밖으로 나갔습니다.

Fm15-08
Comme il pleut, le spectacle est annulé.
[꼼므 일 쁠르, 르 스뻭따끌르 에 따뉠레.]
비가 와서 공연은 취소되었습니다.

- avoir + 무관사명사로 '감각/생각'을 표현할 수 있습니다.
- 날씨를 표현할 때는 비인칭주어 il 을 사용합니다.
- penser [뻥쎄] 생각하다, avoir [아부아흐] 가지다, la raison [헤종] 이성/판단력, savoir [싸부아흐] 알다, très [트헤] 매우, occupé(e) [오뀌뻬] 바쁜, faire [페흐] 하다, beau [보] 아름다운/멋진, sortir [쏘흐띠흐] 나가다, dehors [드오흐] 밖에, pleuvoir [쁠르부아흐] 비오다, le spectacle [스뻭따끌르] 공연, annulé(e) [아뉠레] 취소된

❸ quand [껑] (~할 때에) : 때를 나타냅니다.

❹ si [씨] (만약에~/~인지 아닌지) : 가정이나 조건을 표현합니다.

Fm15-09
Quand je travaille, j'écoute de la musique.
[껑 즈 트하바이으, 제꾸뜨 드 라 뮈지끄.]
나는 일을 할 때 음악을 듣습니다.

Fm15-10
Quand tu arrives, je pars.
[꺼 뛰 아히브, 즈 빠흐.]
네가 도착할 때 나는 떠나겠어.

Fm15-11
Si vous avez un problème, je peux vous aider.
[씨 부 자베 앙 프호블렘므, 즈 쁘 부 제데.]
만일 당신(들)이 문제가 있다면, 나는 당신(들)을 도울 수 있습니다.

Fm15-12
Je ne sais pas s'il m'aime.
[즈 느 쎄 빠 씰 멤므.]
나는 그가 나를 사랑하는지 아닌지 모르겠습니다.

- 셀 수 없는 명사 앞에는 부분관사(du [뒤] / de la [드 라])를 붙입니다.
- 직접보어 vous [부] (당신을)의 위치는 본동사 바로 앞입니다.
- travailler [트하바이예] 일하다, écouter [에꾸떼] 듣다, de la [드 라] 약간의, la musique [뮈지끄] 음악, arriver [아히베] 도착하다, un [앙] 하나의, le problème [프호블렘므] 문제, pouvoir [뿌부아흐] ~할 수 있다, aider [에데] 돕다, ne ~ pas [느 ~ 빠] ~ 아니다, me [므] 나를, aimer [에메] 사랑하다

Section 3. Part 15 — Meta-Cognition French

Je pense que vous avez raison.
프랑스어의 접속사와 서수형용사

~ que 형 종속접속사!

프랑스어의 종속접속사 중에는 전치사나 부사가 접속사 **que** 에 붙은 형태가 많이 있습니다. 이른바 '~ que 형 종속접속사' 중 가장 중요한 접속사 딱 4가지만 챙기겠습니다!

❶ **parce que** [빠흐쓰 끄] (~이기 때문에) : Pourquoi ~? [뿌흐꾸아] (왜~?)에 대한 답으로 사용하는 표현입니다.

❷ **pendant que** [뻥덩 끄] (~하는 동안에) : 지속을 강조하는 표현입니다.

Fm15-13
Je cours parce que je suis en retard.
[즈 꾸흐 빠흐쓰 끄 즈 쒸 정 흐따흐.]
나는 늦었기 때문에 뜁니다.

Fm15-14
Je porte un manteau parce que j'ai froid.
[즈 뽀흐뜨 앙 멍또 빠흐쓰 끄 줴 프후아.]
나는 춥기 때문에 외투를 입습니다.

Fm15-15
Je garde son chien pendant qu'il est en vacances.
[즈 갸흐드 쏭 쉬앙 뻥덩 낄 레 떵 바껑쓰.]
그가 휴가 중인 동안 나는 그의 개를 돌봅니다.

Fm15-16
Je range la maison pendant qu'il fait les courses.
[즈 헝주 라 메종 뻥덩 낄 페 레 꾸흐쓰.]
그가 장을 보는 동안 나는 집을 정리합니다.

● **être en retard** 늦다/지각하다, **être en vacances** 휴가 중이다.
전치사 **en** [엉]은 상태를 나타냅니다.
● **faire les courses** 장을 보다
● **courir** [꾸히흐] 뛰다, **le retard** [흐따흐] 지각, **porter** [뽀흐떼] 착용하다,
le manteau [멍또] 외투, **le froid** [프후아] 추위, **garder** [갸흐데] 지키다/돌보다,
son [쏭] 그(녀)의, **le chien** [쉬앙] 개, **les vacances** [바껑쓰] 휴가/방학,
ranger [헝제] 정리하다, **la maison** [메종] 집, **les courses** [꾸흐쓰] 쇼핑

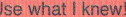

- SUMMARIZE — Determine important ideas!
- QUESTION — Ask questions as I read!
- VISUALIZE — Create mental images of what I read!
- CONNECT — Use what I knew!

Section 3. part 15

Meta-Cognition will make us smarter.

❸ **depuis que** [드쀠 끄] (~한 이래로) : 기원/기점을 표현합니다.

❹ **dès que** [데 끄] (~하자마자/~하면) : 동시성 또는 때를 나타내는 조건을 표현합니다.

Fm15-17
Depuis qu'il fait du sport, il ne fume plus.
[드쀠 낄 페 뒤 스뽀흐, 일 느 퓜므 쁠뤼.]
운동을 한 이래로 그는 더 이상 담배를 피우지 않습니다.

Fm15-18
Depuis que je fais du yoga, je me sens mieux.
[드쀠 끄 즈 페 뒤 요가, 즈 므 썽 미으.]
요가를 한 이래로 나는 기분이 나아졌습니다.

Fm15-19
Dès que j'arrive à la maison, je te téléphone.
[데 끄 자히브 아 라 메종, 즈 뜨 뗄레폰느.]
내가 집에 도착하자마자 너에게 전화할게.

Fm15-20
Dès que je termine mon travail, j'y vais.
[데 끄 즈 떼흐민느 몽 트하바이, 지 베.]
나는 일이 끝나자마자 가겠습니다.

● **faire du sport** (운동하다) / **faire du yoga** (요가하다) **du** [뒤]는 셀 수 없는 명사 앞에 붙이는 부분관사 남성형입니다.
● **j'y** 는 **je + y** 의 모음축약형. 중성대명사 **y** [이] (거기에)는 불특정한 장소를 표현합니다.
● **le sport** [스뽀흐] 운동, **ne ~ plus** [느 ~ 쁠뤼] 더 이상 ~ 아니다, **fumer** [퓨메] 흡연하다, **le yoga** [요가] 요가, **se sentir** [쓰 썽띠흐] 느끼다, **mieux** [미으] 더 잘/더 좋게, **à** [아] ~에, **te** [뜨] 너에게, **téléphoner** [뗄레포네] 전화하다, **terminer** [떼흐미네] 끝내다, **mon** [몽] 나의, **le travail** [트하바이] 일, **aller** [알레] 가다

 프랑스어의 서수형용사!

프랑스어의 '서수형용사'로 제15과를 마무리 하겠습니다.
서수형용사는 첫 번째, 두 번째 ... 등의 순서를 말할 때 쓰는 표현입니다. 영어의 서수를 **-th** 를 붙여 만들듯이, 프랑스어의 서수는 기본적으로 기수형용사에 **-ième** [-이엠므]를 붙여 만듭니다.
숫자 1 (**un**)의 서수는 **premier** [프흐미에] (첫 번째)이고,
여성형은 **première** [프흐미에흐]입니다.

Section 3. Part 15
Meta-Cognition French

Je pense que vous avez raison.
프랑스어의 접속사와 서수형용사

숫자 2 (**deux**)의 서수는 **deuxième** [두지엠므] / **second** [스공] 두 가지이며, **second** 의 여성형은 **seconde** [스공드]입니다. 나머지 서수는 성구별이 없습니다.
서수를 숫자로 표시할 때는 **1er (1ère)**, **2e**, **3e** ... 처럼 **e(r)** 를 오른쪽에 윗첨자로 표시합니다.

1er (1ère)	premier (première) [프흐미에(프흐미에흐)]		2^e	deuxième/second(e) [두지엠므 / 스공(드)]
3^e	troisième [트후아지엠므]		4^e	quatrième [꺄트히엠므]
5^e	cinquième [쌍끼엠므]		6^e	sixième [씨지엠므]
7^e	septième [쎄티엠므]		8^e	huitième [위티엠므]
9^e	neuvième [뇌비엠므]		10^e	dixième [디지엠므]

철자 유의사항이 있습니다! 서수 **4e / 5e / 9e** 를 주목해주십시오! 숫자의 마지막 어미가 **-e** 로 끝나면 **-e** 삭제하고, **-q** 로 끝나면 **u** 를 추가하고, **-f** 는 **-v** 로 바꾼 후에 **-ième** 를 붙입니다.

Fm15-21
Il habite au troisième étage.
[일 라비 또 트후아지엠므 에따주.]
그는 4층에 살고 있습니다.

Fm15-22
Il remporte le premier prix.
[일 헝뽀흐뜨 르 프흐미에 프히.]
그는 1등상을 탑니다.

Fm15-23
Ils sont au cinquième rang.
[일 쏭 또 쌍끼엠므 헝.]
그들은 5번째 줄에 있습니다.

Fm15-24
Le rayon vêtements est au deuxième étage.
[르 헤이옹 베뜨멍 에 또 두지엠므 에따주.]
의류매장은 3층에 있습니다.

● 프랑스에서는 1층을 **rez-de-chaussée** [헤-드-쇼쎄]라고 따로 부릅니다. 그래서 우리의 2층이 프랑스인들에게는 1층(**le premier étage**)인 셈입니다.
● **à + le → au** [오]로 관사가 축약됩니다. **au troisième étage / au cinquième rang** 등
● **habiter** [아비떼] 살다/거주하다, **l'étage** [에따주] 층, **remporter** [헝뽀흐떼] 획득하다, **le prix** [프히] 상/가격, **le rang** [헝] 줄/열, **le rayon** [헤이옹] 매장/코너, **les vêtements** [베뜨멍] 의류

- SUMMARIZE — Determine important ideas!
- QUESTION — Ask questions as I read!
- VISUALIZE — Create mental images of what I read!
- CONNECT — Use what I knew!

Meta-Cognition will make us smarter.

Section 3. part 15

Section 3.   Part 15+
프랑스어 회화능력 단련장

(이 책 전체를 가볍고 빠르게 일독하실 분은 이번 코너를 살짝! 스킵하셔도 됩니다.)

접속사는 상황을 논리적으로 연결하는 중요한 고리입니다. 접속사를 사용하여 우리의 프랑스어 문장을 더욱 정연하게 정리할 수 있습니다. 이와 함께 따라오는 세련됨은 덤입니다!

Fm15+01
Il est beau et intelligent.
[일 레 보 에 앙뗄리정.]
그는 잘생기고 똑똑합니다.

Fm15+02
Elle n'est pas belle, mais elle est charmante.
[엘 네 빠 벨르, 메 엘 레 샤흐멍뜨.]
그녀는 아름답지는 않지만 매력적입니다.

Fm15+03
C'est tout ou rien.
[쎄 뚜 우 히앙.]
그것은 전부 아니면 무(無)입니다.

Fm15+04
Je ferme la fenêtre car il vente.
[즈 페흐므 라 프네트흐 꺄흐 일 벙뜨.]
바람이 불어서 나는 창문을 닫습니다.

- **C'est tout ou rien.** 는 영어의 **It's all or nothing.** 과 같은 구조입니다.
- 날씨를 표현할 때는 비인칭주어 **il** 을 사용합니다.
- **être** [에트흐] ~이다, **beau/belle** [보/벨르] 아름다운, **intelligent(e)** [앙뗄리정(뜨)] 똑똑한, **ne ~ pas** [느 ~ 빠] ~ 아니다, **charmant(e)** [샤흐멍(뜨)] 매력적인, **c'est** [쎄] 그것은 ~이다, **tout** [뚜] 전부, **rien** [히앙] 아무것도, **fermer** [페흐메] 닫다, **la fenêtre** [프네트흐] 창문, **venter** [벙떼] 바람 불다

I'm wondering.
I'm feeling.

The value of Meta-Cognition is the training of mind to think.
We have the ability to transform our mental processes.

Section 3. | Part 15 | Meta-Cognition French

Je pense que vous avez raison.
프랑스어의 접속사와 서수형용사

We are able to understand our own working minds.

Fm15+05
Je pense que c'est mieux.
[즈 뻥쓰 끄 쎄 미으.]
나는 그것이 더 좋다고 생각합니다.

Fm15+06
Il trouve qu'elle est aimable.
[일 트후브 껠 레 떼마블르.]
그는 그녀가 다정하다고 생각합니다.

Fm15+07
Je crois que oui.
[즈 크후아 끄 위.]
나는 맞다고 생각합니다.

Fm15+08
Tout le monde sait qu'il aime Sophie.
[뚜 르 몽드 쎄 낄 렘므 쏘피.]
모든 사람들은 그가 소피를 사랑한다는 것을 압니다.

● **Je crois que oui.** [즈 크후아 끄 위.] '나는 네라고 생각합니다.'
즉 '나는 맞다고 생각합니다.'입니다.
● **tout le monde** [뚜 르 몽드] (모든 사람들)은 3인칭 단수로 취급합니다.
● **penser** [뻥쎄] 생각하다, **mieux** [미으] 더 잘/더 좋게, **trouver** [트후베] 생각하다, **aimable** [에마블르] 다정한/사랑스러운, **croire** [크후아흐] 믿다/생각하다, **oui** [위] 네, **tout** [뚜] 모든, **le monde** [르 몽드] 세계/사람들, **savoir** [싸부아흐] 알다, **aimer** [에메] 사랑하다/좋아하다

우리들 중의 '프랑스어 회화능력자'를 위하여!

취업면접/이력서/자격시험 등에 대비하여 좀 더 다양한 회화예문이 필요하시면 웹하드에서 아이디 **bookersbergen**, 비번 **9999**로 로그인하고, 내려받기 폴더에서 국가대표 프랑스어 회화능력자 **Pattern 073**, **Pattern 078~080**을 다운로드하십시오. (다운로드는 무료!)
나에게 당장 필요한 문장을 골라 반복적으로 청취하여 '내 문장'으로 만듭시다!

Section 3. part 15

Meta-Cognition will make us smarter.

Fm15+09
Comme je suis malade, je rentre tôt.
[꼼므 즈 쒸 말라드, 즈 헝트흐 또.]
나는 아파서 일찍 돌아갑니다.

Fm15+10
Dès qu'il finit son travail, il sort du bureau.
[데 낄 피니 쏭 트하바이, 일 쏘흐 뒤 뷔호.]
그는 자기 일을 끝내자마자 사무실에서 나갑니다.

Fm15+11
Je cours parce que je suis pressé(e).
[즈 꾸흐 빠흐쓰 끄 즈 쒸 프헤쎄.]
나는 바쁘기 때문에 뜁니다.

Fm15+12
Elle lit un livre pendant que le bébé dort.
[엘 리 앙 리브흐 뻥떵 끄 르 베베 도흐.]
아기가 자는 동안에 그녀는 책을 읽습니다.

● **sortir de ~** 는 '~로부터 나가다'입니다. **du bureau ➔ de + le bureau** [뷔호] (사무실)의 관사축약 형태입니다.
● **malade** [말라드] 아픈, **rentrer** [헝트헤] 돌아가다, **tôt** [또] 일찍, **finir** [피니흐] 마치다, **son** [쏭] 그의, **le travail** [트하바이] 일, **sortir** [쏘흐띠흐] 나가다, **de** [드] ~로부터, **le bureau** [뷔호] 사무실, **courir** [꾸히흐] 달리다, **pressé(e)** [프헤쎄] 바쁜, **lire** [리흐] 읽다, **un** [앙] 하나의, **le livre** [리브흐] 책, **le bébé** [베베] 아기, **dormir** [도흐미흐] 자다

 드디어 플러스 '엔딩'!

잠깐만요! 종속접속사 앞뒤의 문장들을 다시 한번 보십시오! 모두 앞에서 배운 문장들로 새로운 내용은 전혀 없습니다. 우리가 공부했던 짧은 문장들이 종속접속사로 연결되면서 근사한 의미관계를 만들어낸 것입니다. 결국 한 단원씩 배우고 있는 문법 사항들은 우리의 프랑스어 수준을 직각 수준으로 방향을 틀어 한 단계 상승시켜주고 있습니다!

 마침내 섹션 3. 마무리!

우리는 이번 섹션 3.에서 프랑스어 문장의 디테일을 다듬었습니다. 형용사의 다이나믹한 변신을 확인했고, 문법의 예외사항 중 많은 경우가 발음의 부드러운 연결에 집착하는 프랑스어의 고유성 때문이라는 사실도 알게 되었습니다. 이제 우리는 프랑스어의 기초를 튼튼한 구조로 세우고, 구석구석을 다채롭게 꾸밀 수 있게 되었습니다. 우리의 프랑스어 학습은 7부 능선을 넘었습니다.

● **Section 3. Meta 총정리 코너!**

이번 섹션의 각 5과에 대해서 우리의 생각 속에 남아 있는 내용을 3가지로 요약하는 코너입니다. 문법내용을 생각나는 대로 자유롭게 이야기해보세요!

Section 3. Part 11
J'ai un chat noir.
프랑스어 형용사의 성수

❶

❷

❸

Section 3. Part 12
La fille aime ses parents.
프랑스어의 소유형용사/지시형용사/의문형용사

❶

❷

❸

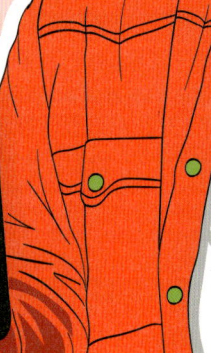
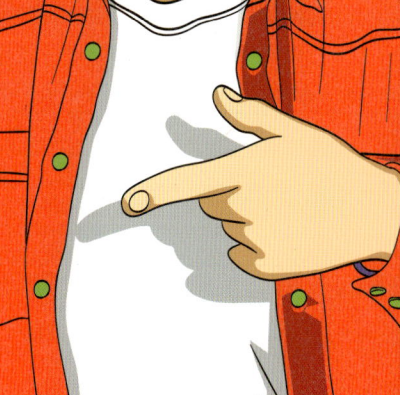

● SUMMARIZE ● QUESTION ● VISUALIZE ● CONNECT
Determine important ideas! Ask questions as I read! Create mental images of what I read! Use what I knew!

We are able to understand our own working minds.

Section 3. Part 13
Elle habite en France.
프랑스어의 전치사와 의문부사

❶
❷
❸

Section 3. Part 14
Elle est plus grande que moi.
프랑스어의 비교문과 기수형용사

❶
❷
❸

I'm wondering.

Section 3. Part 15
Je pense que vous avez raison.
프랑스어의 접속사와 서수형용사

❶
❷
❸

I'm feeling.

We have the ability to transform our mental processes.

The value of Meta-Cognition is the training of mind to think

The value of Meta-Cognition is the training of mind to think.
We have the ability to transform our mental processes.

Meta-Cognition French Section 4.

Section 4. Info

이번 섹션 4.의 테마는 '프랑스어의 시제'입니다.
이제 우리의 프랑스어 문장은 타임머신을 타고 과거로, 미래로 날아갑니다.
그런데 말입니다! 프랑스어는 무려 8가지 시제가 있습니다.
'현재/미래/전미래/복합과거/단순과거/반과거/대과거/전과거' 입니다.
이 중에서 일상생활에서 가장 많이 사용하는 시제는 현재와 복합과거, 반과거 그리고 미래입니다.
이제부터 우리의 프랑스어는 자주 사용하는 주요 시제를 중심으로 시간여행을 떠납니다.

We are able to understand our own working minds.

- **SUMMARIZE**
  Determine important ideas!

- **QUESTION**
  Ask questions as I read!

- **VISUALIZE**
  Create mental images of what I read!

- **CONNECT**
  Use what I knew!

We have the ability to transform our mental processes.

The value of **Meta-Cognition** is the training of mind to think.

213

Section 4. Part 16
Je serai artiste.
[즈 쓰헤 아흐띠스뜨.]
나는 예술가가 될 것입니다.

프랑스어의 미래

프랑스어의 시제 그 첫번째 시간으로 앞으로 일어날 것을 표현하는 '미래' (le futur) [퓌뛰흐]를 살펴보겠습니다. 프랑스어 미래시제는 기본적으로 동사의 어미를 변화시켜 간단히 표현할 수 있습니다. 아울러 미래 사실을 나타내는 또다른 방법들도 알아보겠습니다.
우리의 프랑스어의 미래가 어떻게 전개될지, 지금부터 확인해보겠습니다.

프랑스어의 미래시제!

프랑스어의 '미래시제'는 기본적으로 2가지가 있습니다.
첫 번째는 현재 기준으로 미래의 사실을 표현하는 '미래' (**le future**) [퓌뛰흐])와
두 번째는 미래의 어떤 일보다 먼저 완료될 사실을 표현하는 '전미래' (**le future antérieur**) [퓌뛰흐 엉떼히외흐]입니다. '미래'는 단순히 동사의 어미만 변화시켜서 표현한다고 해서 '단순미래' (**le future simple**) [퓌뛰흐 쌍쁠르]라고 부르기도 합니다. 미래시제를 알면 미래완료시제는 아주 간단히 해결할 수 있습니다. (프랑스어의 완료시제들은 제20과에서 한꺼번에 다루겠습니다.)
아울러 **aller** [알레](가다) 동사를 이용해서 표현할 수 있는 '근접미래'도 이어서 살펴보겠습니다.

프랑스어 미래시제의 제작법!

프랑스어의 '미래'를 만드는 방법은 간단합니다.
주로 '동사원형 + 미래규칙어미'로 만듭니다.
동사원형이 어간이 되니 미래를 만드는 규칙어미만 알면 됩니다.
각 인칭별 프랑스어 미래의 규칙어미는 다음과 같습니다.

프랑스어의 미래 규칙어미

	동사어미		동사어미
je [즈] 나	**-ai** [-아이]	**nous** [누] 우리들	**-ons** [-오엔에쓰]
tu [뛰] 너	**-as** [-아에쓰]	**vous** [부] 당신(들)	**-ez** [-으제드]
il [일] 그	**-a** [-아]	**ils** [일] 그들	**-ont** [-오엔떼]

자, 이제 1군/2군 규칙동사와 3군 불규칙동사의 대표 선수들을 불러내서 확인을 해봅시다.
visiter [비지떼](방문하다), **finir** [피니흐] (끝내다/마치다), **prendre** [프헝드흐] (취하다/먹다/타다)의 인칭변화를 살펴보겠습니다.

Section 4. Part 16 — Meta-Cognition French

Je serai artiste.
프랑스어의 미래

We are able to understand **our own working minds**.

	visiter	finir	prendre
Je [즈]	visiterai 비지뜨헤	finirai 피니헤	prendrai 프헝드헤
Tu [뛰]	visiteras 비지뜨하	finiras 피니하	prendras 프헝드하
Il [일]	visitera 비지뜨하	finira 피니하	prendra 프헝드하
Nous [누]	visiterons 비지뜨홍	finirons 피니홍	prendrons 프헝드홍
Vous [부]	visiterez 비지뜨헤	finirez 피니헤	prendrez 프헝드헤
Ils [일]	visiteront 비지뜨홍	finiront 피니홍	prendront 프헝드홍

프랑스어 동사원형이 주로 **-r** 로 끝나기 때문에 규칙어미를 붙인 미래시제 동사의 발음은 [-헤-하-하, -홍-헤-홍] 등으로 격한 소리가 납니다. 문장을 들을 때 '아! 미래구나!' 하고 단박에 눈치챌 수 있는 중요한 팁이 되기도 합니다. 동사원형의 어미가 **-re** 로 끝나는 경우에는 마지막 **-e** 를 떼어 버리고 규칙어미를 붙여 격한 소리를 유지합니다.

Fm16-01
Je visiterai le musée du Louvre.
[즈 비지뜨헤 르 뮈제 뒤 루브흐.]
나는 루브흐 박물관을 방문할 것입니다.

Fm16-02
Je finirai mon travail ce soir.
[즈 피니헤 몽 트하바이 쓰 수아흐.]
나는 나의 일을 오늘 저녁에 끝낼 것입니다.

Fm16-03
Il prendra le train à la gare du Nord.
[일 프헝드하 르 트항 아 라 갸흐 뒤 노흐.]
그는 북(北)역에서 기차를 탈 것입니다.

Fm16-04
Nous prendrons le déjeuner ensemble.
[누 프헝드홍 르 데즈네 엉썽블르.]
우리는 함께 점심식사를 할 것입니다.

- SUMMARIZE — Determine important ideas!
- QUESTION — Ask questions as I read!
- VISUALIZE — Create mental images of what I read!
- CONNECT — Use what I knew!

Section 4. part 16

● We are able to understand **our own working minds**.

● de + le ➔ du 관사축약 형태입니다. (de + le Louvre ➔ du Louvre / de + le Nord ➔ du Nord)
● 지시형용사 뒤에 시간을 나타내는 명사가 오면 현재를 기준으로 가까운 때를 의미합니다.
ce matin [쓰 마땅] 오늘 아침 / ce soir [쓰 수아흐] 오늘 저녁 / cet après-midi [쎄 따프헤-미디] 오늘 오후, cette nuit [쎄뜨 뉘] 오늘 밤
● le musée [뮈제] 박물관, mon [몽] 나의, le travail [트하바이] 일, ce [쓰] 이/그/저, le soir [수아흐] 저녁, le train [트항] 기차, à [아] ~에, la gare [갸흐] 역, le nord [노흐] 북쪽, le déjeuner [데즈네] 점심식사, ensemble [엉썽블르] 함께

일부 불규칙동사들 중에는 미래형 어간 형태가 불규칙하게 변화하는 것이 있습니다.
미래형 어미는 규칙어미(-ai-as-a, -ons-ez-ont) 그대로이나 어간의 형태가 달라지는 경우입니다.
불규칙 미래어간을 가지는 주요 동사 8개를 정리했습니다. 대표로 1인칭 단수형만 표기했습니다.
(être [에트흐] ~이다, avoir [아부아흐] 가지다, aller [알레] 가다, venir [브니흐] 오다, savoir [싸부아흐] 알다, vouloir [불루아흐] 원하다, pouvoir [뿌부아흐] 할 수 있다, faire [페흐] 하다)

être	➔ je serai [즈 쓰헤]	savoir	➔ je saurai [즈 쏘헤]
avoir	➔ j'aurai [조헤]	vouloir	➔ je voudrai [즈 부드헤]
aller	➔ j'irai [지헤]	pouvoir	➔ je pourrai [즈 뿌헤]
venir	➔ je viendrai [즈 비앙드헤]	faire	➔ je ferai [즈 프헤]

Fm16-05
Je serai artiste.
[즈 쓰헤 아흐띠스뜨.]
나는 예술가가 될 것입니다.

Fm16-06
J'aurai une petite voiture.
[조헤 윈느 쁘띠뜨 부아뛰흐.]
나는 작은 자동차를 하나 가질 것입니다.

Fm16-07
Elle ira à Paris pour ses études.
[엘 리하 아 빠히 뿌흐 쎄 제뛰드.]
그녀는 그녀의 학업을 위해 파리에 갈 것입니다.

Fm16-08
Qu'est-ce que tu feras pendant les vacances?
[께-쓰 끄 뛰 프하 뻥덩 레 바껑쓰?]
너는 방학 동안 무엇을 할 거니?

• I'm wondering.
• I'm feeling.

We have the ability to transform our mental processes.

The value of Meta-Cognition is the training of mind to think.

Section 4. Part 16 — Meta-Cognition French

Je serai artiste.
프랑스어의 미래

We are able to understand **our own working minds**.

● 전치사 pour [뿌흐] (~를 위해) 뒤에 동사원형이 오면 '~을 하기 위해'입니다.
pour continuer ses études [뿌흐 꽁띠뉘에 쎄 제뛰드] 그(녀)의 학업을 계속하기 위해
● **l'artiste** [아흐띠스뜨] 예술가, **une** [윈느] 하나의/어떤, **petit(e)** [쁘띠(뜨)] 작은,
la voiture [부아뛰흐] 자동차, **pour** [뿌흐] ~위해, **ses** [쎄] 그(녀)의, **l'étude** [에뛰드] 공부,
qu'est-ce que [께-쓰 끄] 무엇을, **pendant** [뻥덩] ~동안에, **les vacances** [바껑쓰] 방학/휴가

 프랑스어 미래를 달리는 또 다른 방법!

동사를 미래형으로 바꾸는 대신에 미래시제를 표현할 수 있는 두 가지 방법이 더 있습니다.
초간단한 방식이어서 회화에서 자주 사용합니다. 그러니 꼭 알아두셨으면 좋겠습니다.

❶ 현재형으로 미래 표현

그냥 현재형으로 말하지만 맥락상 딱! 미래라고 이해할 수 있는 방법입니다.
미래를 나타내는 부사(구) 등을 함께 사용하면 더욱 분명해집니다. 사실 회화체에서는 정식 미래형보다 이와 같이 현재형으로 미래를 표현하는 방법을 더 일상적으로 사용하고 있습니다.

Fm16-09
Il arrive bientôt.
[일 라히브 비앙또.]
그는 곧 도착할 것입니다.

Fm16-10
Demain, je prends l'avion pour Paris.
[드망, 즈 프헝 라비옹 뿌흐 빠히.]
내일 나는 파리행 비행기를 탈 것입니다.

Fm16-11
Le film commence dans dix minutes.
[르 필므 꼬멍쓰 덩 디 미뉘뜨.]
10분 후에 영화가 시작할 것입니다.

Fm16-12
Nous allons à la mer dimanche prochain.
[누 잘롱 아 라 메흐 디멍슈 프호샹.]
우리는 다음 일요일에 바다에 갈 것입니다.

- 시간 앞의 전치사 **dans** 은 '~후에'라는 뜻입니다. **dans dix minutes** (10분 후에)
- **cinq** [쌍끄] (5), **six** [씨쓰] (6), **huit** [위뜨] (8), **dix** [디쓰] (10) 뒤에 자음이 오면 마지막 자음은 발음하지 않습니다.
- **arriver** [아히베] 도착하다, **bientôt** [비앙또] 곧, **demain** [드망] 내일, **prendre** [프헝드흐] 타다, **l'avion** [라비옹] 비행기, **pour** [뿌흐] ~향해, **le film** [필므] 영화, **commencer** [꼬멍쎄] 시작하다, **dix** [디쓰] 10, **la minute** [미뉘뜨] 분, **aller** [알레] 가다, **la mer** [메흐] 바다, **le dimanche** [디멍슈] 일요일, **prochain(e)** [프홍(프호쉔느)] 다음의

❷ 근접미래

동사 **aller** [알레] (가다)를 이용해서 미래를 표현하는 방법이 있습니다.
이것을 '근접미래'라고 합니다.
명칭이 근접미래라고 해서 현재 시점에서 몇 분 후, 몇 시간 후까지 일어날 행위만 말할 수 있다고 딱 정해둔 것은 물론 아닙니다. 말하는 사람이 가까운 미래/비교적 확실한 사실이라고 판단했다면 사용할 수 있습니다. 주관적 표현인 것이죠.
제작법은 간단합니다! '**aller** + 동사원형'입니다. 간단해서 회화에서 인기 있습니다.
이때 **aller** 동사는 '가다'라는 의미는 없어지고, 본 동사의 의미를 돕는 준조동사처럼 사용됩니다.
(불규칙동사 **aller** 의 인칭변화는 **je vais-tu vas-il va-nous allons-vous allez-ils vont** 입니다.)

Fm16-13
Je vais travailler avec Paul.
[즈 베 트하바이예 아베끄 뽈.]
나는 폴과 함께 일할 것입니다.

Fm16-14
Il va sortir tout de suite.
[일 바 쏘흐띠흐 뚜 드 쉬뜨.]
그는 곧 나갈 것입니다.

Fm16-15
Nous allons habiter à Londres.
[누 잘롱 자비떼 아 롱드흐.]
우리는 런던에서 살 것입니다.

Fm16-16
Qu'est-ce que vous allez faire ce samedi?
[께-쓰 끄 부 잘레 페흐 쓰 쌈디?]
당신(들)은 이번 토요일에 무엇을 할 것입니까?

The value of Meta-Cognition is the training of mind to think.
We have the ability to **transform our mental processes**.

Section 4. Part 16 — Meta-Cognition French
Je serai artiste.
프랑스어의 미래

We are able to understand **our own working minds**.

● **tout de suite** [뚜 드 쒸뜨] (곧/즉시)는 숙어표현입니다.
● '지시형용사 + 때를 나타내는 명사'는 현재를 기준으로 가까운 그 때를 의미합니다.
ce samedi [쓰 쌈디] 이번 토요일, **ce mois** [쓰 모아] 이번 달, **cette semaine** [쎄뜨 스멘느] 이번 주, **cette année** [쎄 따네] 금년/올해
● **travailler** [트하바이예] 일하다, **avec** [아베끄] 함께, **sortir** [쏘흐띠흐] 나가다, **habiter** [아비떼] 살다, **à** [아] ~에, **Londres** [롱드흐] 런던, **faire** [페흐] 하다, **ce** [쓰] 이/그/저, **le samedi** [쌈디] 토요일

 프랑스어 주요 시간표현 정리!

앞으로 계속될 프랑스어 문장의 시간 여행을 제대로 도와줄 핵심 시간 표현을 모았습니다.
'오늘'도, '내일'도, '지금'도, '나중에'도 우리의 프랑스어는 발전을 이어갈 것입니다!

hier
[이에흐] 어제

aujourd'hui
[오주흐뒤] 오늘

demain
[드망] 내일

déjà
[데자] 이미/벌써

maintenant
[망뜨넝] 지금

plus tard
[쁠뤼 따흐] 나중에

encore
[엉꼬흐] 아직

toujours
[뚜주흐] 항상/언제나

bientôt
[비앙또] 곧/즉시

 마무리 '꿀팁'!

실제로 프랑스인의 대화를 들어보면 미래표현은 근접미래나 현재형에 부사를 적절히 섞어 사용하는 경우가 많습니다. 그렇다고 (단순)미래를 무시해도 된다는 뜻은 절대 아닙니다. 다만 어미변화로 만드는 미래형은 다소 막연한 미래 사실에 대해 '~할 것입니다'라는 느낌이라면, 근접미래나 현재로 표현하는 미래는 '~할 거야/~하겠어'처럼 좀 더 경쾌하고 발랄합니다. 상황에 맞는 적절한 방식으로 미래를 말하는 것이 우리의 프랑스어 센스입니다!

- SUMMARIZE — Determine important ideas!
- QUESTION — Ask questions as I read!
- VISUALIZE — Create mental images of what I read!
- CONNECT — Use what I knew!

We are able to understand **our own working minds**.

Section 4. part 16

Section 4.   Part 16+
프랑스어 회화능력 단련장

(이 책 전체를 가볍고 빠르게 일독하실 분은 이번 코너를 살짝! 스킵하셔도 됩니다.)

미래시제를 이용해서 우리들의 미래 행동/의지/장래 희망/계획과 예측 등을 표현할 수 있습니다. 동사의 미래형 어미가 만드는 격음에 유의하면서 문장을 반복하시기 바랍니다.

Fm16+01 **Je regarderai la télévision.**
[즈 흐갸흐드헤 라 뗄레비지옹.]
나는 텔레비젼을 볼 것입니다.

Fm16+02 **Demain, je parlerai au professeur.**
[드망, 즈 빠흘르헤 오 프호페쐬흐.]
내일 나는 선생님께 말할 것입니다.

Fm16+03 **Nous dirons la vérité.**
[누 디홍 라 베히떼.]
우리는 진실을 말할 것입니다.

Fm16+04 **Je n'oublierai rien.**
[즈 누블리으헤 히앙.]
나는 아무것도 잊지 않을 것입니다.

- au professeur ➜ à + le professeur 관사 축약형태입니다.
- 부정대명사 **rien** (아무것도)를 이용한 부정문 **ne ~ rien** 은 '아무것도 ~않다' 입니다.
- **regarder** [흐갸흐데] 보다, **la télévision** [뗄레비지옹] 텔레비젼, **le demain** [드망] 내일, **parler** [빠흘레] 말하다, **à** [아] ~에게, **le professeur** [프호페쐬흐] 선생님, **dire** [디흐] 말하다, **la vérité** [베히떼] 진실, **ne ~ rien** [느 ~ 히앙] 아무것도~않다, **oublier** [우블리에] 잊다

The value of Meta-Cognition is the training of mind to think.
We have the ability to **transform our mental processes.**

Section 4. Part 16 — Meta-Cognition French

Je serai artiste.
프랑스어의 미래

We are able to understand **our own working minds.**

Fm16+05
Qu'est-ce que vous ferez?
[께-쓰 끄 부 프헤?]
당신(들)은 무엇을 할 것입니까?

Fm16+06
Je serai cusinière.
[즈 쓰헤 뀌지니에흐.]
나는 요리사가 될 것입니다.

Fm16+07
Elle sera présentatrice.
[엘 쓰하 프헤정따트히쓰.]
그녀는 아나운서가 될 것입니다.

Fm16+08
Je serai mince.
[즈 쓰헤 망쓰.]
나는 날씬해질 것입니다.

- **faire** [페흐] (~하다)의 미래형 어간은 **fer-** 입니다.
(je ferai, tu feras, il fera, nous ferons, vous ferez, ils feront)
- 직업/국적은 관사 없이 사용합니다.
- **Je serai** + 명사/형용사.는 '나는 ~될 것이다.'입니다.
명사와 형용사는 주어의 성별에 일치시켜야 합니다.
- **qu'est-ce que** [께-쓰 끄] 무엇을?, **faire** [페흐] ~하다, **être** [에트흐] ~이다,
le cusinier (la cusinière) [뀌지니에(흐)] 요리사, **le présentateur (la présentatrice)**
[프헤정따뙤흐(프헤정따트히쓰)] 아나운서, **mince** [망쓰] 날씬한

우리들 중의 '프랑스어 회화능력자'를 위하여!

취업면접/이력서/자격시험 등에 대비하여 좀 더 다양한 회화예문이 필요하시면
웹하드에서 아이디 **bookersbergen**, 비번 **9999**로 로그인하고, 내려받기 폴더에서
국가대표 프랑스어 회화능력자 **Pattern 138~139**를 다운로드하십시오.
(다운로드는 무료!)
나에게 당장 필요한 문장을 골라 반복적으로 청취하여 '내 문장'으로 만드십시오!

- SUMMARIZE Determine important ideas!
- QUESTION Ask questions as I read!
- VISUALIZE Create mental images of what I read!
- CONNECT Use what I knew!

Section 4.
part 16

● We are able to understand **our own working minds**.

Fm16+09
Je vais aller à la piscine.
[즈 베 잘레 아 라 삐씬느.]
나는 수영장에 갈 것입니다.

Fm16+10
Il va pleuvoir bientôt.
[일 바 쁠르부아흐 비앙또.]
곧 비가 올 것입니다.

Fm16+11
Nous allons déménager le mois prochain.
[누 잘롱 데메나제 르 모아 프호샹.]
우리는 다음 달에 이사갈 것입니다.

Fm16+12
Je vais essayer encore une fois.
[즈 베 제쎄이예 엉꼬흐 윈느 푸아.]
나는 한 번 더 시도할 것입니다.

- Je vais aller. (나는 갈 것입니다.)는 Je vais. (나는 갑니다.)의 근접미래형입니다.
- 날씨를 표현할 때는 비인칭 주어 **il** 을 사용합니다.
- **aller** [알레] 가다, **à** [아] ~에, **la piscine** [삐씬느] 수영장, **pleuvoir** [쁠르부아흐] 비오다, **bientôt** [비앙또] 곧/즉시, **déménager** [데메나제] 이사하다, **le mois** [모아] 달/월, **prochain(e)** [프호샹(프호셴느)] 다음의, **essayer** [에쎄이예] 시도하다, **encore** [엉꼬흐] 게다가/여전히, **une** [윈느] 하나의, **la fois** [푸아] 회/번

● I'm wondering.
● I'm feeling.

 드디어 플러스 '엔딩'!

질문을 하나 드리겠습니다. **Pourquoi apprenez-vous le français?** [뿌흐꾸아 아프흐네-부 르 프헝쎄?] (당신은 왜 프랑스어를 배웁니까?) 이 질문에 대한 대답을 모두 미래표현으로 만들어 보세요. '나는 프랑스로 여행을 갈 것입니다.', '나는 프랑스에서 공부할 것입니다.', '나는 프랑스 친구와 대화할 것입니다.', '나는 프랑스 노래를 부를 것입니다.', '나는 프랑스 영화를 볼 것입니다.' … 수십 가지의 이유를 찾을 수 있을 것입니다.
미래표현을 공부한 덕분에 우리는 우리의 미래에 대해 한없이 말할 수 있게 되었습니다.

The value of Meta-Cognition is the training of mind to think
We have the ability to **transform our mental processes**.

Meta-Cognition
French section 4

We are able to understand our own working minds.

The value of Meta-Cognition is the training of mind to think.
We have the ability to **transform our mental processes**.

Section 4. Part 17
J'écoute de la musique en travaillant.

[제꾸뜨 드 라 뮈지끄 엉 트하바이영.]
나는 일하면서 음악을 듣습니다.

프랑스어 현재분사와 제롱디프 그리고 과거분사

이번 과의 주제는 분사입니다. 프랑스어에는 현재분사와 과거분사가 있습니다.
동사의 활용형인 분사는 동사와 형용사의 멀티플한 기능을 가지고 있습니다.
특히 현재분사를 이용한 '제롱디프' (**le gérondif**)는 '동시동작'을 표현할 수 있습니다.
더불어 과거시제의 핵심 요소인 '과거분사'를 위한 간단한 몸풀기도 해보겠습니다.

We are able to understand our own working minds.

 프랑스어의 분사!

역할을 나누어 맡는다고 해서 분사(分詞)입니다.
분사란 기본적으로 동사의 활용형인데 형용사 기능을 탑재하고 있습니다.
프랑스어로 분사를 **participe** [빠흐띠씨쁘]라고 합니다. 동사 **participer** [빠흐티씨뻬] (참여하다)
에서 기원한 말입니다. 동사와 형용사의 기능에 동시에 참여한다는 뜻에서 붙여진 이름입니다.
프랑스어에는 현재분사와 과거분사가 있습니다.
이번 과에서는 현재분사에 더 집중할 텐데요, 특히 영어의 동명사와 명칭은 비슷하지만
용법은 조금 다른 프랑스어의 제롱디프 (**gérondif**) 활용법을 통해 '동시동작'(~하면서)가
어떻게 표현되는지 알아보겠습니다.
더불어 복합시제를 만들기 위해서 반드시 알아둬야 할 과거분사 제작법도
간단히 살펴보도록 하겠습니다.

 프랑스어 현재분사 제조법!

프랑스어 현재분사를 만드는 방법은 간단합니다. 동사의 1인칭 복수형 **nous** 의 현재형에서
규칙어미 **-ons** 를 떼어버리고 **-ant** 를 붙이면 해결됩니다.
영어의 '동사 + **-ing**' 만드는 법과 비슷합니다. 인칭이나 시제에 따라 형태가 변화하지 않습니다.
1군/2군/3군 동사의 예를 하나씩 들어 보겠습니다.
(**écouter** [에꾸떼] 듣다, **choisir** [슈아지흐] 선택하다, **prendre** [프헝드흐] 취하다/먹다/타다)

écouter	➔ nous écout-ons	➔ écoutant [에꾸떵]
choisir	➔ nous choisiss-ons	➔ choisissant [슈아지썽]
prendre	➔ nous pren-ons	➔ prenant [프흐넝]

예외적인 현재분사 형태를 가지는 동사는 딱 3개뿐입니다.
(**être** [에트흐] ~이다, **avoir** [아부아흐] 가지다, **savoir** [싸부아흐] 알다)

Section 4. Part 17 — Meta-Cognition French

J'écoute de la musique en travaillant.
프랑스어 현재분사와 제롱디프 그리고 과거분사

être → étant [에떵]
avoir → ayant [에이엉]
savoir → sachant [싸썽]

프랑스어 '제롱디프'!

프랑스어의 현재분사는 기본적으로 동사와 형용사로서의 두 가지 역할을 수행합니다. 동사로 쓰는 현재분사는 주로 문어체에서 사용되기 때문에 우리에게 효용이 덜합니다. 따라서 일상 회화에서 많이 사용하는 제롱디프 (**le gérondif**)라는 표현법에서 활용되는 현재분사의 모습을 살펴보도록 하겠습니다.
프랑스어의 제롱디프(**le gérondif**)는 영어의 동명사(**gerund**)와 어원이 같아서 일부 프랑스어 학습서에서는 그냥 동명사라고 호칭하기도 하지만 용법상 차이가 있기 때문에 혼동을 피하기 위해 보통은 원어대로 '제롱디프'라고 부릅니다.
제롱디프의 형태는 '**en** + 현재분사'입니다. 이때 현재분사의 형태는 언제나 변하지 않습니다.
제롱디프의 가장 중요한 용법은 주어의 동사와 동시에 일어나는 행위를 나타내는 것입니다. '~하면서'로 해석하면 깔끔합니다.

Fm17-01
J'écoute de la musique en travaillant.
[제꾸뜨 드 라 뮈지끄 엉 트하바이영.]
나는 일하면서 음악을 듣습니다.

Fm17-02
On ne parle pas en mangeant.
[옹 느 빠흘르 빠 정 멍정.]
먹으면서 말하지 않습니다.

Fm17-03
Le serveur répond en riant.
[르 쎄흐뵈흐 헤뽕 엉 히엉.]
종업원은 웃으면서 대답합니다.

Fm17-04
Elle prend sa douche en chantant.
[엘 프헝 싸 두슈 엉 셩떵.]
그녀는 노래하면서 샤워합니다.

- SUMMARIZE Determine important ideas!
- QUESTION Ask questions as I read!
- VISUALIZE Create mental images of what I read!
- CONNECT Use what I knew!

Section 4.
part 17

We are able to understand **our own working minds**.

● 셀 수 없는 명사 앞에는 부분관사(**du/de la**)를 붙입니다.
écouter de la musique [에꾸떼 드 라 뮈지끄] 음악을 듣다
● **prendre sa douche** [프헝드흐 싸 두슈]는 '샤워하다'입니다.
소유형용사 대신 부정관사 **une** [윈느]도 사용 가능합니다.
● **on** [옹]은 일반적인 사람들을 나타내는 부정(不定)대명사입니다.
3인칭 단수로 취급하고, 따로 해석하지 않습니다.
● **écouter** [에꾸떼] 듣다, **de la** [드 라] 약간의, **la musique** [뮈지끄] 음악, **travailler** [트하바이예] 일하다, **ne ~ pas** [느 ~ 빠] ~ 아니다, **parler** [빠흘레] 말하다, **manger** [멍제] 먹다, **le serveur** [쎄흐뵈흐] 남자 종업원, **répondre** [헤뽕드흐] 대답하다, **rire** [히흐] 웃다, **prendre** [프헝드흐] 취하다/먹다/타다, **sa** [싸] 그(녀)의, **la douche** [두슈] 샤워, **chanter** [셩떼] 노래하다

또한 제롱디프는 '수단/방법/가정/대립'을 표현할 때 사용하기도 합니다.
제롱디프 앞에 부사 **tout** [뚜] (매우/아주)를 붙이면 강조의 의미가 됩니다.

Fm17-05
Je gagne ma vie en travaillant.
[즈 갸니으 마 비 엉 트하바이엉.]
나는 일을 해서 생활비를 법니다. (수단)

Fm17-06
En prenant le métro, vous irez plus vite.
[엉 프흐넝 르 메트호, 부 지헤 쁠뤼 비뜨.]
전철을 탄다면, 당신은 더 빨리 갈 것입니다. (가정)

Fm17-07
Tout en faisant un régime, elle ne maigrit pas.
[뚜 떵 프정 앙 헤짐므, 엘 느 메그히 빠.]
다이어트를 열심히 해도, 그녀는 마르지 않습니다. (대립)

Fm17-08
Il arrive à l'école en courant.
[일 라히브 아 레꼴 엉 꾸헝.]
그는 뛰어서 학교에 도착합니다. (방법)

● **gagner sa vie** (자신의 생활비를 벌다) 소유형용사는 주어의 성수에 일치시킵니다.
● **gagner** [갸녜] 돈 벌다, **ma** [마] 나의, **la vie** [비] 인생, **le métro** [메트호] 전철, **aller** [알레] 가다, **plus** [쁠뤼] 더, **vite** [비뜨] 빠르게, **faire** [페흐] 하다, **le régime** [헤짐므] 다이어트, **maigrir** [메그히흐] 마르다, **arriver** [아히베] 도착하다, **à** [아] ~에, **l'école** [에꼴] 학교, **courir** [꾸히흐] 뛰다/달리다

We have the ability to transform our mental processes.

The value of Meta-Cognition is the training of mind to think.

229

Section 4. Part 17
Meta-Cognition French
J'écoute de la musique en travaillant.
프랑스어 현재분사와 제롱디프 그리고 과거분사

 형용사인듯, 형용사 아닌 현재분사!

프랑스어 현재분사는 명사 뒤에 붙어서 형용사처럼 쓰이기도 합니다.
'형용사처럼' 쓰였지만 진정한 형용사는 아니기 때문에 현재분사의 형태는 언제나 같습니다.
보통 목적어나 상황을 나타내는 보어가 뒤에 따라 붙습니다.

Fm17-09   **Je regarde une fille lisant le journal.**
[즈 흐갸흐드 윈느 피으 리정 르 주흐날.]
나는 신문을 읽고 있는 한 소녀를 봅니다.

Fm17-10   **J'écoute le professeur expliquant la leçon.**
[제꾸뜨 르 프호페쐬흐 엑쓰쁠리겅 라 르쏭.]
나는 수업을 설명하는 선생님(말씀)을 듣습니다.

Fm17-11   **Je rencontrerai ma fille revenant de l'école.**
[즈 헝꽁트흐헤 마 피으 흐브넝 드 레꼴.]
나는 학교에서 돌아오는 나의 딸을 만날 것입니다.

Fm17-12   **Il cherche un correspondant habitant en Europe.**
[일 쉐흐슈 앙 꼬헤쓰뽕덩 아비떵 어 느호쁘.]
그는 유럽에 사는 특파원을 찾고 있습니다.

- 전치사 **de** 는 '~로부터'로 출발/기원/출신 등을 의미합니다.
- **regarder** [흐갸흐데] 보다, **une/des** [윈느] 하나의/어떤, **la fille** [피으] 소녀/딸, **lire** [리흐] 읽다, **le journal** [주흐날] 신문, **le professeur** [프호페쐬흐] 교사, **expliquer** [엑쓰쁠리께] 설명하다, **la leçon** [르쏭] 수업, **rencontrer** [헝꽁트헤] 만나다, **revenir** [흐브니흐] 돌아오다, **de** [드] ~로부터, **chercher** [쉐흐쉐] 찾다, **le correspondant** [꼬헤쓰뽕덩] 특파원, **habiter** [아비떼] 살다, **en** [엉] ~에, **Europe** [으호쁘] 유럽

 형용사로 완전 이적한 '동사적 형용사'!

현재분사들 중에는 아예 형용사로 전환된 것들이 있습니다.

동사에서 파생되어서 어미가 현재분사와 같이 -ant 로 끝나는 형용사들을 특별히 '동사적 형용사'라고 부릅니다. 이들은 완전히 형용사로 이적해서 신분세탁된 상태라 순도 100% 형용사입니다. 따라서 관련 명사의 성수에 순종해야 하는 일반 형용사의 숙명을 그대로 따릅니다.

    amuser [아뮈제] (즐겁게 하다) ➔ **amusant(e)** [아뮈정(뜨)] (즐거운)
    charmer [샤흐메] (매혹시키다) ➔ **charmant(e)** [샤흐멍(뜨)] (매혹적인)
    exciter [엑씨떼] (흥분시키다) ➔ **excitant(e)** [엑씨떵(뜨)] (흥분되는)
    obéir [오베이흐] (순종/복종하다) ➔ **obéissant(e)** [오베이썽(뜨)] (순종하는)

형용사처럼 사용된 현재분사와 동사적 형용사는 구별이 필요합니다. 현재분사는 앞서 설명드린 대로 형태 변화가 없고 보통 뒤에 목적어나 상황을 나타내는 보어 등이 붙습니다. 동사적 형용사는 그냥 형용사이니 당연히 뒤에 목적어 등은 따라 붙지 않습니다.

Fm17-13
C'est un spectacle excitant.
[쎄 땅 스뻭따끌르 엑씨떵.]
이것은 흥분되는 광경입니다. (동사적 형용사)

Fm17-14
Il fait des gestes excitant les gens.
[일 페 데 제스뜨 엑씨떵 레 정.]
그는 사람들을 흥분시키는 제스처를 합니다. (현재분사)

Fm17-15
J'aime les enfants obéissants.
[쥄므 레 정펑 오베이썽.]
나는 순종하는 아이들을 좋아합니다. (동사적 형용사)

Fm17-16
C'est une enfant obéissant à ses parents.
[쎄 뛰 넝펑 오베이썽 아 쎄 빠헝.]
자기 부모에게 순종하는 여자 아이입니다. (현재분사)

● 명사 + 형용사는 연음을 하지 않습니다. **les enfants obéissants.** [레 정펑 오베이썽]
● **c'est** [쎄] 이것은 ~이다, **un/une/des** [앙/윈느/데] 하나의/어떤, **le spectacle** [스뻭따끌르] 광경/공연, **excitant(e)** [엑씨떵(뜨)] 흥분되는/자극적인, **le geste** [제스뜨] 몸짓/제스처, **exciter** [엑씨떼] 흥분시키다, **les gens** [정] 사람들, **aimer** [에메] 좋아하다, **l'enfant** [엉펑] 아이, **obéissant(e)** [오베이썽(뜨)] 순종하는/온순한, **obéir** [오베이흐] 순종하다, **à** [아] ~에게, **ses** [쎄] 그(녀)의, **les parents** [빠헝] 부모

Section 4. Part 17 Meta-Cognition French
J'écoute de la musique en travaillant.
프랑스어 현재분사와 제롱디프 그리고 과거분사

 프랑스어의 과거분사!

프랑스어 과거분사를 만드는 방법으로 마무리하겠습니다.
과거분사가 우리에게 필요한 가장 중요한 이유는 바로 조동사 **être / avoir** 와 함께 복합시제를 만드는 핵심요소이기 때문입니다. (복합시제에 대한 설명은 18과에서 상세히 드리겠습니다.)
먼저 1군 규칙동사의 과거분사는 '어간+**é**'입니다.
그러니까 동사원형의 어미 **-er** 을 떼고 **-é** 를 붙이면 됩니다.
발음은 동사원형과 동일합니다.

aimer [에메] 사랑하다 ➡ **aimé**
habiter [아비떼] 살다 ➡ **habité**
parler [빠흘레] 말하다 ➡ **parlé**
chercher [쉐흐쉐] 찾다 ➡ **cherché**

2군 규칙동사의 과거분사 만드는 방법은 더 간단합니다.
동사원형의 마지막 **-r** 만 제거하면 됩니다.

finir [피니흐] 끝내다 ➡ **fini** [피니]
grandir [그헝디흐] 크다 ➡ **grandi** [그헝디]
choisir [슈아지흐] 선택하다 ➡ **choisi** [슈아지]
réussir [헤위씨흐] 성공하다 ➡ **réussi** [헤위씨]

3군 불규칙동사의 과거분사는 불규칙합니다. '어간 + **é** / **i** / **u** / **s** / **t**' 형태라고 설명드릴 수 있지만, 대부분의 동사가 어간의 형태마저 바뀌기 때문에 규칙이 부질 없습니다. 그러니까 이제부터 불규칙동사를 만나면 과거분사까지 함께 세트로 기억하시는 것이 편리합니다.

être [에트흐] ~이다 ➡ **été** [에떼]
partir [빠흐띠흐] 떠나다 ➡ **parti** [빠흐띠]
avoir [아부아흐] 가지다 ➡ **eu** [으]
faire [페흐] 하다/만들다 ➡ **fait** [페]

참고로 온라인 www.verb2verbe.com 에는 프랑스어 동사의 인칭변화, 그리고 현재분사와 과거분사가 깔끔하게 정리되어 있습니다.

 마무리 '꿀팁'!

요즘 세상은 멀티플레이를 요구합니다. 원하던 원치 않던 두 가지 이상의 행동을 동시에 수행하는 것은 흔한 일입니다. 프랑스어 제롱디프는 오늘날 우리의 동시동작으로 채워진 일상을 대변하는 표현법입니다. (먹으면서 음악듣기, 걸으면서 통화하기, 샤워하면서 노래하기 등) 우리의 프랑스어 공부는 일상에서 당장 활용 가능한 부분에 초점을 맞추고 있습니다. 문법을 위한 공허한 문장들은 더 이상 필요 없습니다!

SUMMARIZE	QUESTION	VISUALIZE	CONNECT
Determine important ideas!	Ask questions as I read!	Create mental images of what I read!	Use what I knew!

Section 4.
part 17

Section 4.   Part 17+
프랑스어 회화능력 단련장

(이 책 전체를 가볍고 빠르게 일독하실 분은 이번 코너를 살짝! 스킵하셔도 됩니다.)

'en + 현재분사' 형태인 제롱디프 구문으로 두 가지 행위쯤은 동시에 해낼 수 있습니다. 우리의 멀티플레이어적인 면모를 마음껏 표현해봅시다! 더불어 수단과 방법, 가정 등의 표현도 제롱디프를 통해 간단히 해결할 수 있습니다. 여기는 우리들의 '프랑스어 말근육'을 키우는 코너입니다.

Fm17+01
Je marche en téléphonant.
[즈 마흐슈 엉 뗄레포넝.]
나는 통화하면서 걷습니다.

Fm17+02
Elle conduit en chantant.
[엘 꽁뒤 떵 셩떵.]
그녀는 노래하면서 운전합니다.

Fm17+03
J'attends en lisant un magazine.
[자떵 엉 리정 앙 마가진느.]
나는 잡지를 읽으면서 기다립니다.

Fm17+04
Je me promène en écoutant la radio.
[즈 므 프호멘느 어 네꾸떵 라 하디오.]
나는 라디오를 들으면서 산책합니다.

● **se promener** [쓰 프호므네] (산책하다)는 1군 변칙동사입니다. 철자에 유의하세요. (je me promène-tu te promènes-il se promène-nous nous promenons-vous vous promenez-ils se promènent)
● **marcher** [마흐쉐] 걷다, **téléphoner** [뗄레포네] 전화하다, **conduire** [꽁뒤흐] 운전하다, **chanter** [셩떼] 노래하다, **attendre** [아떵드흐] 기다리다, **lire** [리흐] 읽다, **un** [앙] 하나의, **le magazine** [마가진느] 잡지, **écouter** [에꾸떼] 듣다, **la radio** [하디오] 라디오

The value of Meta-Cognition is **the training of mind to think.**
We have the ability to **transform our mental processes.**

Section 4. | Part 17 | Meta-Cognition / French

J'écoute de la musique en travaillant.
프랑스어 현재분사와 제롱디프 그리고 과거분사

We are able to understand **our own working minds.**

Fm17+05
Il répond en hésitant.
[일 헤뽕 어 네지떵.]
그는 망설이면서 대답합니다.

Fm17+06
Il ronfle en dormant.
[일 홍플르 엉 도흐멍.]
그는 자면서 코를 곱니다.

Fm17+07
Elle fait le ménage en téléphonant.
[엘 페 르 메나주 엉 뗄레포넝.]
그녀는 통화하면서 청소합니다.

Fm17+08
Elle étudie en buvant du café.
[엘 레뛰디 엉 뷔벙 뒤 까페.]
그녀는 커피를 마시면서 공부합니다.

- **faire le ménage** [페흐 르 메나주] 청소하다
- **répondre** [헤뽕드흐] 대답하다, **hésiter** [에지떼] 망설이다/주저하다,
ronfler [홍플레] 코를 골다, **dormir** [도흐미흐] 자다, **faire** [페흐] 하다, **le ménage** [메나주] 청소,
étudier [에뛰디에] 공부하다, **boire** [부아흐] 마시다, **du** [뒤] 약간의, **le café** [까페] 커피

I'm noticing.

I'm thinking.

- **SUMMARIZE** — Determine important ideas!
- **QUESTION** — Ask questions as I read!
- **VISUALIZE** — Create mental images of what I read!
- **CONNECT** — Use what I knew!

Meta-cognition French

Section 4. part 17

● We are able to understand **our own working minds**.

Fm17+09
Vous allez grossir en mangeant si sucré.
[부 잘레 그호씨흐 엉 멍정 씨 쒸크헤.]
그렇게 달게 먹으면 당신(들)은 살이 찔 것입니다.

Fm17+10
En refusant ce poste, vous ferez une erreur.
[엉 흐퓌정 쓰 뽀스뜨, 부 프헤 윈 에흐흐.]
그 자리를 거절한다면, 당신(들)은 실수하는 것입니다.

Fm17+11
En faisant des efforts, vous allez réussir.
[엉 프정 데 제포흐, 부 잘레 헤위씨흐.]
노력을 하면 당신(들)은 성공할 것입니다.

Fm17+12
Je vois mieux en portant des lunettes.
[즈 부아 미으 엉 뽀흐떵 데 뤼네뜨.]
나는 안경을 쓰니까 더 잘 보입니다.

● aller + 동사원형은 근접미래입니다.
Vous allez grossir. [부 잘레 그호씨흐.] (당신은 살찔 것이다.)
● **grossir** [그호씨흐] 살찌다, **manger** [멍제] 먹다, **si** [씨] 그토록, **sucré** [쒸크헤] 단, **refuser** [흐퓌제] 거절하다, **ce** [쓰] 이/그/저, **le poste** [뽀스뜨] 자리/직위, **faire** [페흐] 하다, **une/des** [윈느/데] 하나의/어떤, **l'erreur** [에흐흐] 과오/실수, **l'effort** [에포흐] 노력, **réussir** [헤위씨흐] 성공하다, **voir** [부아흐] 보다, **mieux** [미으] 더 잘, **porter** [뽀흐떼] 입다/쓰다, **les lunettes** [뤼네뜨] 안경

 드디어 플러스 '엔딩'!

우리는 이번 과에서 프랑스어 제롱디프의 유능함과 부지런함을 확인했습니다. 일상회화에서 현재분사를 단독으로 사용하는 동사적 기능은 거의 제롱디프로 대체되었습니다. 간결하고 만들기도 쉬운 제롱디프의 활용은 프랑스어 문장을 보다 경제적으로 정돈해줍니다. 게다가 제롱디프는 언제나 비음 [~엉~엉]으로 발음되기 때문에 발랄하게 귀에 쏙쏙 꽂히기까지 합니다!

I'm wondering.

I'm feeling.

The value of Meta-Cognition **is the training of mind to think.**
We have the ability to **transform our mental processes**.

Meta-Cognition
French
Section 4.

Section 4. Part 18
Elle est allée à la bibliothèque.
[엘 레 딸레 아 라 비블리오떼끄.]
그녀는 도서관에 갔습니다.
프랑스어의 복합과거

이제 우리는 과거로의 여행을 시작합니다. 프랑스어는 특히 과거시제가 정교합니다. 무려 5가지 방식으로 과거를 표현할 수 있습니다. 이번 과에서는 일상생활을 지배하는 프랑스어 과거 표현의 지존! '복합과거'를 공부하겠습니다. 프랑스어 복합과거는 영어의 과거와 현재완료의 기능을 동시에 수행합니다. 게다가 복합과거는 앞으로 보게 될 다른 완료시제의 기초가 되기 때문에 만드는 방법의 이해가 매우 중요합니다. 더불어 venir [브니흐] (오다) 동사를 이용한 과거 표현인 '근접과거'도 살펴보겠습니다.

프랑스어 과거시제 간단 개요!

프랑스어는 아름답습니다. 그리고 동시에 매우 논리적이고 정교한 언어이기도 합니다.
이러한 평가를 받는 이유 중 하나는 바로 꼼꼼한 프랑스어 시제 시스템과 관련이 있습니다.
특히 프랑스어의 과거 관련 시제는 치밀하게 설계되어 있습니다.
프랑스어 전체 시제 8개 중 무려 5개가 과거시제입니다. 하지만 그만큼 낯설고 복잡하기 때문에
프랑스어의 과거시제 체계는 초보학습자들에게 통곡의 벽이 되기도 합니다. 그래서 본격적으로
과거시제를 공부하기 전에 프랑스어 과거시제에 대한 간단한 개요를 정리하는 시간을
마련했습니다. 우리가 앞으로 무엇을 선택하고 집중해야 하는지 용어와 함께 설명드리겠습니다.

프랑스어 과거 시제는 크게 '복합과거/반과거/대과거/단순과거/전과거'로 구분합니다. 하지만
안심하세요! 일상생활에서는 '복합과거와 반과거' 정도로 거의 모든 과거 표현이 가능합니다.

❶ 복합과거 (**passé composé**, 영어의 과거/현재완료)는 과거에 일어난 사실과 과거사실로
인한 현재 상태를 표현합니다.
❷ 반과거 (**imparfait**)는 과거의 동작/상태/지속과 반복 등을 표현합니다.
❸ 대과거 (**plus-que-parfait**, 영어의 과거완료)는 어떤 과거 사실보다 먼저 일어났거나,
이미 완료된 일을 표현합니다.
❹ 단순과거 (**passé simple**)는 복합과거의 문어체 버전입니다.
회화에서는 절대 사용하지 않지만 문학과 역사적 사실 기록에서는 흔하게 만나는 시제입니다.
❺ 전과거 (**passé antérieur**)는 단순과거보다 앞선 시제 표현입니다.
따라서 문어체에서만 사용합니다.

이 중 완료시제인 '복합과거, 대과거, 전과거'는 형태상으로 보면 '조동사 + **p.p.** (과거분사)'
결합방식입니다. 완료 표현을 위해 동사가 복합적으로 필요해서 '복합시제'라고 합니다.
프랑스어 조동사는 **être** 와 **avoir** 입니다. 동사에 따라 이 두 조동사 중 하나를 선택해
완료표현을 만듭니다. 자, 그러면 복합과거부터 시작해볼까요?

프랑스어 복합과거, être + p.p.

프랑스어 복합과거는 현재를 기준으로 이미 완료된 동작/결과/경험/상태 등을 표현합니다.
복합과거는 과거 시제 중 가장 많이 사용하는 일상적 소통 시제입니다.

The value of Meta-Cognition is the training of mind to think.
We have the ability to **transform our mental processes**.

Section 4. Part 18 — Meta-Cognition French
Elle est allée à la bibliothèque.
프랑스어의 복합과거

*We are able to understand **our own working minds**.*

프랑스어는 영어처럼 현재-과거-과거분사와 같은 3기본형이 따로 없습니다.
동사원형과 과거분사뿐이며, 그밖에 조동사를 이용하여 복합과거를 만듭니다.
복합과거 구문을 만들 때 일차적으로 겪는 우리의 고민은 '시제조동사를 **avoir** 로 할 것이냐,
être 로 할 것이냐'입니다.
동사 대부분은 '**avoir** 현재형 + **p.p.**' 형태로 '이미 완료된 일'을 표현하지만,
일부 자동사와 대명사는 '**être** 현재형 + **p.p.**'로 '되어있는 상태'를 표현합니다.
먼저 **être** 를 조동사로 사용하는 경우부터 시작하겠습니다.

프랑스어 복합과거에서 **être** 를 조동사로 사용할 때 가장 주의할 점! 은 '과거분사도 마치
형용사처럼 주어의 성수에 일치시켜야 한다는 것!'입니다. 주어가 남성복수이면
과거분사에 **-s** 를, 여성단수이면 **-e** 를, 여성복수이면 **-es** 를 붙입니다. 발음의 변화는
없습니다만, 과거분사의 형태만 보고도 주어의 성수를 분명하게 확인할 수 있다는
특장점이 있습니다. 동사 **partir** [빠흐띠흐] (떠나다)로 만든 아래의 예문을 보시면
과거분사 **parti** 의 어미가 주어의 성수에 따라 일치하고 있음을 확인할 수 있습니다.

Il est parti.
[일 레 빠흐띠.] 그는 떠났습니다.

Elle est partie.
[엘 레 빠흐띠.] 그녀는 떠났습니다.

Ils sont partis.
[일 쏭 빠흐띠.] 그들은 떠났습니다.

Elles sont parties.
[엘 쏭 빠흐띠.] 그녀들은 떠났습니다.

❶ 장소의 이동과 상태/변화 관련 동사는 **être + p.p.** 로!

장소의 이동을 나타내는 동사들을 흔히 '왕래발착동사'라고 부릅니다.
'가다/오다/떠나다/도착하다' 등의 동사들을 말합니다.
그리고 상태와 상태의 변화를 나타내는 동사들도 **être** 를 시제조동사로 사용합니다.
대표적인 동사들을 정리하였습니다.

aller [알레] 가다
arriver [아히베] 도착하다
monter [몽떼] 올라가다
naître [네트흐] 태어나다

venir [브니흐] 오다
entrer [엉트헤] 들어오다
descendre [데썽드흐] 내려가다
mourir [무히흐] 죽다

partir [빠흐띠흐] 떠나다
sortir [쏘흐띠흐] 나가다
rester [헤스떼] 머무르다
tomber [똥베] 떨어지다/넘어지다

- SUMMARIZE — Determine important ideas!
- QUESTION — Ask questions as I read!
- VISUALIZE — Create mental images of what I read!
- CONNECT — Use what I knew!

Meta-Cognition French

Section 4. part 18

We are able to understand **our own working minds**.

Fm18-01
Je suis allé(e) à la bibliothèque.
[즈 쒸 잘레 아 라 비블리오떼끄.]
나는 도서관에 갔습니다.

Fm18-02
Ils sont sortis hier soir.
[일 쏭 쏘흐띠 이에흐 수아흐.]
그들은 어제 저녁에 외출했습니다.

Fm18-03
Il est né en 2018.
[일 레 네 엉 두 밀 디즈-위뜨.]
그는 2018년에 태어났습니다.

Fm18-04
Elle est morte à Paris.
[엘 레 모흐뜨 아 빠히.]
그녀는 파리에서 사망했습니다.

- 주어의 **je** 가 여성일 경우에 과거분사는 **allée** 가 됩니다. 발음의 변화는 없습니다.
- 연도 앞에는 전치사 **en** 을 사용합니다.
- **aller (allé)** [알레] 가다, **à** [아] ~에, **la bibliothèque** [비블리오떼끄] 도서관, **sortir (sorti)** [쏘흐띠흐 (쏘흐띠)] 나가다, **hier** [이에흐] 어제, **le soir** [수아흐] 저녁, **naître (né)** [네트흐 (네)] 태어나다, **en** [엉] ~에(때), **deux mille dix-huit** [두 밀 디즈-위뜨] 2018, **mourir (mort)** [무히흐 (모흐)] 죽다

❷ 대명동사는 **être + p.p.** 로!

모든 대명동사의 복합과거는 **être** 를 조동사로 사용합니다.
재귀대명사의 위치는 그대로 두고, **être + p.p.** 의 형태로 쓰면 됩니다. 재귀대명사가 직접보어의 역할을 할 때 과거분사는 항상 동사 앞에 놓인 재귀대명사의 성수에 일치시킵니다.

Fm18-05
Je me suis levé(e) tôt ce matin.
[즈 므 쒸 르베 또 쓰 마땅.]
나는 오늘 아침 일찍 일어났습니다.

Fm18-06
Il ne s'est pas rasé aujourd'hui.
[일 느 쎄 빠 하제 오주흐듸.]
그는 오늘 면도를 하지 않았습니다.

I'm wondering.

I'm feeling.

Section 4. Part 18 — Meta-Cognition French

Elle est allée à la bibliothèque.
프랑스어의 복합과거

We are able to understand **our own working minds**.

Fm18-07
Elle s'est couchée très tard.
[엘 쎄 꾸쉐 트헤 따흐.]
그녀는 매우 늦게 잤습니다.

Fm18-08
Ils se sont rencontrés dans la rue.
[일 쓰 쏭 헝꽁트헤 덩 라 휘.]
그들은 길에서 만났습니다.

● 대명동사 복합과거 부정부사의 위치는 'ne + 재귀대명사 + 조동사 + pas + p.p.'입니다.
● **se lever** [쓰 르베] 일어나다, **tôt** [또] 일찍, **ce** [쓰] 이/그/저, **le matin** [마땅] 아침, **se raser** [쓰 하제] 면도하다, **ne ~ pas** [느 ~ 빠] ~ 아니다, **aujourd'hui** [오주흐뒤] 오늘, **se coucher** [쓰 꾸쉐] 눕다/자다, **très** [트헤] 매우, **tard** [따흐] 늦게, **se rencontrer** [쓰 헝꽁트헤] (서로) 만나다, **dans** [덩] ~ 안에, **la rue** [휘] 거리

프랑스어 복합과거, avoir + p.p.

❶ 모든 타동사와 대부분의 자동사는 **avoir + p.p.** 로!
être 를 조동사로 쓰는 동사들 외의 나머지 동사들은 자동으로 모두 avoir 를 조동사로 사용합니다. avoir + p.p. 형태이며, 기본적으로 과거분사의 성수일치는 없습니다만, 예외적인 경우도 있습니다.

Fm18-09
J'ai mangé du pain.
[줴 멍제 뒤 빵.]
나는 빵을 먹었습니다.

Fm18-10
J'ai fini mes études.
[줴 피니 메 제뛰드.]
나는 나의 학업을 끝냈습니다.

Fm18-11
Elle a acheté des bijoux.
[엘 라 아슈떼 데 비주.]
그녀는 보석들을 구입했습니다.

Fm18-12
Qu'est-ce que tu as fait hier?
[께-쓰 끄 뛰 아 페 이에흐?]
너는 어제 무엇을 했니?

- SUMMARIZE — Determine important ideas!
- QUESTION — Ask questions as I read!
- VISUALIZE — Create mental images of what I read!
- CONNECT — Use what I knew!

Meta-Cognition French

Section 4. part 18

● We are able to understand **our own working minds**.

● 셀 수 없는 명사 앞에는 부분관사 (**du/de la**)를 사용합니다.
● **manger** [멍졔] 먹다, **du** [뒤] 약간의, **le pain** [빵] 빵, **finir** [피니흐] 끝내다, **mes** [메] 나의, **l'étude** [에뛰드] 학업, **acheter** [아슈떼] 구입하다, **des** [데] 약간의, **le bijou(x)** [비주] 보석(들), **qu'est-ce que** [께-쓰 끄] 무엇을, **faire (fait)** [페흐(페)] 하다

❷ 과거분사를 성수일치 시켜야하는 경우!
avoir 를 조동사로 사용하는 복합과거 구문은 기본적으로 과거분사와 주어의 성수일치가 없습니다. 그러나 직접보어가 (조)동사보다 앞에 나올 경우에는 과거분사를 직접보어의 성수에 일치시킵니다. 이러한 조치는 직접보어의 정확한 성분을 밝히는 증거가 됩니다.

Fm18-13
Tu as reçu ma lettre?
[뛰 아 흐쒸 마 레트흐?]
너는 내 편지를 받았니?

Fm18-14
Oui, je l'ai reçue.
[위, 즈 레 흐쒸.]
응, 나는 그것을 받았어.

Fm18-15
Vous avez vu vos amis?
[부 자베 뷔 보 자미?]
당신(들)은 당신(들)의 친구들을 만났습니까?

Fm18-16
Oui, je les ai vus.
[위, 즈 레 제 뷔.]
네, 나는 그들을 만났습니다.

● 복합시제에서 직접보어의 위치는 시제조동사 바로 앞입니다. **je l'ai reçue** (l' = la 의 모음 축약형)와 **je les ai vus** (les = vos amis)의 과거분사는 직접보어의 성수에 일치시켰습니다.
● **recevoir (reçu)** [흐쓰부아흐 (흐쒸)] 받다, **ma** [마] 나의, **la lettre** [레트흐] 편지, **oui** [위] 네, **voir (vu)** [부아흐 (뷔)] 보다/만나다, **vos** [보] 당신의, **l'ami** [아미] 친구

프랑스어의 근접과거!

복합과거 말고도 과거에 일어난 일을 말할 수 있는 간단한 표현이 있습니다.
바로 '근접과거'입니다.

The value of Meta-Cognition is the training of mind to think.
We have the ability to **transform our mental processes.**

Section 4.   Part 18   Meta-Cognition French
Elle est allée à la bibliothèque.
프랑스어의 복합과거

*We are able to understand **our own working minds**.*

프랑스어 근접과거는 **venir** [브니흐] (오다) 동사를 이용한 과거표현입니다.
aller [알레] (가다) 동사를 이용해서 가까운 미래를 표현하는 근접미래와 상응하는 과거시제라고 할 수 있습니다. 근접과거 역시 근접미래처럼 주관적인 성격의 표현입니다. 말하는 사람이 방금 일어난 일이라고 판단했다면 사용할 수 있습니다. 형태는 '**venir de** + 동사원형'입니다.
(참고로 불규칙동사 **venir** 의 인칭변화는 **je viens, tu viens, il vient, nous venons, vous venez, ils viennent** 입니다.)

Fm18-17
Je viens de sortir du bureau.
[즈 비앙 드 쏘흐띠흐 뒤 뷔호.]
나는 (방금) 사무실에서 나왔습니다.

Fm18-18
Nous venons de voir ce beau film.
[누 브농 드 부아흐 쓰 보 필므.]
우리는 (최근에) 그 멋진 영화를 보았습니다.

Fm18-19
Il vient de terminer l'examen final.
[일 비앙 드 떼흐미네 레그자망 피날.]
그는 기말시험을 (막) 끝냈습니다.

Fm18-20
Ils viennent de déjeuner avec leurs parents.
[일 비엔느 드 데즈네 아베끄 뢰흐 빠헝.]
그들은 (좀전에) 그들의 부모님과 함께 점심식사를 했습니다.

- **sortir de ~** (~에서 나가다) / **du bureau = de + le bureau**, 관사 축약형입니다.
- **le bureau** [뷔호] 사무실, **beau** [보] 아름다운/멋진, **le film** [필므] 영화, **terminer** [떼흐미네] 끝내다, **l'examen** [에그자망] 시험, **final** [피날] 최종의, **déjeuner** [데즈네] 점심식사하다, **avec** [아베끄] ~와 함께, **leurs** [뢰흐] 그들의, **les parents** [빠헝] 부모님

마무리 '꿀팁'!

복합과거는 중요한 시제입니다. 한 번 더 핵심을 요약하겠습니다.
현재시제 문장을 복합과거로 바꿀 때 우리들의 뇌에서 벌어져야 마땅한 3(혹은 4)단계입니다.
❶ 문장의 동사를 째려보며 어떤 조동사를 택할지 고민한다! **être** 냐? **avoir** 냐?
❷ 해당 동사의 과거분사가 무엇인지 고민한다!
❸ 시제조동사가 **avoir** 면 과거분사만 붙이고 끝! (조동사가 **être** 면 다음 단계로!)
❹ 시제조동사가 **être** 면 주어를 다시 째려보고 주어의 성수에 맞게 과거분사를 일치시키면 끝!

- **SUMMARIZE** — Determine important ideas!
- **QUESTION** — Ask questions as I read!
- **VISUALIZE** — Create mental images of what I read!
- **CONNECT** — Use what I knew!

Meta-Cognition French

● We are able to understand **our own working minds**.

Section 4. part 18

Section 4.   Part 18+
프랑스어 회화능력 단련장

(이 책 전체를 가볍고 빠르게 일독하실 분은 이번 코너를 살짝! 스킵하셔도 됩니다.)

복합과거 **être** + p.p. / **avoir** + p.p. 패턴과 근접과거 **venir de** + 동사원형 패턴을 이용해서 우리의 과거행적을 밝힐 수 있습니다. 동사의 종류에 따라 조동사 선택에 유의하면서 문장을 연습하다 보면 프랑스어 복합 시제에 대한 감각을 익힐 수 있습니다.

Fm18+01
Je suis né(e) à Séoul en Corée.
[즈 쒸 네 아 쎄울 엉 꼬헤.]
나는 한국의 서울에서 태어났습니다.

Fm18+02
Il est entré à l'université.
[일 레 떵트헤 아 뤼니베흐씨떼.]
그는 대학교에 들어갔습니다.

Fm18+03
Nous sommes monté(e)s dans l'avion.
[누 쏨므 몽떼 덩 라비옹.]
우리는 비행기에 올랐습니다.

Fm18+04
Elle est partie pour Paris.
[엘 레 빠흐띠 뿌흐 빠히.]
그녀는 파리로 떠났습니다.

● **être** 를 시제조동사로 사용할 때 과거분사는 항상 주어의 성수에 일치시킵니다. 발음의 변화는 없습니다.
● 도시명 앞에는 전치사 **à**, 여성국가명 앞에는 전치사 **en** 을 붙입니다. 참고로 남성국가명 앞에는 **au** 를 붙입니다.
● **naître (né)** [네트흐 (네)] 태어나다, **à** [아] ~에, **en** [엉] ~에, **la Corée** [꼬헤] 한국, **entrer** [엉트헤] 들어가다, **l'université** [뤼니베흐씨떼] 대학교, **monter** [몽떼] 올라가다, **dans** [덩] ~ 안에, **l'avion** [라비옹] 비행기, **partir (parti)** [빠흐띠흐 (빠흐띠)] 떠나다, **pour** [뿌흐] ~ 향해

● I'm wondering.
● I'm feeling.

Section 4. Part 18
Elle est allée à la bibliothèque.
프랑스어의 복합과거

Meta-Cognition French

The value of Meta-Cognition is the training of mind to think.
We have the ability to **transform our mental processes**.

We are able to understand **our own working minds**.

Fm18+05 — **J'ai préparé le concours de la fonction publique.**
[줴 프헤빠헤 르 꽁꾸흐 드 라 퐁씨옹 쀠블리끄.]
나는 공무원 시험을 준비했습니다.

Fm18+06 — **Avez-vous envoyé votre CV?**
[아베-부 엉부아이예 보트흐 쎄베?]
당신(들)은 당신(들)의 이력서를 보냈습니까?

Fm18+07 — **Il a passé un entretien d'embauche.**
[일 라 빠쎄 아 넝트흐티앙 덩보슈.]
그는 면접을 보았습니다.

Fm18+08 — **J'ai réussi le concours.**
[줴 헤위씨 르 꽁꾸흐.]
나는 시험에 합격했습니다.

- **la fonction publique** [퐁씨옹 쀠블리끄] 공무원/공직,
l'entretien d'embauche [엉트흐티앙 덩보슈] 면접
- **CV** [쎄베] = **curriculum vitæ** [뀌히꿜륌 비떼] 이력서
- **préparer** [프헤빠헤] 준비하다, **le concours** [꽁꾸흐] 시합/시험, **de** [드] ~의,
la fonction [퐁씨옹] 직업/지위, **publique** [쀠블리끄] 공공의, **envoyer** [엉부아이예] 보내다,
votre [보트흐] 당신(들)의, **passer** [빠쎄] (시험을) 치르다, **un** [앙] 하나의, **l'entretien**
[엉트흐티앙] 인터뷰, **l'embauche** [엉보슈] 채용/고용, **réussir** [헤위씨흐] 성공하다

I'm noticing.
I'm thinking.

우리들 중의 '프랑스어 회화능력자'를 위하여!

취업면접/이력서/자격시험 등에 대비하여 좀 더 다양한 회화예문이 필요하시면
웹하드에서 아이디 **bookersbergen**, 비번 **9999**로 로그인하고, 내려받기 폴더에서
국가대표 프랑스어 회화능력자 **Pattern 140~143**을 다운로드하십시오.
(다운로드는 무료!)
나에게 당장 필요한 문장을 골라 반복적으로 청취하여 '내 문장'으로 만듭시다!

- SUMMARIZE — Determine important ideas!
- QUESTION — Ask questions as I read!
- VISUALIZE — Create mental images of what I read!
- CONNECT — Use what I knew!

Meta-Cognition French

Section 4. part 18

We are able to understand **our own working minds**.

Fm18+09
Je viens d'arriver.
[즈 비앙 다히베.]
나는 (방금) 도착했습니다.

Fm18+10
Nous venons de boire un café.
[누 브농 드 부아흐 앙 꺄페.]
우리는 커피 한 잔을 마셨습니다.

Fm18+11
Je viens de rencontrer l'homme de ma vie.
[즈 비앙 드 헝꽁트헤 롬므 드 마 비.]
나는 내 인생의 남자를 만났습니다.

Fm18+12
Elle vient de tomber amoureuse.
[엘 비앙 드 똥베 아무흐즈.]
그녀는 사랑에 빠졌습니다.

- l'homme de ma vie 는 직역하면 '내 인생의 남자' 즉 '좋아하는 남자'라는 의미입니다.
- tomber amoureuse (사랑에 빠지다) 주어가 남성이면 tomber amoureux 입니다.
- arriver [아히베] 도착하다, boire [부아흐] 마시다, le café [꺄페] 커피, rencontrer [헝꽁트헤] 만나다, l'homme [옴므] 남자, ma [마] 나의, la vie [비] 인생/삶, tomber [똥베] 떨어지다, amoureux (amoureuse) [아무흐 (아무흐즈)] 사랑하는

I'm wondering.

I'm feeling.

드디어 플러스 '엔딩'!

복합과거 être + p.p. / avoir + p.p. 패턴을 이용하면 우리의 지난 일을 모두 표현할 수 있습니다. 오늘 아침 기상 이후부터 방금 전까지 우리가 했던 일들을 딱 10문장만 복합과거로 만들어봅시다! 항상 강조합니다. 우리가 공부하는 프랑스어의 출발점이 바로 우리 자신을 표현하는 지점이길 바랍니다. 그렇게 우리의 프랑스어는 '생활밀착형'으로 더욱 생기발랄해질 것입니다!

We have the ability to transform our mental processes.

The value of Meta-Cognition is the training of mind to think.

Section 4. Part 19
Avant, elle était si belle.
[아벙, 엘 레떼 씨 벨르.]
예전에 그녀는 너무나 아름다웠습니다.
프랑스어의 반과거

프랑스어의 '반과거'도 인기있는 과거시제입니다. 복합과거가 과거에서 이미 완료된 행위를 표현한다면, 반과거는 주로 과거의 동작과 상태의 계속성을 표현합니다. 반과거는 조동사의 도움을 받아 만드는 복합시제가 아니고, 동사의 어미변화를 통해 시제를 만들기 때문에 만드는 방법을 챙겨야 합니다. 자, 이제부터 확인 들어갑니다!

Section 4. part 19

We are able to understand **our own working minds**.

 프랑스어의 반과거!

'반과거'는 프랑스어로 **imparfait** [앙빠흐페] (불완전한/미완성의)라고 합니다.
명칭의 뜻이 가리키는 대로 프랑스어 반과거는 '미완료된 과거'를 나타내는 시제입니다.
복합과거가 과거의 완료된 행위를 말한다면, 반과거는 과거의 동작/상태의 계속성을 말합니다.
따라서 프랑스어 반과거를 통해 우리들이 과거에 어떤 상태였는지, 어떤 습관과 반복적인 행동을 했었는지를 표현할 수 있습니다. 그리고 반과거는 뒤에 다룰 조건법(영어의 가정법)에서도 중요한 활약을 하기 때문에 이번 과에서의 첫 만남이 중요합니다.
자, 프랑스어 반과거 만드는 방법! 지금부터 시작합니다!

 프랑스어의 반과거 제조법!

프랑스어 반과거는 조동사를 사용하지 않고 규칙 어미를 붙여서 만듭니다.
그러니까 '어간 + 반과거어미'의 형태입니다.
반과거의 어미는 모든 동사가 똑같습니다.

프랑스어의 반과거 규칙어미

	동사어미		동사어미
je [즈] 나	**-ais** [-아이에쓰]	**nous** [누] 우리들	**-ions** [-이오엔에쓰]
tu [뛰] 너	**-ais** [-아이에쓰]	**vous** [부] 당신들/당신	**-iez** [-이으제드]
il [일] 그	**-ait** [-아이떼]	**ils** [일] 그들	**-aient** [-아이으엔떼]

그러면 어간만 해결하면 되는데요, 반과거의 어간은 현재분사의 어간과 같습니다.
그러니까 동사의 1인칭 복수형 **nous** 의 현재형에서 규칙어미 **-ons** 를 떼어버리면 됩니다.

Section 4. Part 19
Avant, elle était si belle.
프랑스어의 반과거

Meta-Cognition French

avoir 동사의 예를 들면, **nous avons** 의 규칙어미 **-ons** 를 떼어버린 **av-** 가 그대로 반과거 어간이 되는 것입니다. 유일한 예외는 **être** 딱 하나뿐입니다. **être** 의 반과거 어간은 **ét-** 입니다. 어미는 규칙어미를 그대로 붙입니다. 자, 이제 동사의 대표 선수들을 불러 확인할 순서입니다. 사용빈도가 높은 3군 불규칙동사를 중심으로 살펴보겠습니다. '**avoir** (가지다), **faire** (하다/만들다), 그리고 유일하게 반과거 불규칙어간을 갖는 **être** (~이다)', 선수 입장합니다.

	avoir	faire	être
Je (J') [즈]	avais (자베)	faisais 프제	étais (제떼)
Tu [뛰]	avais 아베	faisais 프제	étais 에떼
Il [일]	avait 라베	faisait 프제	était 레떼
Nous [누]	avions 자비옹	faisions 프지옹	étions 제티옹
Vous [부]	aviez 자비에	faisiez 프지에	étiez 제티에
Ils [일]	avaient 자베	faisaient 프제	étaient 제떼

1인칭 단수 **je** 는 다음에 모음이 오면 **j'** 로 모음축약됩니다.
그리고 3인칭 복수형 규칙어미 **-aient** 의 발음은 마지막 자음들은 다 무시하고 그냥 [-에]입니다.
faire 동사의 경우 복합모음 **-ai-** 가 발음원칙에 따라 [에]가 아니고, 예외적으로 [으]로 발음하는 것에 주의하십시오!

프랑스어 반과거의 용법!

프랑스어 반과거는 복합과거와 더불어 과거시제를 표현할 때 가장 많이 사용합니다.
주로 과거에 지속되고, 반복되었던 행위와 상태를 나타낼 때 사용합니다.
그리고 불가능한 사실에 대한 가정이나 공손한 표현에도 쓰입니다.

SUMMARIZE	QUESTION	VISUALIZE	CONNECT
Determine important ideas!	Ask questions as I read!	Create mental images of what I read!	Use what I knew!

Section 4.
part 19

We are able to understand **our own working minds**.

❶ 과거의 지속 행위! 상태! 반복!

과거에 완료되지 않고 진행 중인 사실은 반과거로 표현합니다.
반과거로 표현된 사건의 시작과 끝은 언제인지 모호합니다.
또한 과거에 반복적으로 했던 행위를 묘사할 때에도 반과거를 사용합니다.

Fm19-01
Je marchais tranquillement dans la rue.
[즈 마흐쉐 트헝낄르멍 덩 라 휘.]
나는 평온하게 길을 걷고 있었습니다.

Fm19-02
Avant, elle était si belle.
[아벙, 엘 에떼 씨 벨르.]
예전에 그녀는 너무나 아름다웠습니다.

Fm19-03
D'habitude, je prenais du café après le déjeuner.
[다비뛰드, 즈 프흐네 뒤 꺄페 아프헤 르 데즈네.]
평소에 나는 점심식사 후에 커피를 마셨습니다.

Fm19-04
Quand j'étais petite, j'allais à l'église le dimanche.
[껑 제떼 쁘띠뜨, 쟐레 아 레글리즈 르 디멍슈.]
나는 어렸을 때, 일요일마다 교회에 갔습니다.

● 정관사 뒤에 때를 나타내는 단어가 오면 반복을 의미합니다. **le dimanche** (일요일마다) **le week-end** (주말마다)
● **marcher** [마흐쉐] 걷다, **tranquillement** [트헝낄르멍] 평온하게, **dans** [덩] ~ 안에, **la rue** [휘] 거리, **avant** [아벙] 예전에, **si** [씨] 너무나, **beau (belle)** [보 (벨르)] 아름다운, **d'habitude** [다비뛰드] 평소에, **prendre** [프헝드흐] 취하다/마시다, **du** [뒤] 약간의, **le café** [꺄페] 커피/카페, **après** [아프헤] ~ 후에, **le déjeuner** [데즈네] 점심식사, **quand** [껑] ~ 때에, **petit(e)** [쁘띠(뜨)] 작은/어린, **aller** [알레] 가다, **à** [아] ~에, **l'église** [에글리즈] 교회, **le dimanche** [디멍슈] 일요일

❷ 가정! 공손표현!

반과거는 조건을 나타내는 접속사 **si** [씨] (만약에 ~라면)과 함께 사용하여 현재 사실과 반대되는 비현실적 가정을 나타낼 수 있습니다. 이 때 문장 뒤에 느낌표(!)를 붙여서 강조할 수 있습니다. 또한 반과거는 공손한 어법을 표현하기도 합니다.

Section 4. Part 19
Meta-Cognition French

Avant, elle était si belle.
프랑스어의 반과거

We are able to understand **our own working minds**.

Fm19-05
Si j'avais le temps!
[씨 자베 르 떵!]
만약에 내가 시간이 있다면!

Fm19-06
Si j'étais plus jeune!
[씨 제때 쁠뤼 죈느!]
만약에 내가 더 젊다면!

Fm19-07
Je voulais vous dire merci.
[즈 불레 부 디흐 메흐씨.]
나는 당신에게 감사하다고 말하고 싶습니다.

Fm19-08
Je voulais vous demander votre avis.
[즈 불레 부 드멍데 보트흐 아비.]
나는 당신에게 당신의 의견을 묻고 싶습니다.

- 준조동사 **vouloir** [불루아흐] + 동사원형은 '~하고 싶다'입니다.
- 간접보어 **vous** (당신에게)의 위치는 본동사 바로 앞입니다.
- **si** [씨] 만약에 ~라면, **avoir** [아부아흐] 가지다, **le temps** [떵] 시간, **être** [에트흐] ~이다, **plus** [쁠뤼] 더, **jeune** [죈느] 젊은/어린, **vouloir** [불루아흐] 원하다, **vous** [부] 당신에게 (간접보어), **dire** [디흐] 말하다, **le merci** [메흐씨] 감사, **demander** [드멍데] 요구하다/묻다, **votre** [보트흐] 당신의, **l'avis** [아비] 의견/생각

 프랑스어의 반과거 **vs** 복합과거

프랑스어 복합과거와 반과거는 둘 다 우리말로 '~했다'입니다.
하지만 이 두 어법은 엄연히 사용법이 다릅니다.
기본적으로 복합과거는 '행위'를, 반과거는 '상황'을 묘사합니다. 영어권 학생들도 곤혹스러워하는 부분인데, 완료시제가 없는 우리에게는 더욱 애매할 수 있습니다.
그래서 준비했습니다. 반과거냐? 복합과거냐?
선택의 기로에서 결정의 기준이 되는 금쪽같은 꿀팁입니다!

Section 4.
part 19

❶ 배경은 반과거! 사건은 복합과거!

영화의 한 장면을 친구에게 얘기해 준다고 가정해봅시다. 아직 사건이 발생하기 전의 배경설명은 모두 반과거로 표현하고, 그 배경을 깨고 벌어진 사건은 복합과거로 표현합니다. 복합과거와 반과거는 한 문장에서 사용할 수도 있습니다.

Fm19-09
Il est arrivé pendant que je dormais.
[일 레 따히베 뻥덩 끄 즈 도흐메.]
내가 자고 있던 동안에 그가 도착했습니다.

Fm19-10
J'étais au café quand il m'a téléphoné.
[제떼 조 까페 껑 딜 마 뗄레포네.]
그가 나에게 전화했을 때 나는 카페에 있었습니다.

Fm19-11
Je faisais le ménage quand il est rentré.
[즈 프제 르 메나주 껑 띨 레 헝트헤.]
그가 돌아왔을 때 나는 청소를 하고 있었습니다.

Fm19-12
Il a sonné quand je lisais un livre.
[일 라 쏜네 껑 즈 리제 앙 리브흐.]
내가 책을 읽고 있었을 때 그가 초인종을 울렸습니다.

- 복합시제에서 간접보어 **me** (나에게)의 위치는 조동사 앞입니다.
- **à + le café ➔ au café** (카페에) 관사축약형입니다.
- **arriver** [아히베] 도착하다, **pendant que** [뻥덩 끄] ~하는 동안, **dormir** [도흐미흐] 자다, **quand** [껑] ~ 때에, **me** [므] 나에게, **téléphoner** [뗄레포네] 전화하다, **faire** [페흐] 하다, **le ménage** [메나주] 청소, **rentrer** [헝트헤] 돌아오다, **sonner** [쏜네] (초인종/벨을) 울리다, **lire** [리흐] 읽다, **le livre** [리브흐] 책

❷ 습관과 반복은 반과거! 일회적 행위는 복합과거!

과거에 가졌던 습관이나 반복했던 행위는 반과거로 표현합니다. 따라서 행위의 횟수는 셀 수 없습니다. 이에 비해 복합과거는 일회적인 일을 표현합니다. 또한 특정 기간이 딱 표시되어 있으면 복합과거를 사용합니다.

Section 4. Part 19 — Meta-Cognition French
Avant, elle était si belle.
프랑스어의 반과거

We are able to understand our own working minds.

Fm19-13
Avant, il fumait beaucoup.
[아벙, 일 퓌메 보꾸.]
예전에 그는 담배를 많이 피웠습니다.

Fm19-14
Un jour, il a décidé d'arrêter de fumer.
[앙 주흐, 일 라 데씨데 다헤떼 드 퓌메.]
어느날 그는 금연을 결심했습니다.

Fm19-15
Je voyageais en Europe tous les ans.
[즈 부아야제 어 느호쁘 뚜 레 정.]
나는 해마다 유럽으로 여행을 가곤 했습니다.

Fm19-16
J'ai voyagé en Europe l'été dernier.
[줴 부아야제 어 느호쁘 레떼 데흐니에.]
나는 지난 여름에 유럽으로 여행을 갔습니다.

● décider de + 동사원형 (~하는 것을 결정하다),
arrêter de + 동사원형 (~하는 것을 멈추다/중단하다)
● tous les ans (해마다), tous les matins (아침마다), tous les soirs (저녁마다), tous les jours (매일)
● fumer [퓌메] 흡연하다, beaucoup [보꾸] 많이, un [앙] 어떤, le jour [르주흐] 날/일, décider [데씨데] 결정하다, de [드] ~하는 것, arrêter [아헤떼] 멈추다, voyager [부아야제] 여행하다, en [엉] ~에, l'Europe [르호쁘] 유럽, tous [뚜] 모든, l'an [엉] 해/년, l'été [에떼] 여름, dernier [데흐니에] 지난

 마무리 '꿀팁'!

프랑스어는 시제표현의 선택에 따라 문장의 뉘앙스가 미묘하게 차이가 납니다. 따라서 시험에도 반과거와 복합과거의 의미 차이를 제대로 아는지 테스트하는 문제가 자주 출제됩니다. 핵심을 딱 정리하자면, '반과거는 배경과 습관! 복합과거는 사건과 일회적 행위!'를 표현합니다. 아직 배우가 등장하기 전의 무대는 반과거로 설명하고, '배우가 나왔다.'라는 문장부터는 복합과거로 묘사하면 정확합니다. 우리는 반과거와 복합과거 표현을 비교하면서 프랑스어 과거시제가 지닌 예민한 감각에 조금 더 익숙하게 될 것입니다.

- SUMMARIZE — Determine important ideas!
- QUESTION — Ask questions as I read!
- VISUALIZE — Create mental images of what I read!
- CONNECT — Use what I knew!

We are able to understand **our own working minds**.

Section 4.
part **19**

Section 4.　　　Part 19+
프랑스어 회화능력 단련장

(이 책 전체를 가볍고 빠르게 일독하실 분은 이번 코너를 살짝! 스킵하셔도 됩니다.)

반과거는 복합과거와 더불어 프랑스어 과거시제의 양대 산맥입니다. 특히 반과거의 '지속/행위/상태/반복' 용법은 일상생활에서 매우 자주 만나게 되는 표현입니다. 기본동사인 **être** 와 **avoir** 를 중심으로 연습하여 반과거에 대한 감각을 익혀보도록 하겠습니다. 기계적인 암기가 아니라, 개념을 이해하고 기초에 충실한 반복연습으로 우리의 프랑스어 회화실력을 다지겠습니다!

Fm19+01
J'étais petit(e).
[제떼 쁘띠(뜨).]
나는 작았습니다. (어렸습니다.)

Fm19+02
Il était en vacances d'été.
[일 레떼 떵 바껑스 데떼.]
그는 여름방학 중이었습니다.

Fm19+03
Je n'étais pas chez mes parents.
[즈 네떼 빠 쉐 메 빠헝.]
나는 나의 부모님 댁에 있지 않았습니다.

Fm19+04
Elle était assise sur la plage.
[엘 레떼 따씨즈 쒸흐 라 쁠라주.]
그녀는 해변에 앉아 있었습니다.

- être en vacances / réunion / déplacement (휴가(방학) / 회의 / 출장 중이다)
- '전치사 chez + 사람'은 '그 사람의 집'을 뜻합니다.
- être [에트흐] ~이다/있다, petit(e) [쁘띠(뜨)] 작은/어린, en [엉] ~중이다, les vacances [바껑스] 휴가/방학, la réunion [헤위니옹] 회의, le déplacement [데쁠라스멍] 출장, de [드] ~의, l'été [에떼] 여름, ne ~ pas [느 ~ 빠] ~아니다, chez [쉐] ~ 집에, mes [메] 나의, les parents [빠헝] 부모, assis(e) [아씨(즈)] 앉아있는, sur [쒸흐] ~위에, la plage [쁠라주] 해변/바닷가

I'm wondering.

I'm feeling.

Section 4. Part 19
Avant, elle était si belle.
프랑스어의 반과거

Meta-Cognition French

We are able to understand our own working minds.

Fm19+05 J'avais vingt ans.
[자베 방떵.]
나는 20세였습니다.

Fm19+06 L'étudiant n'avait pas d'argent.
[레뛰디엉 나베 빠 다흐정.]
그 학생은 돈이 없었습니다.

Fm19+07 Je n'avais plus de batterie.
[즈 나베 쁠뤼 드 바트히.]
나는 (휴대폰) 배터리가 더 이상 없었습니다.

Fm19+08 Nous avions besoin de temps.
[누 자비옹 브주앙 드 떵.]
우리는 시간이 필요했습니다.

● 나이를 표현할 때는 **avoir + ~ ans** (~세이다)라고 합니다.
● 부정문에서 직접목어 앞에 붙은 부정관사(**un/une/des**), 부분관사(**du/de la**)는 모두 **de** 로 바뀝니다. (부정의 de)
● **avoir besoin de ~** 는 '~ 이 필요하다'입니다.
● **vingt** [방] 20, **l'an** [엉] 해/년, **l'étudiant** [에뛰디엉] 학생, **ne ~ plus** [느 ~ 쁠뤼] 더 이상 ~ 아니다, **le argent** [아흐정] 돈, **la batterie** [바트히] 배터리, **le besoin** [브주앙] 필요/욕구, **le temps** [떵] 시간

우리들 중의 '프랑스어 회화능력자'를 위하여!

취업면접/이력서/자격시험 등에 대비하여 좀 더 다양한 회화예문이 필요하시면 웹하드에서 아이디 **bookersbergen**, 비번 **9999**로 로그인하고, 내려받기 폴더에서 국가대표 프랑스어 회화능력자 **Pattern 144~145**, 그리고 **157**을 다운로드하십시오. (다운로드는 무료!)
나에게 당장 필요한 문장을 골라 반복적으로 청취하여 '내 문장'으로 만듭시다!

- SUMMARIZE — Determine important ideas!
- QUESTION — Ask questions as I read!
- VISUALIZE — Create mental images of what I read!
- CONNECT — Use what I knew!

Section 4.
part 19

We are able to understand **our own working minds**.

Fm19+09
Quand j'étais petit(e), j'habitais à la campagne.
[껑 제떼 쁘띠(뜨), 자비떼 아 라 껑빠뉴.]
나는 어렸을 때 시골에 살았습니다.

Fm19+10
Quand elle était jeune, elle était plus mince.
[껑 뗄 레떼 쥔느, 엘 레떼 쁠뤼 망쓰.]
그녀는 젊었을 때 더 날씬했었습니다.

Fm19+11
Quand il était célibataire, il voyageait beaucoup.
[껑 딜 레떼 쎌리바떼흐, 일 부아야제 보꾸.]
그는 독신일 때 여행을 많이 했습니다.

Fm19+12
Quand j'étais étudiante, je faisais beaucoup la fête.
[껑 제떼 제뛰디엉뜨, 즈 프제 보꾸 라 페뜨.]
나는 학생일 때 파티를 많이 했습니다.

- 발음되지 않던 마지막 자음이 모음을 만나면 연음이 일어납니다. **quand il/elle** [껑 딜/뗄]
- **-e** 로 끝나는 형용사는 보통 남성형과 여성형이 동일합니다. (**jeune / mince / célibataire**)
- **quand** [껑] ~할 때에, **habiter** [아비떼] 살다/거주하다, **à** [아] ~에, **la campagne** [껑빠뉴] 시골, **jeune** [쥔느] 젊은/어린, **plus** [쁠뤼] 더, **mince** [망쓰] 날씬한/마른, **célibataire** [쎌리바떼흐] 독신의, **voyager** [부아야제] 여행하다, **beaucoup** [보꾸] 많이, **l'étudiant(e)** [에뛰디엉(뜨)] (여)학생, **faire** [페흐] 하다, **la fête** [페뜨] 파티

I'm wondering.

I'm feeling.

 드디어 플러스 '엔딩'!

Quand j'étais jeune ~ (내가 젊었을 때 ~)로 시작하는 패턴의 힘은 강력합니다. 혹시 여러분이 아직 젊다면(!) **Quand j'étais petit(e) ~** (내가 어렸을 때 ~)로 대체 가능합니다. 반과거는 우리늘의 과거를 회상할 수 있도록 해줍니다. 어디에 살았는지, 용모와 성격은 어땠는지, 어떤 사람을 사랑했는지, 어떤 취미와 습관을 가졌었는지 … 반과거로 무한한 문장이 가능할 것입니다!

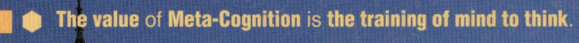 **The value** of **Meta-Cognition** is **the training of mind to think.** We have the ability to **transform our mental processes**.

Meta-Cognition
French
Section 4.

 The value of **Meta-Cognition** is the training of mind to think.

We are able to understand our own working minds.

● SUMMARIZE
Determine important ideas!

● QUESTION
Ask questions as I read!

● VISUALIZE
Create mental images of what I read!

● CONNECT
Use what I knew!

We have the ability to transform our mental processes.

The value of Meta-Cognition is the training of mind to think.

The value of Meta-Cognition is the training of mind to think.
We have the ability to **transform our mental processes**.

Section 4.   Part 20

Le train était déjà parti quand je suis arrivée à la gare.
[르 트항 에떼 데자 빠흐띠 껑 즈 쒸 자히베 아 라 갸흐.]
내가 역에 도착했을 때 기차는 이미 떠났습니다.
프랑스어의 대과거와 전미래

드디어 섹션 4.의 마지막 파트입니다! 이번 과에서는 지금까지 학습한 프랑스어의 미래와 과거시제를 기준점으로 하면서 미래와 과거 행위의 선후를 보다 정교하게 표현하는 또 다른 시제를 만나보겠습니다. 이번에 만날 '대과거'와 '전미래'는 각각 어떤 과거 행위보다 더 먼저 일어난 행위, 어떤 미래 행위보다 더 먼저 일어날 행위를 표현합니다.

We are able to understand our own working minds.

- SUMMARIZE Determine important ideas!
- QUESTION Ask questions as I read!
- VISUALIZE Create mental images of what I read!
- CONNECT Use what I knew!

Meta-Cognition French

Section 4. part 20

● We are able to understand **our own working minds**.

 프랑스어의 대과거와 전미래!

이번 과의 주인공은 '대과거'와 '전미래'입니다.
프랑스어 대과거와 전미래는 모두 완료시제입니다. 대과거는 어떤 과거 사실보다 앞서 완료된 사실을 나타내고, 전미래는 어떤 미래 사실보다 먼저 완료될 사실을 표현합니다.
두 시제 모두 '조동사 + 과거분사' 방식으로 만드는 복합시제입니다.
따라서 앞서 학습한 복합과거의 원리만 적용하면 깔끔하게 해결할 수 있습니다.

 프랑스어 대과거의 제조법!

프랑스어 대과거는 어떤 과거 행위보다 먼저 발생한 행위를 표현합니다.
반과거처럼 동사 자체의 어미를 변화시키는 것이 아니라 '조동사 + 과거분사' 형태로 만드는 복합시제입니다. 대과거는 반과거를 이용해서 만듭니다. '조동사 **avoir / être** 의 반과거 + 과거분사'가 공식입니다. 그러니까 프랑스어 대과거는 **avoir / être** 의 반과거만 알면 자동으로 해결됩니다.
조동사를 **avoir** 와 **être** 중 어느 것을 선택하느냐 여부는 복합과거를 만들 때와 동일합니다.
또한 **être** 를 조동사로 사용할 때 과거분사를 주어의 성수와 일치시켜야 하는 점도 복합과거의 경우와 같습니다. 자, 그러면 동사들의 대과거 형태를 살펴보겠습니다. **avoir** 를 조동사로 쓰는 **finir** [피니흐] (끝내다)와 **être** 를 조동사로 쓰는 **partir** [빠흐띠흐] (떠나다), 출동합니다!

	finir	partir
Je (J') [즈]	avais fini (자베) 피니	étais parti(e) (제떼) 빠흐띠
Tu [뛰]	avais fini 아베 피니	étais parti(e) 에떼 빠흐띠
Il [일]	avait fini 라베 피니	était parti 레떼 빠흐띠
Nous [누]	avions fini 자비옹 피니	étions parti(e)s 제티옹 빠흐띠
Vous [부]	aviez fini 자비에 피니	étiez parti(e)(s) 제티에 빠흐띠
Ils [일]	avaient fini 자베 피니	étaient partis 제떼 빠흐띠

Section 4. Part 20 — Meta-Cognition French

Le train était déjà parti quand je suis arrivée à la gare.
프랑스어의 대과거와 전미래

 프랑스어 대과거의 사용법!

프랑스어 대과거의 기본 개념은 명료합니다. 프랑스어 대과거는 우리가 앞에서 이미 공부한 과거시제, 즉 '복합과거'와 '반과거'보다 먼저 일어난 과거 사실을 표현하는 시제입니다.
영어로 치면 과거완료에 해당합니다.
그러면 구체적으로 대과거는 어떻게 사용하는지를 설명드리겠습니다.

❶ 복합과거보다 먼저 완료된 과거행위

두 복합시제가 등장하기 때문에 복잡해보일 수 있습니다. 기계적으로 공식을 암기할 것이 아니라 논리적으로 먼저 이해하고 문장을 분석해보는 과정이 꼭 필요합니다.
먼저 과거에 발생한 두 행위를 찾고, 선후를 구별한 다음 더 먼저 발생한 일은 대과거로, 나중 일은 복합과거로 표현하면 됩니다. 대과거 구문에는 흔히 부사 **déjà** [데자] (이미)가 자주 쓰입니다. 반대말은 부정문에서 **ne ~ pas encore** [느 ~ 빠 정꼬흐] (아직 ~ 아니다)입니다.
이들 부사의 위치는 일반적으로 과거분사 바로 앞입니다.

Fm20-01
Le train était déjà parti quand je suis arrivée à la gare.
[르 트항 에떼 데자 빠흐띠 껑 즈 쒸 자히베 아 라 갸흐.]
내가 역에 도착했을 때 (복합과거) 기차는 이미 떠났습니다. (대과거)

Fm20-02
Quand il a allumé la télé, le programme était déjà fini.
[껑 띨 라 알뤼메 라 뗄레, 르 프흐그함므 에떼 데자 피니.]
그가 TV를 켰을 때 (복합과거), 그 프로그램은 이미 끝났습니다. (대과거)

Fm20-03
J'avais déjà fini mon projet quand il m'a téléphoné.
[자베 데자 피니 몽 프호제 껑 띨 마 뗄레포네.]
그가 내게 전화했을 때 (복합과거) 나는 이미 프로젝트를 끝냈습니다. (대과거)

Fm20-04
Je n'avais pas encore fini mon travail quand mon patron est rentré.
[즈 나베 빠 정꼬흐 피니 몽 트하바이 껑 몽 빠트홍 에 헝트헤.]
사장이 돌아왔을 때 (복합과거) 나는 업무를 아직 끝내지 못했습니다. (대과거)

- SUMMARIZE — Determine important ideas!
- QUESTION — Ask questions as I read!
- VISUALIZE — Create mental images of what I read!
- CONNECT — Use what I knew!

Meta-cognition French

Section 4. part 20

● We are able to understand **our own working minds**.

● **allumer la télé** TV 를 켜다 / **la télévision** [뗄레비지옹]은 줄여서 **la télé** [뗄레]라고 합니다.
● **le train** [트항] 기차, **déjà** [데자] 이미, **partir** [빠흐띠흐] 떠나다, **quand** [껑] ~ 때에, **arriver** [아히베] 도착하다, **à** [아] ~에, **la gare** [갸흐] 역, **allumer** [알뤼메] 불을 켜다/스위치 넣다, **la télé** [뗄레] TV, **le programme** [프흐그함므] 프로그램, **finir** [피니흐] 끝내다, **mon** [몽] 나의, **le projet** [프호졔] 프로젝트, **me** [므] 나에게, **téléphoner** [뗄레포네] 전화하다, **ne ~ pas encore** [느 ~ 빠 정꼬흐] 아직 ~ 아니다, **le travail** [트하바이] 일/업무, **le patron** [빠트홍] 사장, **rentrer** [헝트헤] 돌아오다

❷ 반과거보다 먼저 완료된 행위

반과거는 주로 과거의 지속행위/상태/반복을 표현합니다.
그보다 먼저 완료된 행위에 대한 표현은 대과거를 사용합니다.

Fm20-05
J'étais ivre, j'avais beaucoup bu.
[제떼 이브흐, 자베 보꾸 뷔.]
나는 (술을) 많이 마셔서 취했습니다.

Fm20-06
J'étais contente, j'avais obtenu ma carte de séjour.
[제떼 꽁떵뜨, 자베 옵뜨뉘 마 꺄흐뜨 드 쎄주흐.]
나는 체류증을 받아서 기뻤습니다.

Fm20-07
Quand il avait plu, je sortais.
[껑 띨 라베 쁠뤼, 즈 쏘흐떼.]
나는 비가 오면 외출하곤 했습니다.

Fm20-08
Dès qu'il avait fini son travail, il se promenait.
[데 낄 라베 피니 쏭 트하바이, 일 쓰 프호므네.]
그는 일을 끝내자마자, 산책을 하곤 했습니다.

● **la carte de séjour** 는 '체류증'입니다. (**la carte d'identité** [꺄흐뜨 디덩띠떼] 신분증)
● **ivre** [이브흐] 취한, **boire (bu)** [부아흐 (뷔)] 마시다, **beaucoup** [보꾸] 많이, **content(e)** [꽁떵(뜨)] 기쁜, **obtenir (obtenu)** [옵뜨니흐 (옵뜨뉘)] 받다/취득하다, **ma** [마] 나의, **la carte** [꺄흐뜨] 증명서, **de** [드] ~의, **le séjour** [쎄주흐] 체류, **pleuvoir (plu)** [쁠르부아흐 (쁠뤼)] 비오다, **sortir (sorti)** [쏘흐띠흐 (쏘흐띠)] 나가다, **dès que** [데 끄] ~하자마자, **son** [쏭] 그의, **se promener** [쓰 프호므네] 산책하다

I'm wondering.
I'm feeling.

265

Section 4. Part 20 — Meta-Cognition French

Le train était déjà parti quand je suis arrivée à la gare.
프랑스어의 대과거와 전미래

프랑스어 전미래의 제조법!

프랑스어의 '전미래'는 어떤 사실보다 먼저 일어날 또 다른 미래의 사실을 표현합니다.
대과거와 마찬가지로 복합시제입니다.
미래를 표현하는 시제이므로 당연히 미래형을 이용해서 만듭니다.
'조동사 avoir / être 의 미래 + 과거분사'입니다. 조동사의 선택은 복합과거를 만들 때와 같고,
être 를 조동사로 사용할 때 과거분사를 주어의 성수와 일치시켜야 하는 점도 동일합니다.
자, 그러면 동사들의 전미래 형태를 살펴보겠습니다.
avoir [아부아흐] (가지다)와 partir [빠흐띠흐] (떠나다)가 준비되어 있습니다.

	avoir	partir
Je (J') [즈]	aurai eu (조헤) 으	serai parti(e) 쓰헤 빠흐띠]
Tu [뛰]	auras eu 오하 으	seras parti(e) 쓰하 빠흐띠]
Il [일]	aura eu 로하 으	sera parti 쓰하 빠흐띠]
Nous [누]	aurons eu 조홍 으	serons parti(e)s 쓰홍 빠흐띠]
Vous [부]	aurez eu 조헤 으	serez parti(e)(s) 쓰헤 빠흐띠]
Ils [일]	auront eu 조홍 으	seront partis 쓰홍 빠흐띠]

프랑스어 전미래의 사용법!

프랑스어 전미래는 기본적으로 미래에 벌어질 어떤 사실보다 앞서 이루어질 또 다른 미래의
사실을 표현합니다. 영어의 미래완료에 해당합니다. 그리고 독립적으로도 사용이 가능합니다.

- SUMMARIZE — Determine important ideas!
- QUESTION — Ask questions as I read!
- VISUALIZE — Create mental images of what I read!
- CONNECT — Use what I knew!

Section 4. part 20

❶ 미래보다 더 먼저 완료될 미래 행위

두 가지 미래 행위 중에 먼저 일어날 일은 전미래로, 나중에 일어날 일은 미래로 표현합니다. **être** 를 조동사로 사용할 경우 과거분사를 주어의 성수에 일치시키는 것에 유의하면서 예문을 보시기 바랍니다.

Fm20-09
Dès que tu auras obtenu ton diplôme, tu pourras travailler.
[데 끄 뛰 오하 좁뜨뉘 똥 디쁠롬므, 뛰 뿌하 트하바이예.]
너는 학위를 받자마자 (전미래) 일을 할 수 있을 거야. (미래)

Fm20-10
Quand elle sera arrivée, il sera ému.
[껑 뗄 쓰하 아히베, 일 쓰하 에뮈.]
그녀가 오면 (전미래) 그는 감동할 것입니다. (미래)

Fm20-11
Je ferai une fête quand mes parents seront partis en voyage.
[즈 프헤 윈느 페뜨 껑 메 빠헝 쓰홍 빠흐띠 엉 부아야주.]
나의 부모님이 여행을 떠나시면 (전미래) 나는 파티를 하겠습니다. (미래)

Fm20-12
Ils seront rentrés avant six heures, ils prépareront le dîner.
[일 쓰홍 헝트헤 아벙 씨 죄흐, 일 프헤빠흐홍 르 디네.]
그들은 6시 전에 돌아와서 (전미래) 저녁식사를 준비할 것입니다. (미래)

● **arriver** [아히베] (도착하다) / **rentrer** [헝트헤] (돌아오다) 등 왕래발착동사의 복합시제 조동사는 **être** 입니다.
● **obtenir (obtenu)** [옵뜨니흐 (옵뜨뉘)] 받다, **ton** [똥] 너의, **le diplôme** [디쁠롬므] 학위, **pouvoir** [뿌부아흐] ~할 수 있다, **travailler** [트하바이예] 일하다, **arriver** [아히베] 도착하다, **ému(e)** [에뮈] 감동한, **faire** [페흐] 하다, **une** [윈느] 하나의, **la fête** [페뜨] 파티, **mes** [메] 나의, **les parents** [빠헝] 부모님, **partir (parti)** [빠흐띠흐 (빠흐띠)] 떠나다, **en** [엉] ~에, **le voyage** [부아야주] 여행, **avant** [아벙] ~전에, **six** [씨스] 6, **l'heure** [뢰흐] 시간, **préparer** [프헤빠헤] 준비하다, **le dîner** [디네] 저녁식사

❷ 어떤 시점에 완료될 행위

프랑스어 전미래는 독립문에서도 사용 가능합니다. 미래의 어떤 시점에서 이미 완료되어 있을 행위를 나타냅니다. 전미래가 독립적으로 사용될 때는 일반적으로 시간 또는 때를 나타내는 표현을 함께 사용합니다.

Section 4. Part 20
Meta-Cognition French

Le train était déjà parti quand je suis arrivée à la gare.
프랑스어의 대과거와 전미래

We are able to understand our own working minds.

Fm20-13
En 2030, tout aura changé.
[엉 두 밀 트헝뜨, 뚜 또하 셩제.]
2030년에 모든 것이 변할 것입니다.

Fm20-14
Elle sera partie à neuf heures.
[엘 쓰하 빠흐띠 아 뇌 뵈흐.]
9시면 그녀는 떠났을 것입니다.

Fm20-15
Bientôt, il aura fini son projet.
[비앙또, 일 오하 피니 쏭 프호제.]
머지않아 그는 그의 프로젝트를 끝낼 것입니다.

Fm20-16
J'aurai eu mes résultats avant midi.
[조헤 으 메 헤쥘따 아벙 미디.]
정오 전에 나는 결과를 갖게 될 것입니다.

● 연도 앞에는 전치사 **en** 입니다. **en 2030** [엉 드 밀 트헝뜨] (2030년에는)
● 대명사 **tout** [뚜] (모든 것)은 3인칭 단수로 취급합니다.
● **deux mille trente** [두 밀 트헝뜨] 2030, **tout** [뚜] 모든 것, **changer** [셩제] 바꾸다,
à [아] ~에, **neuf** [뇌프] 9, **l'heure** [뢰흐] 시간, **bientôt** [비앙또] 곧/머지않아,
son [쏭] 그의, **mes** [메] 나의, **le résultat** [헤쥘따] 결과, **le midi** [미디] 정오

 마무리 '꿀팁'!

프랑스어로 동사변화를 '꽁쥐게종' (**la conjugaison**)이라고 합니다.
서점의 프랑스어 코너에 가보면 **La conjugaison** (동사변화표)라는 작은 책자가 있습니다.
모든 프랑스어 동사의 인칭, 시제, 법의 변화형태를 도표로 만든 일종의 동사변화 사전입니다.
유형별로 정리했기 때문에 두께는 얇습니다. 요즘은 인터넷 사전을 이용하기 때문에
효용이 덜하지만 예전에는 불한사전과 더불어 꼭 구비해야 하는 필수템이었습니다.
한 개의 동사가 한 페이지를 차지하고 있는데, 그 중 절반은 우리가 지금까지 학습한 직설법의
시제입니다. 총 8개의 직설법 시제 중 문어체 표현이라 다루지 않은 단순과거와 전과거를
제외한 6개의 시제와 분사형태를 일목요연하게 확인할 수 있습니다. 전체 시제를 한눈에 살펴볼
수 있기 때문에 우리가 배운 그동안의 내용을 복습할 수 있는 좋은 도구가 될 수 있습니다.

Meta-Cognition French

- **SUMMARIZE** — Determine important ideas!
- **QUESTION** — Ask questions as I read!
- **VISUALIZE** — Create mental images of what I read!
- **CONNECT** — Use what I knew!

We are able to understand **our own working minds**.

Section 4. part 20

Section 4.   Part 20+
프랑스어 회화능력 단련장

(이 책 전체를 가볍고 빠르게 일독하실 분은 이번 코너를 살짝! 스킵하셔도 됩니다.)

다시 한번 간단하게 완료시제를 도식화하면 대과거는 **J'avais + p.p.~ / J'étais + p.p.~** 로, 전미래는 **J'aurai + p.p.~ / Je serai + p.p.~** 로 시작합니다. **être** 와 **avoir** 동사의 반과거와 미래시제만 알면, 조동사의 선택이나 과거분사의 일치 여부는 모두 복합과거의 원칙과 같습니다. 더 먼저 일어난/일어날 일에 대한 논리적 판단만 서면 문장을 만들어 내는데 어려움이 없습니다.

Fm20+01
J'avais fini mon maquillage quand il m'a téléphoné.
[자베 피니 몽 마끼아주 껑 띨 마 뗄레포네.]
그가 내게 전화했을 때, 나는 화장을 끝냈습니다.

Fm20+02
Il avait oublié que c'était mon anniversaire.
[일 라베 우블리에 끄 쎄떼 모 나니베흐쎄흐.]
그는 나의 생일이었다는 것을 잊고 있었습니다.

Fm20+03
Mes parents avaient acheté la maison avant ma naissance.
[메 빠헝 아베 아슈떼 라 메종 아벙 마 네썽쓰.]
나의 부모님은 나의 출생 전에 그 집을 샀습니다.

Fm20+04
J'avais préparé le dîner quand il est rentré.
[자베 프헤빠헤 르 디네 껑 띨 레 헝트헤.]
그가 돌아왔을 때 나는 저녁식사를 준비했습니다.

● 명사주어 + 동사는 연음을 하지 않습니다. **Mes parents avaient** [메 빠헝 아베]
● **finir** [피니흐] 끝내다, **mon/ma/mes** [몽/마/메] 나의, **le maquillage** [마끼아주] 화장, **quand** [껑] ~할 때, **me** [므] 나에게, **téléphoner** [뗄레포네] 전화히다, **oublier** [우블리에] 잊다, **que** [끄] ~이라는 것, **c'est** [쎄] 이것은 ~이다, **l'anniversaire** [아니베흐쎄흐] 생일, **les parents** [빠헝] 부모, **acheter** [아슈떼] 사다, **la maison** [메종] 집, **avant** [아벙] ~전에, **la naissance** [네썽쓰] 출생, **préparer** [프헤빠헤] 준비하다, **le dîner** [디네] 저녁식사, **rentrer** [헝트헤] 돌아오다

I'm **wondering**.

I'm **feeling**.

We have the ability to transform our mental processes.

The value of Meta-Cognition is the training of mind to think.

Section 4. Part 20
Meta-Cognition — French

Le train était déjà parti quand je suis arrivée à la gare.
프랑스어의 대과거와 전미래

Fm20+05
Elle était déjà sortie quand il est rentré.
[엘 레떼 데자 쏘흐띠 껑 띨 레 헝트헤.]
그가 돌아왔을 때, 그녀는 이미 외출했습니다.

Fm20+06
Est-ce que vous étiez déjà allé dans ce restaurant?
[에-쓰 끄 부 제티에 데자 알레 덩 쓰 헤쓰또헝?]
당신(들)은 그 식당에 이미 가본 적이 있습니까?

Fm20+07
Mes parents s'étaient dépêchés mais ils sont arrivés en retard.
[메 빠헝 쎄떼 데뻬쉐 메 일 쏭 따히베 엉 흐따흐.]
나의 부모님은 서둘렀지만 늦게 도착했습니다.

Fm20+08
Je m'étais déjà couchée quand tu m'as téléphoné.
[즈 메떼 데자 꾸쉐 껑 뛰 마 뗄레포네.]
네가 나에게 전화했을 때, 나는 이미 잠자리에 들었어.

- 복합시제에서 간접보어 **me** [므] (나에게)의 위치는 조동사 바로 앞입니다.
- **déjà** [데자] 이미, **sortir (sorti)** [쏘흐띠흐 (쏘흐띠)] 나가다, **est-ce que ~?** [에-쓰 끄] ~입니까?, **aller** [알레] 가다, **dans** [덩] ~안에, **ce** [쓰] 이/그/저, **le restaurant** [헤쓰또헝] 식당, **se dépêcher** [쓰 데뻬쉐] 서두르다, **mais** [메] 그러나, **arriver** [아히베] 도착하다, **en** [엉] ~에 (상태), **le retard** [흐따흐] 지각, **se coucher** [쓰 꾸쉐] 눕다/잠자리에 들다

 드디어 플러스 '엔딩'!

두뇌를 좀 써줘야 하는 복합시제에 익숙해지는 방법은 의외로 간단합니다.
방법은 단순한 패턴을 반복하는 것입니다. 예를 들어 접속사 **quand** [껑] (~할 때) 뒤에다가 과거 어느 시점에서 발생한 행위를 복합과거나 반과거로 한 문장 딱 붙박이로 고정해두고, 다음은 그 전에 벌어졌던 행위를 상상해서 문장을 만들면 됩니다! 그리고 연습은 상황을 애써 만들 필요 없이 이 교재에서 이미 배운 내용을 조립하면 됩니다! 사전도 필요 없고, 새로운 동사도 필요 없습니다! 조립만으로 충분하니까요!

SUMMARIZE	QUESTION	VISUALIZE	CONNECT
Determine important ideas!	Ask questions as I read!	Create mental images of what I read!	Use what I knew!

Meta-cognition French

We are able to understand **our own working minds**.

Section 4.
part 20

Fm20+09
J'aurai préparé mes bagages avant le départ.
[조헤 프헤빠헤 메 바갸주 아벙 르 데빠흐.]
출발 전에 나는 내 짐들을 준비할 것입니다.

Fm20+10
Quand ils seront rentrés, on mangera ensemble.
[껑 띨 쓰홍 헝트헤, 옹 멍주하 엉썽블르.]
그들이 돌아오면, 함께 먹을 것입니다.

Fm20+11
Quand elle sera arrivée, il sera content.
[껑 뗄 쓰하 아히베, 일 쓰하 꽁떵.]
그녀가 도착하면, 그는 기쁠 것입니다.

Fm20+12
Je vous appellerai quand je serai arrivée à la gare.
[즈 부 아뻴르헤 껑 즈 쓰헤 아히베 아 라 갸흐.]
역에 도착하면 당신(들)에게 전화하겠습니다.

- 일반적인 사람들을 나타내는 주어 **on** [옹]은 3인칭단수로 취급합니다.
- 간접보어 **vous** [부] (당신(들)에게)의 위치는 동사 바로 앞입니다.
- **le bagage** [바갸주] 짐/가방, **le départ** [데빠흐] 출발, **on** [옹] 사람들/우리, **manger** [멍제] 먹다, **ensemble** [엉썽블르] 함께/같이, **content(e)** [꽁떵(뜨)] 기쁜/만족한, **vous** [부] 당신에게, **appeler** [아쁠레] 부르다/전화하다, **la gare** [갸흐] 역

I'm wondering.

I'm feeling.

 마침내 섹션 4. 마무리!

문장의 기초를 세우고 디테일을 다듬는 단계를 넘어 이제 우리의 프랑스어는 '시간 여행'도 가능하게 되었습니다. 당장 프랑스로 날아가 현지인들과 일상적인 대화를 나눌 수 있는 수준이 된 것이죠. 여기까지 이루어낸 우리 모두의 의지에! 진심으로 아낌없는 박수를 보내드립니다.

● **Section 4. Meta 총정리 코너!**

이번 섹션의 각 5과에 대해서
우리의 생각 속에 남아 있는 내용을 3가지로 요약하는 코너입니다.
문법내용을 생각나는 대로 자유롭게 이야기해보세요!

Section 4.   Part 16
Je serai artiste.
프랑스어의 미래

❶
❷
❸

Section 4.   Part 17
J'écoute de la musique en travaillant.
프랑스어 현재분사와 제롱디프 그리고 과거분사

❶
❷
❸

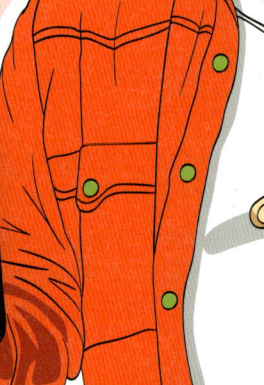

- **SUMMARIZE** — Determine important ideas!
- **QUESTION** — Ask questions as I read!
- **VISUALIZE** — Create mental images of what I read!
- **CONNECT** — Use what I knew!

We are able to understand our own working minds.

Section 4. Part 18
Elle est allée à la bibliothèque.
프랑스어의 복합과거

❶
❷
❸

Section 4. Part 19
Avant, elle était si belle.
프랑스어의 반과거

❶
❷
❸

Section 4. Part 20
Le train était déjà parti quand je suis arrivée à la gare.
프랑스어의 대과거와 전미래

❶
❷
❸

I'm wondering.

I'm feeling.

We have the ability to transform our mental processes.

The value of Meta-Cognition is the training of mind to think.

- **SUMMARIZE** — Determine important ideas!
- **QUESTION** — Ask questions as I read!
- **VISUALIZE** — Create mental images of what I read!
- **CONNECT** — Use what I knew!

We have the ability to transform our mental processes.

The value of Meta-Cognition is the training of mind to think.

275

Section 5.   Part 21

La tarte aux fraises est faite par le pâtissier.
딸기파이는 파티시에에 의해 만들어집니다.
프랑스어의 수동문

수동태는 목적어를 주어로 바꾸어 말하는 방식입니다. 문장이 전달하는 팩트는 결과적으로 똑같지만 누가 주인공이 되어 먼저 등장하느냐에 따라 뉘앙스의 차이가 생깁니다.
이제 우리들은 프랑스어 문장의 섬세한 어감 차이까지 다스릴 수 있는 단계에 도달했습니다.
자, 이제부터 입장 바꿔 표현하는 수동태의 묘미를 느끼시기 바랍니다.

Section 5.
part 21

프랑스어의 능동태 vs 수동태!

문법에서 말하는 동사의 태(態)란 주어가 동사의 동작을 하는가
혹은 받는가에 따라 달라지는 동사의 형태를 말합니다.
'~하다' 와 '~되다'의 문제죠. '~하다' 는 능동태, '~되다'는 수동태입니다.
프랑스어에도 '능동태'와 '수동태'가 있습니다. 거의 모든 동사는 주어가 동작을 하는
능동으로 사용됩니다. 따라서 이번 과의 우리의 초점은 프랑스어 능동문을 수동문으로
바꾸어 표현하는 법에 맞추겠습니다. 능동문과 수동문은 결과적으로는 같은 내용을 전달하지만
강조의 방점이 어디에 찍히느냐에 따라 미묘한 뉘앙스의 차이가 생깁니다.
관점을 바꾸어 보는 것으로 우리의 프랑스어 표현은 더욱 다양해질 것입니다.
그리고 덤으로 우리는 어느덧 중급 수준의 프랑스어를 배우고 있다는 자부심이 따라옵니다.

프랑스어의 수동태!

프랑스어 수동태의 형태는 기본적으로 '조동사 **être** + 과거분사 + **par**' 입니다.
être 를 조동사로 사용하는 복합과거 형태와 비슷합니다.
하지만 수동태가 될 수 있는 동사는 타동사만 가능하기 때문에 형태는 비슷해도
자동사(가다, 오다, 떠나다, 도착하다 등)으로 과거 시제를 만드는 복합과거와는
쉽게 구별이 가능합니다.
기본 예문과 함께 설명드리겠습니다.

Paul invite ses amis.
폴은 그의 친구들을 초대합니다.   (능동태)

Ses amis sont invités par Paul.
그의 친구들은 폴에 의해 초대됩니다.   (수동태)

The value of Meta-Cognition is the training of mind to think.
We have the ability to **transform our mental processes**.

Section 5. Part 21 — Meta-Cognition French

La tarte aux fraises est faite par le pâtissier.
프랑스어의 수동문

We are able to understand **our own working minds**.

- 수동태 문장에서 조동사 **être** 와 과거분사는 주어의 성수와 일치시킵니다. (**Ses amis sont invités**)
- **inviter** 초대하다, **ses** 그의, **l'ami** 친구, **par** ~에 의해서

능동태의 직접보어(**ses amis**)가 수동태의 주어가 됩니다.
동작의 행위자인 능동태의 주어(**Paul**)은 수동태에서 전치사 **par** (~에 의해서)로 연결됩니다.
그리고 능동태의 동사(**invite**)는 '**être** + 과거분사'의 형태로 바뀝니다.
이 대목에서 주의할 점은 **être** 를 조동사로 사용할 때는 언제나 과거분사를
주어의 성수와 일치시켜야 한다는 것입니다! (**sont invités**)

Fm21-01 **Les policiers arrêtent le voleur.**
경찰들은 도둑을 잡습니다.

Fm21-02 **Le voleur est arrêté par les policiers.**
도둑은 경찰들에 의해 잡힙니다.

Fm21-03 **Le pâtissier fait la tarte aux fraises.**
파티시에는 딸기파이를 만듭니다.

Fm21-04 **La tarte aux fraises est faite par le pâtissier.**
딸기파이는 파티시에에 의해 만들어집니다.

- 수동태의 과거분사는 주어의 성수에 일치시킵니다. (➔ **est faite**)
- 전치사 **à** 는 '~이 있는'의 의미도 있습니다. **la tarte** (파이) **à** + **les fraises** (딸기들)
➔ **la tarte aux fraises** 딸기파이 (관사축약 되었습니다.) **la tarte aux pommes** (사과파이) /
la tarte aux œufs (에그타르트) / **le café au lait** (카페오레)
- **le policier** 경찰관, **arrêter** 멈추게 하다/체포하다, **le voleur** 도둑,
le pâtissier 파티시에/제빵사, **faire (fait)** 만들다, **la tarte** 파이, **la fraise** 딸기,
la pomme 사과, **l'œuf** 계란, **le café** 커피, **au** ~이 있는 (**à** + **le** 관사축약형), **le lait** 우유

- **SUMMARIZE** — Determine important ideas!
- **QUESTION** — Ask questions as I read!
- **VISUALIZE** — Create mental images of what I read!
- **CONNECT** — Use what I knew!

Section 5. part 21

We are able to understand **our own working minds**.

프랑스어 수동태의 시제!

프랑스어 수동태의 시제는 능동태의 시제와 동일합니다. 조동사 **être** 로 표현합니다.
그러니까 **être** 의 형태만 보면 시제는 바로 그냥 파악 가능합니다.
프랑스어 수동문에서 가장 많이 사용하는 시제는 현재와 복합과거입니다.
참고로 **être** 동사를 복합과거로 만들 때 사용하는 조동사는 **avoir** 입니다.

Fm21-05
Le panier est rempli par des fruits.
바구니는 과일들에 의해 가득 찼습니다.

Fm21-06
La télévision est dépannée par le technicien.
텔레비전은 기술자에 의해 수리되었습니다.

Fm21-07
Ce roman a été écrit par Victor Hugo.
이 소설은 빅톨 위고에 의해 쓰여졌습니다.

Fm21-08
Le président de la Corée du sud a été élu par les électeurs coréens.
한국의 대통령이 한국 유권자들에 의해 선출되었습니다.

- **être** 를 조동사로 사용할 때 과거분사는 주어의 성수와 일치시킵니다. (est dépannée)
- 외국 언론에서 우리나라는 보통 **la Corée du sud** (남한)으로 표기합니다. **de + le sud** (남쪽)
➔ **du sud** 관사축약입니다.
- **le panier** 바구니, **remplir** 가득 채우다, **le fruit** 과일, **la télévision** 텔레비젼, **dépanner** 수리하다, **le technicien** 기술자/전문가, **ce** 이/그/저, **le roman** 소설, **écrire** 쓰다, **le président** 대통령/의장, **de** ~의, **la Corée** 한국, **le sud** 남쪽, **élire** 선출하다, **l'électeur** 유권자, **coréen** 한국의

행위자를 생략하는 경우!

능동태의 주어가 특정되지 않고 일반적인 사람을 의미할 때는 수동태에서 생략해버립니다.
예를 들어 사람이나 사물을 막연하게 지시하는 부정대명사(否定代名詞) 중 **on** (사람들)이나
quelqu'un (누군가) 등이 능동태의 주어라면 수동태에서는 굳이 밝히지 않는 것이
자연스러운 어법입니다.

I'm wondering.

I'm feeling.

The value of Meta-Cognition is the training of mind to think.
We have the ability to transform our mental processes.

Section 5. Part 21
Meta-Cognition French

La tarte aux fraises est faite par le pâtissier.
프랑스어의 수동문

We are able to understand our own working minds.

Fm21-09
On utilise de plus en plus l'ordinateur.
(사람들은) 점점 더 컴퓨터를 사용하고 있습니다.

Fm21-10
L'ordinateur est de plus en plus utilisé.
컴퓨터는 점점 더 많이 사용되고 있습니다.

Fm21-11
On a annulé un rendez-vous chez le dentiste.
(사람들은) 치과에서의 약속을 취소했습니다.

Fm21-12
Un rendez-vous a été annulé chez le dentiste.
치과에서의 약속은 취소되었습니다.

- 부정대명사 **on** 과 함께 사용하는 동사는 언제나 3인칭 단수형입니다.
- **de plus en plus** 점점 더 많이
- 전치사 **chez** + 사람은 '그 사람의 집'입니다. (**chez le dentiste** 치과의사의 집 ➡ 치과)
- **on** 사람들, **utiliser** 사용하다, **l'ordinateur** 컴퓨터, **annuler** 취소하다, **un** 하나의, **le rendez-vous** 약속, **chez** ~집에, **le dentiste** 치과의사

앞서 살펴본 것처럼 프랑스어 수동태 대부분은 전치사 **par** 에 의해 만들어집니다. 그러나 일부 동사들은 전치사 **de** 를 사용합니다. 대개 감정이나 생각을 나타내는 동사(**aimer** 좋아하다 / **respecter** 존경하다 등)들이 해당됩니다.
또한 지속되는 상태를 표현하는 동사(**couvrir** 덮다 / **composer** 구성하다 등)들도 전치사 **de** 를 사용합니다. 이 경우는 특히 행위자가 무생물일 가능성이 높습니다.

Fm21-13
Elle est aimée de ses collègues.
그녀는 그녀의 동료들로부터 사랑받고 있습니다.

Fm21-14
Ce politicien est respecté de son peuple.
그 정치인은 그의 국민으로부터 존경받고 있습니다.

Fm21-15
La route est couverte de neige.
도로는 눈으로 덮여 있습니다.

Fm21-16
Une équipe de football est composée de onze joueurs.
축구팀은 11명의 선수로 구성되어 있습니다.

- SUMMARIZE — Determine important ideas!
- QUESTION — Ask questions as I read!
- VISUALIZE — Create mental images of what I read!
- CONNECT — Use what I knew!

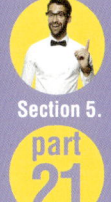

Section 5. part 21

● We are able to understand **our own working minds**.

● être 를 조동사로 사용할 때 과거분사는 주어의 성수와 일치시킵니다.
● aimer 좋아하다, son/ses 그(녀)의, le collègue 동료, le politicien 정치가, respecter 존경하다, le peuple 국민, la route 도로, couvrir (couvert) 덮다, la neige 눈, une 하나의, l'équipe 팀, le football 축구, composer 구성하다, onze 11, le joueur 선수

 형용사처럼 사용되는 과거분사!

프랑스어 수동태는 묘사와 서술의 기능도 가지고 있습니다.
과거에 이미 일어난 행위에 대한 결과를 표현합니다.
행위자가 누구인지는 중요하지 않기 때문에 밝히지 않습니다.
이때의 과거분사는 형용사가 됩니다.

Fm21-17 La tasse est cassée.
잔이 깨져 있습니다.

Fm21-18 La porte est ouverte.
문이 열려 있습니다.

Fm21-19 Cet acteur français est très connu.
그 프랑스 남자배우는 매우 알려져 있습니다. (유명합니다.)

Fm21-20 Le sapin de Noël est très joliment décoré.
크리스마스 트리가 아주 예쁘게 장식되어 있습니다.

● 모음이나 무성 h 로 시작하는 남성명사는 지시형용사 남성 제2형 **cet** 를 사용합니다.
cet acteur / cet homme (남자)
● 복합시제에서 부사는 일반적으로 조동사와 과거분사 사이에 놓입니다.
● **la tasse** 잔, **casser** 깨뜨리다, **la porte** 문, **ouvrir (ouvert)** 열다, **cet** 이/그/저, **l'acteur** 남자배우, **français** 프랑스의, **très** 매우, **connaître (connu)** 알다, **le sapin** 전나무, **Noël** 크리스마스, **joliment** 예쁘게, **décorer** 장식하다

Section 5. Part 21 — Meta-Cognition French

La tarte aux fraises est faite par le pâtissier.
프랑스어의 수동문

We are able to understand our own working minds.

 그 외의 프랑스어 수동 표현!

능동태를 수동태로 전환하는 방법 외에도 수동적인 의미를 표현하는 방법들이 있습니다. 대표적으로는 우리가 이미 공부한 대명동사의 수동적 기능을 들 수 있습니다. (제08과 대명동사의 수동적 용법 참조) 그리고 또 하나는 사역동사 **faire** (~하게 만들다/시키다)를 이용하여, **faire** + 동사원형으로 표현하는 방법입니다.

Fm21-21 J'ai fait réparer ma voiture.
나는 나의 차를 수리시켰습니다.

Fm21-22 Ma mère a fait nettoyer à sec ce manteau.
나의 어머니는 이 외투를 드라이클리닝 시켰습니다.

Fm21-23 Je voudrais faire livrer ce canapé.
나는 이 소파를 배달시키고 싶습니다.

Fm21-24 Je voudrais me faire rembourser.
나는 나를 환불 받게 하고 싶습니다. (환불해 주십시오.)

- **nettoyer à sec** 드라이클리닝하다
- **Je voudrais** + 동사원형. (나는 ~하고 싶다.)는 조건법 현재형의 정중어법입니다.
- **faire (fait)** 하다/만들다, **réparer** 수리하다, **ma** 나의, **la voiture** 자동차, **la mère** 어머니, **nettoyer** 청소하다, **à** ~ 방식으로, **sec** 건조한, **le manteau** 외투, **livrer** 배달하다, **le canapé** 소파, **me** 나를, **rembourser** 갚다

 마무리 '꿀팁'!

제시된 예문을 능동태는 수동태로, 수동태는 능동태로 모두 바꾸어 봅시다! 태전환은 실제로 프랑스어 시험에 자주 출제되는 문제유형입니다. 문장의 태를 자유롭게 바꿔보면서 표현방식의 다양성을 느끼실 수 있을 것입니다.
참고로! 과거분사를 주어의 성수에 일치시킬 때, 대부분의 경우에는 발음의 변화가 없어서 말을 할 때는 큰 문제가 되지 않지만 시험출제자는 유독 이 부분을 주목합니다. 우리들이 문법을 제대로 이해하고 있는지 파악할 수 있는 중요한 기준이 되기 때문입니다. **être** 가 조동사로 사용된다면 과거분사의 일치 여부에 항상 유의하시기 바랍니다.

Section 5.   Part 21+

프랑스어 회화능력 단련장

(이 책 전체를 가볍고 빠르게 일독하실 분은 이번 코너를 살짝! 스킵하셔도 됩니다.)

수동태의 현재형과 과거형을 'est + 과거분사'와 'a été + 과거분사' 패턴으로 연습하겠습니다. 특히 과거분사를 주어의 성수에 일치하는 부분을 유의하면서 수동태의 다양한 문장을 반복해 봅시다! 그리고 주어와 목적어가 자리바꿈을 하면 달라지는 뉘앙스를 느껴 봅시다!

Fm21+01
La souris est mangée par le chat.
쥐는 고양이에 의해 먹힙니다.

Fm21+02
Une manifestation est organisée par les étudiants.
시위가 학생들에 의해 조직됩니다.

Fm21+03
Le malade est soigné par l'infirmière.
환자는 간호사에 의해 돌보아집니다.

Fm21+04
Le plan de la maison est dessiné par l'architecte.
집의 설계도는 건축가에 의해 그려집니다.

● la manifestation (시위/데모)는 줄여서 la manif 라고도 부릅니다.
● la souris 쥐, manger 먹다, le chat 고양이, une 하나의, la manifestation 시위/데모, organiser 조직하다, l'étudiant 학생, le malade 환자, soigner 돌보다/보살피다, l'infirmière 간호사, le plan 설계도/도면, de ~의, la maison 집, dessiner (도면을) 그리다/제도하다, l'architecte 건축가

283

Section 5. Part 21 — Meta-Cognition French

La tarte aux fraises est faite par le pâtissier.
프랑스어의 수동문

We are able to understand **our own working minds**.

Fm21+05 **La lettre a été envoyée par Marie hier.**
편지는 마리에 의해 어제 보내졌습니다.

Fm21+06 **La route a été bloquée par des manifestants.**
도로는 시위자들에 의해 막혔습니다.

Fm21+07 **Un piéton a été renversé par une voiture.**
한 보행자가 자동차에 의해 치였습니다.

Fm21+08 **Cette photo a été prise par le journaliste.**
이 사진은 기자에 의해 찍혔습니다.

- **prendre une photo** 사진을 찍다
- **la lettre** 편지, **envoyer** 보내다, **hier** 어제, **la route** 도로, **bloquer** 막다/차단하다, **des** 어떤, **le manifestant** 시위자, **le piéton** 보행자, **renverser** 넘어뜨리다/쓰러뜨리다, **un/une** 하나의/어떤, **la voiture** 자동차, **cette** 이/그/저, **la photo** 사진, **prendre (pris)** 취하다/먹다/타다/찍다, **le journaliste** 기자

- SUMMARIZE — Determine important ideas!
- QUESTION — Ask questions as I read!
- VISUALIZE — Create mental images of what I read!
- CONNECT — Use what I knew!

Meta-Cognition French

● We are able to understand **our own working minds**.

Section 5. part **21**

Fm21+09 Marie est aimée de tout le monde.
마리는 모든 사람들에게 사랑받고 있습니다.

Fm21+10 Ce professeur est respecté de ses étudiants.
그 선생님은 그의 학생들에게 존경받고 있습니다.

Fm21+11 La table est couverte de poussière.
책상은 먼지로 뒤덮여 있습니다.

Fm21+12 Le comité est composé de douze membres.
위원회는 12명의 회원들로 구성되어 있습니다.

- **tout le monde** 모든 사람
- **aimer** 좋아하다/사랑하다, **tout** 모든, **le monde** 세계/사람, **ce** 이/그/저, **le professeur** 선생님, **respecter** 존경하다, **ses** 그의, **l'étudiant** 학생, **la table** 책상/테이블, **couvrir (couvert)** 덮다, **la poussière** 먼지, **le comité** 위원회, **composer** 구성하다, **douze** 12, **le membre** 회원/멤버

I'm wondering.

I'm feeling.

드디어 플러스 '엔딩'!

수동태와 능동태는 말 그대로 '입장 바꿔 생각해보는' 표현법입니다. 능동에서 수동으로 바뀐 문장에서 강조되어 방점이 찍히는 부분을 느낄 수 있었다면 우리들의 이번 과 학습효과는 대만족입니다. 문장의 구성요소들을 이리저리 이동시켜보고 동사의 형태도 적절하게 변화시키는 '놀이' 과정을 통해서 이제 우리의 프랑스어는 자유자재의 경지로 진입하게 되었습니다!

The value of Meta-Cognition is the training of mind to think.
We have the ability to transform our mental processes.

Section 5.   Part 22
J'ai un ami qui étudie en France.
나는 프랑스에서 공부하고 있는 친구가 하나 있습니다.
프랑스어의 관계문

이번 과의 주인공은 프랑스어의 '관계문'입니다.
관계문은 우리말과 같은 알타이어계에는 없는 표현법이지만 대부분의 유럽어에는 존재합니다.
관계문은 2문장의 공통점을 찾아서 반복을 피하고 관계대명사를 이용해 하나로 연결해줍니다.
결국 관계대명사는 문장을 깔끔하게 정돈해 주는 역할을 합니다. 우리의 프랑스어가 더욱
유려해질 수 있는 시간, 관계대명사를 정리해보겠습니다.

We are able to understand our own working minds.

- SUMMARIZE — Determine important ideas!
- QUESTION — Ask questions as I read!
- VISUALIZE — Create mental images of what I read!
- CONNECT — Use what I knew!

We are able to understand **our own working minds**.

Section 5.
part 22

  프랑스어의 관계대명사!

관계대명사는 기본적으로 대명사와 접속사의 임무를 동시에 수행하는,
즉 '받아서 연결해주는 역할'을 합니다.
관계대명사를 이용하면 2개의 문장을 하나로 연결할 수 있고, 좀 더 유려한 표현이 가능해집니다.
프랑스어 관계대명사는 크게 2가지 종류가 있습니다. 선행사의 성수와는 무관하게 항상 같은
형태를 유지하는 '단순형' (**qui/que/dont/où**)와 선행사의 성수에 따라 형태가 변하는 '복합형'
(**lequel**)이 있습니다. 그런데 주로 선행사가 사물일 때 전치사와 함께 사용하는
복합형 관계대명사는 사용이 제한적이고, 사용빈도가 그다지 높지 않습니다.
따라서 우리는 단순형 관계대명사의 사용법에 집중하겠습니다. 아울러 간단한 패턴으로
문장의 각 요소를 강조해서 표현할 수 있는 '강조구문'에 대한 설명도 드리겠습니다.

  프랑스어의 관계대명사 맛보기!

사실 우리끼리 이야기지만 관계대명사 없이도 얼마든지 의사소통이 가능합니다.
단문으로 뚝뚝 끊어서 말하면 되니까요. 하지만 관계대명사의 효용을 한 번 경험하면
단문 커뮤니케이션의 한계를 당장 벗어나고 싶어집니다.
자! 그러면 관계대명사의 기본 사용법, 시식 들어가겠습니다!

Je regarde un garçon.
나는 한 소년을 보고 있습니다.

Ce garçon court vite.
그 소년은 빨리 달리고 있습니다.

➡ **Je regarde un garçon qui court vite.**
　나는 빨리 달리고 있는 한 소년을 보고 있습니다.

● 공통이 되는 요소 **un garçon** (한 소년)과 **ce garçon** (그 소년)을 가지고 두 문장을
　하나로 연결합니다.
● 선행사를 받아 관계대명사 **qui** 로 연결했습니다.
● **regarder** 보다, **un** 하나의, **le garçon** 소년, **ce** 이/그/저, **courir** 달리다, **vite** 빨리

Section 5. Part 22
J'ai un ami qui étudie en France.
프랑스어의 관계문

Meta-Cognition French

 프랑스어 관계대명사 4대 천왕!

프랑스단순형 관계대명사의 4대천왕, **qui / que / dont / où** [끼/끄/동/우]를 소개합니다. 이들은 모두 선행사의 성수와 무관하게 한결같은 형태를 갖습니다. 이제부터 하나씩 만나보겠습니다.

❶ 관계대명사 **qui** : 관계절의 주어

관계절이란 관계대명사에 따라오는 종속절을 말합니다.
프랑스어 관계대명사 **qui** 는 관계절의 주어입니다. 따라서 '**qui** + 동사'로 연결됩니다.
qui 이하의 동사는 항상 선행사의 인칭과 성수에 일치해야 합니다.
선행사는 사람/사물 모두 받을 수 있습니다. 경우에 따라 전치사와 함께 사용할 수도 있습니다.
선행사가 사람일 때 '전치사 + **qui**' 형태가 가능합니다.

Fm22-01 J'ai un ami qui étudie en France.
나는 프랑스에서 공부하고 있는 친구가 하나 있습니다.

Fm22-02 Je connais bien l'homme qui vient d'entrer.
나는 (방금) 들어온 남자를 잘 알고 있습니다.

Fm22-03 Je prends l'autobus qui passe à 8 h 10.
나는 8시10분에 지나가는 버스를 탑니다.

Fm22-04 Tu es une personne en qui j'ai confiance.
너는 내가 신뢰하는 사람이야.

● **venir de** + 동사원형은 근접과거입니다. (주관적으로) 방금 일어난 일을 표현합니다.
d'entrer ➜ de + entrer (모음축약)
● **avoir confiance en** ~ 은 '~를 신뢰하다/믿다'입니다.
● **avoir** 가지다, **un/une** 하나의, **l'ami** (남자)친구, **étudier** 공부하다, **en** ~에, **connaître** 알다, **bien** 잘, **l'homme** 남자, **venir** 오다, **entrer** 들어오다, **prendre** 취하다/타다, **l'autobus** 버스, **passer** 지나가다, **à** ~에, **huit** 8, **l'heure** 시간 (약어로 h 만 표기), **dix** 10, **être** ~이다, **la personne** 사람, **en** ~의, **la confiance** 신뢰

- SUMMARIZE — Determine important ideas!
- QUESTION — Ask questions as I read!
- VISUALIZE — Create mental images of what I read!
- CONNECT — Use what I knew!

Section 5.
part 22

❷ 관계대명사 **que** : 관계절의 직접보어

프랑스어 관계대명사 **que** 는 관계절의 직접보어입니다. '**que** + 주어 + 동사'로 연결됩니다. 선행사는 사람/사물 모두 받을 수 있습니다. 관계대명사 **que** 뒤에 모음이 오면 **qu'** 형태로 모음생략을 합니다.

Fm22-05
J'ai un frère que je ne vois pas souvent.
나는 자주 만나지 않는 남자형제가 있습니다.

Fm22-06
La robe que tu portes est très jolie.
네가 입고 있는 원피스는 아주 예쁘다.

Fm22-07
Le livre que je lis maintenant est intéressant.
내가 지금 읽고 있는 책은 흥미롭습니다.

Fm22-08
Le vin est une boisson que les Français aiment boire.
와인은 프랑스인들이 마시기 좋아하는 음료입니다.

- 국적을 나타내는 명사는 대문자로 씁니다. **le Français / les Français** (프랑스인/ 프랑스인들)
- **aimer** + 동사원형은 '~하기를 좋아하다'입니다.
- **le frère** 남자형제 (오빠/남동생), **voir** 보다/만나다, **ne ~ pas** ~ 아니다, **souvent** 자주, **la robe** 원피스, **porter** 입다/착용하다, **très** 매우, **joli(e)** 예쁜, **le livre** 책, **lire** 읽다, **maintenant** 지금, **intéressant(e)** 흥미로운, **le vin** 와인, **la boisson** 음료/마실 것, **le Français** 프랑스인, **aimer** 좋아하다, **boire** 마시다

❸ 관계대명사 **dont** : 전치사 **de** 로 연결된 보어

프랑스어 관계대명사 **dont** 은 관계절의 문장에서 전치사 **de** 가 이끄는 보어를 받습니다. 선행사는 사람/사물 모두 받을 수 있습니다. **dont** 속에 포함된 **de** 는 관계절의 어느 한 부분과 연결되어 명사, 형용사 또는 동사의 보어가 됩니다.

Section 5. Part 22 — Meta-Cognition French
J'ai un ami qui étudie en France.
프랑스어의 관계문

Fm22-09 **Je connais la fille dont le père est médecin.**
나는 아버지가 의사인 그 소녀를 알고 있습니다.

Fm22-10 **Je lis l'article dont vous me parlez.**
나는 당신이 나에게 말하는 기사를 읽고 있습니다.

Fm22-11 **Mon père me donne l'argent dont j'ai besoin.**
아버지는 내가 필요한 돈을 나에게 줍니다.

Fm22-12 **Elle raconte une histoire dont je ne me souviens plus.**
그녀는 내가 더 이상 기억하지 못하는 이야기를 말하고 있습니다.

- **parler de ~** (~에 대해 말하다) / **avoir besoin de ~** (~가 필요하다) / **se souvenir de ~** (~을 기억하다)
- 간접보어 **me** 는 동사 바로 앞에 옵니다.
- **connaître** 알다, **la fille** 소녀, **le père** 아버지, **le médecin** 의사, **lire** 읽다, **l'article** 기사, **me** 나에게 (간접보어), **parler** 말하다, **mon** 나의, **donner** 주다, **l'argent** 돈, **le besoin** 필요, **raconter** 이야기하다, **l'histoire** 이야기/역사, **se souvenir** 기억하다, **ne ~ plus** 더 이상 ~ 아니다

❹ 관계대명사 **où** : 관계절의 '장소와 시간' 보어

프랑스어 관계대명사 **où** 는 관계절의 '장소와 시간'을 나타내는 보어를 받습니다. 그러니까 선행사는 당연히 사물만 가능합니다.

Fm22-13 **La rue où j'habite est tranquille.**
내가 살고 있는 거리는 조용합니다.

Fm22-14 **Je connais bien le pays où il va.**
나는 그가 가는 나라를 잘 압니다.

Fm22-15 **Le jour où je suis libre est le dimanche.**
내가 한가한 날은 일요일입니다.

Fm22-16 **Le printemps est la saison où tout recommence.**
봄은 모든 것이 다시 시작하는 계절입니다.

- SUMMARIZE — Determine important ideas!
- QUESTION — Ask questions as I read!
- VISUALIZE — Create mental images of what I read!
- CONNECT — Use what I knew!

Section 5.
part 22

● We are able to understand **our own working minds.**

● **tout** (모든 것)은 사람이나 사물을 막연하게 지시하는 부정대명사이며, 3인칭 단수로 취급합니다.
● 동사 앞에 접두사 **re-** 를 붙이면 '다시'라는 의미가 더해집니다. **commencer** 시작하다 / **recommencer** 다시 시작하다
● **la rue** 거리, **habiter** 살다, **tranquille** 조용한, **bien** 잘, **le pays** 나라/지방, **aller** 가다, **le jour** 날, **libre** 한가한, **le dimanche** 일요일, **le printemps** 봄, **la saison** 계절, **tout** 모든 것, **recommencer** 다시 시작하다

 Ce qui / Ce que / Ce dont (~한 것)

지시대명사 **ce** (이것/저것/그것)은 그 자체로 관계대명사의 선행사가 될 수 있습니다.
ce qui ~ 는 선행사가 관계절의 주어이고, **ce que ~** 는 선행사가 직접보어로 연결될 때 사용합니다. 그리고 **ce dont ~** 은 선행사가 전치사 **de** 가 이끄는 보어로 연결될 때 사용합니다. 모두 사물을 받으며 '~한 것'이라고 해석하면 됩니다.

Fm22-17 — J'aime ce qui est nouveau et original.
나는 새롭고 독창적인 것을 좋아합니다.

Fm22-18 — Je sais ce que vous pensez.
나는 당신(들)이 생각하는 것을 알고 있습니다.

Fm22-19 — Je ne sais pas ce qu'elle veut.
나는 그녀가 원하는 것을 알지 못합니다.

Fm22-20 — C'est exactement ce dont j'ai besoin.
그것은 정확히 내가 필요한 것입니다.

● **ce que ~** 뒤에 모음이 오면 모음축약 합니다. **ce que elle ➔ ce qu'elle / ce que il ➔ ce qu'il**
● **avoir besoin de ~** 은 '~가 필요하다'입니다.
● **nouveau** 새로운, **et** 그리고, **original** 독창적인, **savoir** 알다, **penser** 생각하다, **ne ~ pas ~** 아니다, **vouloir** 원하다/바라다, **c'est ~** 그것은 ~이다, **exactement** 정확히/바로, **le besoin** 필요

I'm wondering.

I'm feeling.

Section 5. Part 22
J'ai un ami qui étudie en France.
프랑스어의 관계문

Meta-Cognition French

The value of Meta-Cognition is the training of mind to think.
We have the ability to transform our mental processes.
We are able to understand our own working minds.

강조구문 C'est ~ qui / C'est ~ que

특히 회화에서 자주 사용되는 강조구문으로 마무리하겠습니다.
프랑스어 문장의 각 요소들은 동사를 제외하고 모두
C'est ~ qui / C'est ~ que 구문으로 강조해서 표현할 수 있습니다.
C'est ~ qui 는 주어를 강조하는 형태입니다. 인칭대명사를 강조할 때는
강세형(moi/toi/lui/elle/nous/vous/eux/elles)을 사용합니다. 주어를 제외한 모든 요소들,
그러니까 직·간접보어, 상황보어, 부사 등은 C'est ~ que 로 강조할 수 있습니다.

Fm22-21
C'est Paul qui présente ce projet.
이번 프로젝트를 발표하는 사람은 폴입니다.

Fm22-22
C'est lui qu'elle a rencontré hier.
그녀가 어제 만났던 (바로) 그 남자입니다.

Fm22-23
C'est aujourd'hui qu'il part pour Paris.
그가 파리로 떠나는 것은 (바로) 오늘입니다.

Fm22-24
C'est à Séoul qu'elle habite actuellement.
그녀가 현재 살고 있는 곳은 (바로) 서울입니다.

- que 뒤에 모음이 오면 qu' 형태로 모음생략을 합니다. (qu'elle / qu'il)
- partir pour ~ ~로 떠나다
- présenter 발표하다, ce 이/그/저, le projet 프로젝트, lui 그(강세형), rencontrer 만나다, hier 어제, aujourd'hui 오늘, partir 떠나다, pour ~를 향해, à ~에, habiter 살다, actuellement 현재

마무리 '꿀팁'!

파리에는 센느강(La Seine)을 가로지르는 30여 개의 다리가 있습니다.
역사가 가장 오래된 퐁 뇌프(Pont Neuf)부터 가장 화려한 알렉상드르 3세 다리(Pont Alexandre 3), 그리고 수많은 예술가와 연인들의 사랑을 받고 있는 예술가들의 다리(Pont des Arts)에 이르기까지 다리는 각각의 독립된 두 장소를 연결하여 하나의 세상으로 통합합니다.
우리의 프랑스어 관계대명사가 선행사에 따라 어떤 다리로 세상을 연결해줄지 기대됩니다!

- SUMMARIZE Determine important ideas!
- QUESTION Ask questions as I read!
- VISUALIZE Create mental images of what I read!
- CONNECT Use what I knew!

• We are able to understand **our own working minds.**

Section 5.
part **22**

Section 5.   Part 22+
프랑스어 회화능력 단련장

(이 책 전체를 가볍고 빠르게 일독하실 분은 이번 코너를 살짝! 스킵하셔도 됩니다.)

선행사가 주어면 **qui**, 목적어면 **que**, 어딘가에 전치사 **de** 가 포함되어 있으면 **dont** 으로 받아 문장을 하나로 연결할 수 있습니다. 우리는 프랑스어 관계대명사의 효용과 경제성을 확인하고 연습해보겠습니다.

Fm22+01
J'ai un ami qui parle trois langues.
나는 3개 국어를 말하는 친구가 있습니다.

Fm22+02
Il répare la machine à laver qui ne marche plus.
그는 더 이상 작동하지 않는 세탁기를 수리하고 있습니다.

Fm22+03
C'est un domaine qui m'intéresse beaucoup.
그것은 나에게 매우 관심을 끄는 분야입니다.

Fm22+04
Les gens qui fument dérangent les autres.
흡연하는 사람들은 타인들을 방해합니다.

● **la machine à laver** 는 세탁을 위한 기계, 즉 세탁기입니다. 전치사 **à** 는 용도를 나타냅니다.
● **avoir** 가지다, **un** 하나의, **l'ami** 친구, **parler** 말하다, **trois** 3, **la langue** 언어, **réparer** 수리하다, **la machine** 기계, **à** ~을 위한, **laver** 씻다, **ne ~ plus** 더 이상 ~ 않다, **marcher** 걷다/작동하다, **c'est** 그것은 ~이다, **le domaine** 분야/영역, **me** 나에게, **intéresser** 관심을 끌다, **beaucoup** 많이, **les gens** 사람들, **fumer** 흡연하다, **déranger** 방해하다/해를 끼치다, **les autres** 타인들

I'm wondering.

I'm feeling.

We have the ability to transform our mental processes.

The value of Meta-Cognition is the training of mind to think.

295

Section 5. Part 22
J'ai un ami qui étudie en France.
프랑스어의 관계문

Meta-Cognition French

Fm22+05 Je connais un village que les touristes adorent.
나는 관광객들이 좋아하는 마을을 알고 있습니다.

Fm22+06 Les vacances que j'attends commencent la semaine prochaine.
내가 기다리는 방학이 다음 주에 시작합니다.

Fm22+07 Les histoires qu'ils racontent sont extraordinaires.
그들이 말하고 있는 이야기들은 놀랍습니다.

Fm22+08 Je cherche le document qu'elle me demande.
나는 그녀가 나에게 요구하는 자료를 찾고 있습니다.

- 관계대명사 **que** 뒤에 모음이 오면 **qu'** 형태로 모음생략을 합니다. (**qu'elle**)
- 간접보어 **me** 는 동사 바로 앞에 옵니다.
- **connaître** 알다, **le village** 마을, **le touriste** 관광객, **adorer** 좋아하다, **les vacances** 방학/휴가, **attendre** 기다리다, **commencer** 시작하다, **la semaine** 주, **prochain(e)** 다음의, **l'histoire** 이야기, **raconter** 말하다/이야기하다, **extraordinaire** 놀라운/특별한, **chercher** 찾다, **le document** 자료, **me** 나에게, **demander** 요구하다/묻다

SUMMARIZE	QUESTION	VISUALIZE	CONNECT
Determine important ideas!	Ask questions as I read!	Create mental images of what I read!	Use what I knew!

Section 5.
part 22

● We are able to understand **our own working minds**.

Fm22+09 Je connais le garçon dont la mère est professeur.
나는 어머니가 선생님인 그 소년을 알고 있습니다.

Fm22+10 Je ne connais pas la personne dont vous parlez.
나는 당신(들)이 말하고 있는 사람을 알지 못합니다.

Fm22+11 L'examen est une chose dont tout le monde a peur.
시험은 모든 사람들이 두려워하는 것입니다.

Fm22+12 C'est un projet dont je m'occupe.
그것은 내가 맡고 있는 프로젝트입니다.

● **parler de ~** (~에 대해 말하다) / **avoir peur de ~** (~를 두려워하다) / **s'occuper de ~** (~를 맡다/담당하다)
● **tout le monde** (모든 사람)은 3인칭단수 취급합니다.
● **le garçon** 소년, **la mère** 어머니, **le professeur** 선생님, **ne ~ pas** ~ 아니다, **la personne** 사람, **parler** 말하다, **l'examen** 시험, **être** ~이다, **une** 하나의, **la chose** 것/일, **tout** 모든, **le monde** 세계/사람, **la peur** 두려움/공포, **le projet** 프로젝트, **occuper** 맡다/담당하다

 드디어 플러스 '엔딩'!

관계대명사 **qui** 와 **que** 는 각각 영어의 **who** 와 **what** (또는 **that**)에 해당되기 때문에 비교적 이해가 쉽습니다. 하지만 전치사 **de** 를 품고 있다는 프랑스어 관계대명사 **dont** 은 좀 낯설지요. 교재에 소개한 **parler de ~** (~에 대해 말하다) / **avoir besoin de ~** (~가 필요하다) / **avoir peur de ~** (~를 두려워하다) / **se souvenir de ~** (~을 기억하다) / **s'occuper de ~** (~를 맡다/담당하다) 등은 일상생활에서 가장 많이 사용하는 전치사 **de** 로 연결되는 대표적인 표현들입니다. 잘 챙겨두고 관계대명사 **dont** 으로 받아서 연결하는 원리를 확실히 이해한다면 훨씬 복잡한 문장도 쉽게 분석이 가능합니다.

Section 5.
Faites du sport!
운동하세요!
프랑스어의 명령문

Part 23

'명령문'은 기본적으로 상대방에게 지시/명령/금지 등을 표현합니다.
하지만 프랑스어에서는 보다 넓은 의미로 '요구와 희망 표현' 또한 명령문의 범주에 속합니다.
어법의 특성상 문장의 길이는 일반적으로 짧은 편입니다. 표현은 간단하지만
상대와 나를 움직이게 만드는 강력한 힘을 지닌 프랑스어 명령문, 지금 시작합니다.

- SUMMARIZE — Determine important ideas!
- QUESTION — Ask questions as I read!
- VISUALIZE — Create mental images of what I read!
- CONNECT — Use what I knew!

Section 5.
part 23

We are able to understand **our own working minds**.

 프랑스어의 명령문!

프랑스어의 '명령문'은 기본적으로 말하는 사람이 상대방에게 지시/금지/요구 등을 나타내는 표현법입니다. 경우에 따라서는 희망과 기원을 표현하기도 합니다.
상대에게 내리는 명령도 있지만 너와 내가 함께 움직이자는 '청유형' 명령도 있습니다.
명령문의 기본 틀은 '주어를 생략하고 느낌표(!)로 마무리'합니다만, 프랑스어는 특별히 일부 동사의 특수형태나, 목적보어와 대명사의 위치 등 주의할 점들이 있어서 정리가 필요합니다.
더불어 명령문 형태이지만 명령의 의미보다는 숙어처럼 굳어져 다른 의미로 사용되는 표현들도 있어서 함께 학습하려고 합니다.

 프랑스어 명령문 제작법!

프랑스어의 명령문 만드는 방법은 간단합니다.
주어를 없애버리고 문장 끝에 마침표 대신 느낌표를 찍으면 끝입니다!
그런데 논리적으로 명령이라는 것은 말하는 사람과 현재 함께 있는 상대에게만 내릴 수 있습니다. 따라서 사용 가능한 인칭은 2인칭 단수(**tu**), 2인칭 복수(**vous**), 그리고 1인칭 복수(**nous**)뿐입니다. **nous** 의 경우에는 너와 내가 함께 움직이자는 청유형 명령문이 됩니다. '~하자/합시다!'인 것이죠. 그러면 **parler** (보다), **choisir** (선택하다), **faire** (하다) 동사의 명령형을 살펴 보겠습니다.

	parler	**choisir**	**faire**
(tu)	Parle! (말해라!)	Choisis! (선택해라!)	Fais! (해라!)
(nous)	Parlons! (말합시다!)	Choisissons! (선택합시다!)	Faisons! (합시다!)
(vous)	Parlez! (말하세요!)	Choisissez! (선택하세요!)	Faites! (하세요!)

그런데 살펴보면, 1군동사인 **parler** 의 2인칭 단수형 어미의 마지막 **-s** 가 붙지 않는다는 것을 알 수 있습니다. (**Parle!**) 이와같이 2인칭 단수형이 **-es** 로 끝나는 동사는 명령문에서 마지막 **-s** 를 떼어버립니다. 모든 1군동사가 여기에 해당합니다. 하지만 1군동사가 아니면서도 2인칭 단수형 명령문에서 **-s** 를 생략하는 동사들도 있습니다. 대표적인 동사가 **aller** (가다)입니다. (**Va!** 가라! / **Allons!** 가자! / **Allez!** 가세요!)

Section 5. Part 23 — Meta-Cognition French
Faites du sport!
프랑스어의 명령문

Fm23-01 Parle plus lentement!
좀 더 천천히 말해라!

Fm23-02 Choisissons un candidat honnête!
정직한 후보를 선택합시다!

Fm23-03 Faites du sport!
운동하세요!

Fm23-04 Va à la bibliothèque!
도서관에 가라!

- faire du sport (운동하다)에서 du 는 셀 수 없는 명사 앞에 붙는 부분관사 남성형입니다.
- plus 더/더욱, lentement 천천히, un 하나의, le candidat 후보/지원자, honnête 정직한, du 약간의, le sport 운동, à ~에, la bibliothèque 도서관

특별한 형태의 명령형을 가진 동사들!

특별한 형태의 명령형을 가진 4개의 동사들이 있습니다. 이 '특별한 형태'라는 것은 주관적인 표현법인 '접속법'이라는 어법의 형태입니다. (접속법은 제25과에서 공부합니다.)
(être ~이다, avoir ~가지다, savoir 알다, vouloir 원하다)

être	➔ Sois! / Soyons! / Soyez!		avoir	➔ Aie! / Ayons! / Ayez!
savoir	➔ Sache! / Sachons! / Sachez!		vouloir	➔ Veuille! / Veuillons! / Veuillez!

Fm23-05 Soyez heureux!
행복하세요!

Fm23-06 N'ayez pas peur!
두려움을 갖지 마세요! (안심하세요!)

Fm23-07 Sache que je t'aime!
내가 너를 사랑한다는 것을 알아라!

Fm23-08 Veuillez patienter un instant!
잠깐만 기다려주시기 바랍니다!

SUMMARIZE	QUESTION	VISUALIZE	CONNECT
Determine important ideas!	Ask questions as I read!	Create mental images of what I read!	Use what I knew!

Section 5.
part 23

● We are able to understand **our own working minds**.

● 부정명령문은 동사 앞뒤를 부정부사 **ne ~ pas** 로 감싸주면 됩니다.
N'ayez pas ~! (~ 갖지 마세요!)
● **savoir** 동사의 명령형은 보통 접속사 **que** 로 연결되어 절이 옵니다.
(~라는 사실을 알아라!/알자!/아세요!)
● **vouloir** 의 2인칭 복수형 '**Veuillez + 동사원형!**' 패턴은 '~하시기 바랍니다!'로 극도로 공손한 명령문으로 사용됩니다.
● **heureux** 행복한, **ne ~ pas ~** 아니다, **la peur** 두려움/공포, **te** 너를 (직접보어), **aimer** 사랑하다, **patienter** 참다/참고 기다리다, **l'instant** 순간

 대명동사의 명령형!

대명동사의 명령문도 주어를 없애는 점은 동일합니다.
그런데 긍정명령문에서는 동반자인 재귀대명사를 동사 바로 뒤로 살포시 위치 이동시키고
그 표시로 - 을 붙여 줍니다.
또한 재귀대명사 2인칭 단수형 **te** 는 강세형 **toi** 로 모양마저 바뀝니다.
부정명령문에서는 위치 이동도, 형태 변화도 없이 주어만 지우고 그대로 둔 채,
대명동사 전체의 앞뒤를 부정부사 **ne ~ pas** 로 감싸줍니다.
se lever (일어나다)와 **se dépêcher** (서두르다)의 명령형을 함께 보시겠습니다.

	se lever	se dépêcher
(tu)	Lève-toi! (일어나라!)	Ne te dépêche pas! (서두르지 마라!)
(nous)	Levons-nous! (일어납시다!)	Ne nous dépêchons pas! (서두르지 맙시다!)
(vous)	Levez-vous! (일어나세요!)	Ne vous dépêchez pas! (서두르지 마세요!)

Fm23-09 **Levez-vous, s'il vous plaît.**
일어나주십시오.

Fm23-10 **Ne te dépêche pas, tu vas tomber.**
서두르지 마라! 넘어지겠다.

Fm23-11 **Asseyez-vous là!**
저기 앉으세요!

Fm23-12 **Je t'appelle, ne t'inquiète pas.**
네게 전화할게, 걱정 마!

Section 5. Part 23
Faites du sport!
프랑스어의 명령문

- 공손히 부탁할 때 **s'il vous plaît** 를 붙입니다. (영어의 **please**)
- **aller** + 동사원형은 근접미래형입니다.
  Tu vas tomber. (너는 (곧) 넘어질 것이다 ➔ 넘어지겠다)
- **appeler** (부르다)는 '전화하다'의 의미로도 많이 쓰입니다.
- **aller** 가다, **tomber** 넘어지다/떨어지다, **s'asseoir** 앉다, **là** 여기에/저기에, **appeler** 부르다/전화하다, **s'inquiéter** 걱정하다

 명령문에서 대명사들의 위치선정!

원래 동사 바로 앞이 제자리였던 직접보어(**me/te/le/la/nous/vous/les**)와 간접보어(**me/te/lui/nous/vous/leur**), 그리고 중성대명사(**en/y**) 등은 긍정명령문에서는 동사 뒤로 이동합니다. 이동 표시로 **-** 을 붙이는 것도 기억하십시오! (목적보어인칭대명사와 중성대명사의 위치는 제04과와 제05과를 참고하시면 됩니다.)

그리고 직접보어와 간접보어 **me** 는 강세형 **moi** 로 바뀝니다.
부정명령문일 때는 동사 바로 앞, 그러니까 원래 제 자리를 고수합니다.

Fm23-13	**Regardez-le!** 저것을 보세요!
Fm23-14	**Laissez-moi passer!** 나를 지나가게 해주세요!
Fm23-15	**Donnez-moi votre numéro de téléphone!** 나에게 당신의 전화번호를 주세요!
Fm23-16	**Ne me quitte pas!** 나를 떠나지 마!

- SUMMARIZE — Determine important ideas!
- QUESTION — Ask questions as I read!
- VISUALIZE — Create mental images of what I read!
- CONNECT — Use what I knew!

Section 5. **part 23**

- **Laissez-moi + 동사원형!** (나를 ~하게 해주세요!)입니다. (영어의 **Let me ~!**)
- **regarder** 보다, **laisser** 내버려두다, **passer** 지나가다, **donner** 주다, **votre** 당신의, **le numéro** 번호, **de** ~의, **la téléphone** 전화, **me** 나를, **quitter** 떠나다

주의사항이 있습니다. 2인칭 단수형 명령문에서 **-s** 를 생략했던 동사들이 중성대명사(**en/y**)와 만나면 다시 **-s** 를 붙입니다. 이 모든 오락가락의 이유는 말할 것도 없이 유연한 발음, 그러니까 모음충돌을 피하기 위해서입니다.

manger (먹다)	➔ Mange! (먹어라!)	➔ Manges-en! (그것(들)을 먹어라!)
aller (가다)	➔ Va! (가라!)	➔ Vas-y! (거기에 가라!)

 명령형이지만 숙어로 굳어진 표현들!

끝으로 명령형 형태이지만 명령의 의미는 사라지고 숙어처럼 사용하는 표현 3개만 소개합니다. **Allons!, Tiens!** 은 각각 **aller** (가다), **tenir** (잡다/쥐다)의 의미는 사라지고 감탄사처럼 사용합니다. **Allons!** 은 '자!'라는 뜻의 격려와 고무의 표현입니다. 박수 두 번 짝짝 치고 호기롭게 말하면 더욱 강조됩니다. **Tiens!** (존칭은 **Tenez!**)은 '아니!/저런!/ 짜잔!'의 의미입니다. 물건 등을 건네며 '자, 여기 있어.(여기 있습니다.)'라는 뜻으로 사용되기도 합니다. 또한, **Veuillez agréer ~.** 로 시작하는 문장은 편지의 맺음말입니다. 직역을 하면 다소 고풍스러운 '삼가 아뢴다.' 정도의 의미입니다. 격식을 갖추어 보내는 편지(심지어 이메일도)의 마무리는 항상 이 문구로 마무리합니다.

Fm23-17	Allons, debout!
	자, 일어나세요!

Fm23-18	Tiens, me voilà!
	짜잔! 내가 왔다!

Fm23-19	Tenez, voici votre monnaie!
	자, 당신(들)의 잔돈 여기 있습니다!

Fm23-20	Veuillez agréer, Madame, Monsieur, mes sentiments distingués.
	나의 각별한 감정을 기꺼이 받아주시기 바랍니다. (편지 맺음말 경우)

Section 5. Faites du sport!
Part 23 — Meta-Cognition French
프랑스어의 명령문

- '직접보어 + voilà!' 는 '~가 있다/나타났다!'의 의미입니다.
Le voilà! (그가 있다!) La voilà! (그녀가 있다!)
- voici 는 voilà 에 비해 상대적으로 가까운 거리를 의미합니다. voilà (저기에) / voici (여기에)
- 편지 맺음말 경구 중간의 호칭은 받는 상대의 성에 따라 여성/남성에 각각
Madame/Monsieur 를 쓰고, 상대방의 성을 잘 모르면 둘 다 써줍니다.
- debout 서있는 상태로, me 나를, voilà/voici 저기에/여기에 ~있다,
votre 당신(들)의, la monnaie 잔돈, agréer 기꺼이 받다/수락하다,
mes 나의, le sentiment 감정, distingué 각별한

마무리 '꿀팁'!

파리의 지하철은 100년 역사를 자랑합니다. 파리 구석구석이 실핏줄처럼 연결되어 있습니다. 하지만 너무나 유서가 깊은 나머지 '만년 고장'이라는 그늘도 있습니다. 전철이 지연되거나 일시정차할 때마다 어김없이 나오는 안내방송의 단골멘트는 바로 **Veuillez patienter un instant!** (잠깐만 기다려주시기 바랍니다!) 속절없이 기다려야하는 승객들에 대한 미안한 마음을 담은 극도의 존칭 명령문입니다. 혹시 상대방이 **Veuillez** + 동사원형! 구문으로 우리에게 명령문으로 말한다면 매우 정중하게 예를 갖춘 것이니 널리 이해하시길 바랍니다!

- **SUMMARIZE** — Determine important ideas!
- **QUESTION** — Ask questions as I read!
- **VISUALIZE** — Create mental images of what I read!
- **CONNECT** — Use what I knew!

Section 5. part 23

We are able to understand **our own working minds**.

Section 5.   Part 23+
프랑스어 회화능력 단련장

(이 책 전체를 가볍고 빠르게 일독하실 분은 이번 코너를 살짝! 스킵하셔도 됩니다.)

명령문은 그 어떤 어법보다도 우리의 의사를 명확하고 간결하게 상대방에게 전달할 수 있습니다. 어조에 따라 명령문은 단호한 요구나 간절한 부탁도 되고 격려를 담은 따뜻한 조언이나 기원의 표현이 될 수도 있습니다. 뉘앙스를 살려서 다양한 명령문을 연습해봅시다.

Fm23+01
Ecoutez bien cette chanson!
이 노래를 잘 들어보세요!

Fm23+02
Réfléchis avant de parler!
말하기 전에 숙고해라!

Fm23+03
Buvons un verre!
한 잔 합시다!

Fm23+04
Ne rentre pas trop tard!
너무 늦게 돌아오지 마라!

- avant de + 동사원형은 '~하기 전에'입니다.
- boire un verre 는 우리말처럼 '(술) 한 잔 마시다'라는 뜻입니다.
- 부정명령문은 부정부사 **ne ~ pas** 를 동사 앞뒤에 감싸줍니다.
- écouter 듣다, bien 잘, cette 이/그/저, la chanson 노래, réfléchir 숙고하다, avant ~ 전에, de ~하는 것, parler 말하다, boire 마시다, un 하나의, le verre 유리/컵, ne ~ pas ~ 아니다, rentrer 돌아오다, trop 너무, tard 늦게

I'm wondering.

I'm feeling.

307

Section 5. Faites du sport!
프랑스어의 명령문

Part 23 — Meta-Cognition French

Fm23+05 — **Soyez prudent!**
신중하세요!

Fm23+06 — **Ne soyez pas déçu!**
실망하지 마세요!

Fm23+07 — **Aie du cœur!**
용기를 가져라!

Fm23+08 — **Ayez confiance en vous!**
자신감을 가지세요!

- 셀 수 없는 명사 앞에는 부분관사(**du / de la**)를 붙입니다.
- **avoir confiance en soi** (자신감을 갖다), 전치사 뒤에는 강세형을 붙입니다. (**soi** 자기 자신)
- **prudent** 신중한, **déçu** 실망한, **du/de la** 약간의, **le cœur** 심장/마음/용기, **la confiance** 자신감/신뢰, **en** ~에게, **vous** 당신 (강세형)

우리들 중의 '프랑스어 회화능력자'를 위하여!

취업면접/이력서/자격시험 등에 대비하여 좀 더 다양한 회화예문이 필요하시면 웹하드에서 아이디 **bookersbergen**, 비번 **9999**로 로그인하고, 내려받기 폴더에서 국가대표 프랑스어 회화능력자 **Pattern 128~137**을 다운로드하십시오. (다운로드는 무료!)
나에게 당장 필요한 문장을 골라 반복적으로 청취하여 '내 문장'으로 만듭시다!

SUMMARIZE	QUESTION	VISUALIZE	CONNECT
Determine important ideas!	Ask questions as I read!	Create mental images of what I read!	Use what I knew!

Section 5.
part 23

Meta-Cognition French

● We are able to understand **our own working minds**.

Fm23+09 — Donnez-moi votre adresse!
나에게 당신의 주소를 주세요!

Fm23+10 — Montrez-moi des photos!
나에게 사진들을 보여주세요!

Fm23+11 — Apportez-nous une bouteille de vin!
우리에게 와인 한 병을 갖다주세요!

Fm23+12 — Allons-y!
거기에 갑시다!

● 명령문에서 간접보어는 동사 뒤로 옮기고 - 으로 연결합니다. 특히 간접보어 **me** (나에게)는 강세형 **moi** 로 형태도 바뀝니다.
● donner 주다, me (moi) 나에게, votre 당신의, l'adresse 주소, montrer 보여주다, une/des 하나의/어떤, la photo 사진, apporter 가져오다, nous 우리에게, la bouteille 병, de ~의, le vin 와인, aller 가다, y 거기에 (중성대명사)

I'm **wondering**.

I'm **feeling**.

 드디어 플러스 '엔딩'!

명칭이 명령문이라고 군대식 하달 명령만 떠올리시면 안됩니다.
요구나 부탁을 청하는 명령문 뒤에 **s'il vous plaît** (부탁합니다 : 영어의 **please**)나 **s'il te plaît** (부탁해) 등을 붙이면 어조가 부드러워집니다. 여기에 미소까지 살짝 더한다면 상대방이 도저히 거부할 수 없는 완벽한 명령문이 완성됩니다.
적절한 뉘앙스의 명령문을 사용한다면 우리의 모든 요구는 순순히 해결될 것입니다.

Meta-Cognition French Section 5

Section 5. Part 24
Si j'avais le temps, j'irais au concert.
만약에 내가 시간이 있다면, 콘서트에 갈 텐데.
프랑스어의 조건법

프랑스어 '조건법'은 영어의 가정법에 해당하는 어법입니다. 그 유명한 '만약 ~라면, ~할 텐데.' 구문에서 '~할 텐데.' 부분을 표현하는 방법입니다. 또한 조건법은 어조를 완화해서 '정중한 어법'으로도 사용할 수 있습니다. 프랑스어 학습에서 조건법이 우리에게 꼭 필요한 이유이기도 합니다. 비현실적 상황에 대한 '희망'과 '예의'를 표현하는 프랑스어 조건법, 지금부터 만나보겠습니다!

Section 5. part 24

- SUMMARIZE — Determine important ideas!
- QUESTION — Ask questions as I read!
- VISUALIZE — Create mental images of what I read!
- CONNECT — Use what I knew!

meta-cognition French
We are able to understand **our own working minds**.

 프랑스어의 조건법!

프랑스어의 '조건법'은 기본적으로 '가정문'이나 '기원문'을 만드는데 사용합니다. 실현 가능성이 적은 어떤 조건이나 가정이 이루어졌을 때 생길 결과를 표현하는 비현실적 화법입니다. 프랑스어 조건법의 시제는 현재와 과거가 있습니다.
조건법현재는 '현재 사실과 반대되는 조건'을 표현합니다. '만약에 ~라면, ~일 텐데.'라는 희망사항을 나타냅니다. 조건법과거는 '과거 사실과 반대되는 조건'을 표현합니다.
'만약에 ~했었다면, ~했었을 텐데.'라는 유감과 회한의 표현입니다. 또한 조건법은 정중하게 말하는 어법으로도 사용합니다. 일상생활에서 가장 많이 사용되는 조건법의 용법입니다.
자, 그러면 조건법현재 만드는 방법부터 시작해볼까요?

 프랑스어 조건법현재의 제작법!

프랑스어 조건법은 동사의 어미를 변화시켜 만듭니다. 기본 베이스는 동사의 미래형입니다. 조건법현재형을 만드는 방법은 '미래어간 + 반과거어미' 입니다! 프랑스어 미래어간은 대부분이 동사원형입니다. (일부 불규칙 동사들은 불규칙한 어간을 가집니다.)
그리고 반과거 규칙어미는 **-ais, -ais, -ait, -ions, -iez, -aient** 입니다.
이렇게 두 가지의 조합으로 조건법현재형이 탄생합니다. 그러면 **être** (~이다), **avoir** (가지다), **vouloir** (원하다/바라다) 등 3가지 동사의 조건법현재형을 확인해보겠습니다.

	être	avoir	vouloir
Je (J')	serais	aurais	voudrais
Tu	serais	aurais	voudrais
Il	serait	aurait	voudrait
Nous	serions	aurions	voudrions
Vous	seriez	auriez	voudriez
Ils	seraient	auraient	voudraient

I'm wondering.

I'm feeling.

The value of Meta-Cognition is the training of mind to think.
We have the ability to transform our mental processes.

Section 5. | Part 24 | Meta-Cognition French

Si j'avais le temps, j'irais au concert.
프랑스어의 조건법

We are able to understand our own working minds.

조건법은 동사의 미래어간을 사용하기 때문에 발음상 미래와 혼동하기 쉽습니다. 주의가 필요합니다! 동사의 조건법은 [-헤-헤-헤, -히옹-히에-헤]로 끝납니다.

 프랑스어 조건법현재로 가정문 만들기!

조건법현재로 현재 사실과 반대되는 가정을 나타낼 수 있습니다.
또한 현재나 미래에 어떤 조건이 실현된다면 발생할 결과도 표현합니다.
한마디로 '만약에 ~라면, ~일 텐데.' 구문입니다. 조건법 현재로 가정문을 만드는 공식은
Si + 반과거(조건절), 조건법현재(주절).입니다. **si** 는 조건을 나타내는 접속사입니다. (영어의 **if**)

Fm24-01 **Si j'avais le temps, j'irais au concert.**
만약에 내가 시간이 있다면, 콘서트에 갈 텐데.

Fm24-02 **S'il avait un travail, il aurait de l'argent.**
만약에 그가 직업을 가졌다면, 돈이 있었을 텐데.

Fm24-03 **Si nous avions une voiture, nous sortirions plus souvent.**
만약에 우리가 자동차를 가졌다면, 더 자주 외출할 텐데.

Fm24-04 **Si elle n'était pas malade, elle irait en cours.**
만약에 그녀가 아프지 않았다면, 수업에 갈 텐데.

- **aller** (가다) 동사의 조건법현재형은 **j'irais - tu irais - il irait - nous irion - vous iriez - ils iraient** 입니다.
- **à + le concert ➡ au concert** (콘서트에) 관사축약입니다.
- 모음이나 무성 h 로 시작하는 명사의 부분관사 형태는 **de l'** 입니다. **de l'argent** (돈) / **de l'huile** (기름)
- **si** 만약에, **le temps** 시간, **le concert** 콘서트, **un/une** 하나의, **le travail** 일/직업, **de l'** 약간의, **l'argent** 돈, **la voiture** 자동차, **sortir** 나가다, **plus** 더, **souvent** 자주, **ne ~ pas ~** 아니다, **malade** 아픈, **en ~**에, **le cours** 수업

- SUMMARIZE Determine important ideas!
- QUESTION Ask questions as I read!
- VISUALIZE Create mental images of what I read!
- CONNECT Use what I knew!

Section 5. part 24

We are able to understand **our own working minds**.

 실현 가능성 높은 조건법은 현재 + 미래로!

그런데 잠깐! 프랑스어 가정문에는 'Si + 현재(조건절), 미래(주절).' 구문도 많이 사용합니다. 이 구문의 우리말 해석은 '만약에 ~라면, ~일 텐데.'로 조건법현재를 이용해 만드는 가정문과 동일합니다. 하지만 이 경우는 미래에 일어날 일에 대한 가정 중에서 상대적으로 실현 가능성이 높은 조건을 표현할 때 사용합니다.

Fm24-05 Si j'ai mal aux dents, j'irai chez le dentiste.
만약에 나는 치통이 있으면, 치과에 갈 것입니다.

Fm24-06 Si je ne suis pas à la diète, je mangerai du dessert.
만약에 나는 다이어트 중이 아니라면, 디저트를 먹겠습니다.

Fm24-07 S'il étudie sérieusement, il réussira l'examen.
만약에 그가 열심히 공부한다면, 시험에 합격할 것입니다.

Fm24-08 Si j'ai le temps demain, j'irai te voir.
만약에 내가 내일 시간이 있으면, 나는 너를 만나러 갈게.

● avoir mal à + 신체부위 (~가 아프다/통증이 있다) /
aux dents ➔ à + les dents (치아에) 관사축약입니다.
● être à la diète (다이어트 중이다)
● avoir 가지다, le mal 통증, les dents 치아, aller 가다, chez ~집에, le dentiste 치과의사, être ~이다, la diète 다이어트, manger 먹다, du 약간의, le dessert 디저트, étudier 공부하다, sérieusement 열심히, réussir 성공하다, l'examen 시험, demain 내일, aller 가다, te 너를, voir 보다/만나다

I'm wondering.
I'm feeling.

Section 5. Part 24
Meta-Cognition French
Si j'avais le temps, j'irais au concert.
프랑스어의 조건법

 프랑스어 조건법과거의 제작법!

프랑스어 조건법과거는 과거 사실과 반대되는 설정을 하고 유감 등을 나타내는 표현입니다.
'만약에 ~했었다면, ~했었을 텐데.'입니다.
문장 맨 뒤에 속으로 '속상하다!' (또는 다행이다!)를 붙이면 뉘앙스가 딱 와닿습니다.
조건법과거는 'avoir / être'의 조건법현재형 + 과거분사' 형태로 만듭니다.
조동사를 avoir 또는 être 중에서 선택하는 방법은 복합과거의 경우와 동일합니다.
조동사를 être 로 사용할 때 과거분사를 주어의 성수에 일치시키는 점, 잊지마시기 바랍니다.
조건법과거로 가정문을 만드는 공식은 Si + 대과거(조건절), 조건법 과거(주절).입니다.
(참고로 대과거는 'avoir / être' 의 반과거 + 과거분사'입니다.)

Fm24-09 Si j'avais eu de l'argent, j'aurais pris l'avion.
만약에 내가 돈이 있었다면, 비행기를 탔었을 텐데.

Fm24-10 S'il n'avait pas plu, nous aurions joué au tennis.
만약에 비가 오지 않았더라면, 우리는 테니스를 칠 수 있었을 텐데.

Fm24-11 Si j'avais eu votre numéro de téléphone, je vous aurais téléphoné.
만약에 내가 당신(들)의 전화번호를 가지고 있었더라면, 당신(들)에게 전화했을 텐데요.

Fm24-12 Si elle était partie plus tôt, elle serait arrivée à l'heure.
만약에 그녀가 더 일찍 출발했다면, 제시간에 도착했을 텐데.

- S'il n'avait pas plu ~ 의 il 은 날씨를 나타내는 비인칭주어입니다.
- jouer au tennis (테니스 치다) ➔ à + le tennis (관사축약)
- avoir(eu) 가지다, prendre (pris) 타다, l'avion 비행기, pleuvoir (plu) 비오다,
jouer 놀다, le tennis 테니스, votre 당신(들)의, le numéro 번호, de ~의,
le téléphone 전화, vous 당신(들)에게 (간접보어), téléphoner 전화하다,
partir (parti) 떠나다, tôt 일찍, arriver 도착하다, à l'heure 정각에/제시간에

- SUMMARIZE Determine important ideas!
- QUESTION Ask questions as I read!
- VISUALIZE Create mental images of what I read!
- CONNECT Use what I knew!

Meta-cognition French

We are able to understand **our own working minds**.

Section 5.
part **24**

조건법과거로 후회하기!

조건법과거를 이용해서 후회와 아쉬움을 나타낼 수 있습니다.
'~할 걸 /~하지 말걸.'에 해당하는 표현입니다.
특히 준조동사인 **devoir** (~해야만 한다)와 **pouvoir** (~할 수 있다)를 활용한 표현이
많이 사용됩니다. (참고로 **devoir** 의 과거분사는 **dû**, **pouvoir** 의 과거분사는 **pu** 입니다)
준조동사 뒤에는 동사원형이 옵니다.

Fm24-13 J'aurais dû continuer mes études.
나는 나의 학업을 계속할 걸.

Fm24-14 J'aurais dû étudier plus sérieusement.
내가 더 열심히 공부할 걸.

Fm24-15 Je n'aurais pas dû partir tard.
내가 늦게 출발하지 말걸.

Fm24-16 J'aurais pu lui dire la vérité.
나는 그(녀)에게 진실을 말할 수 있었는데.

● 복합시제에서 부정부사 **ne ~ pas** 는 조동사 앞뒤를 각각 감싸줍니다.
● 간접보어 **lui** 는 그/그녀를 모두 받을 수 있으며, 문맥으로 구별합니다.
복합시제에서의 위치는 본동사 바로 앞입니다.
● **devoir (dû)** ~해야만 한다, **continuer** 계속하다, **mes** 나의, **l'étude** 공부/학업, **tard** 늦게,
pouvoir (pu) ~할 수 있다, **lui** 그(녀)에게, **dire** 말하다, **la vérité** 진실

I'm wondering.

I'm feeling.

극진한 공손표현도 조건법으로!

프랑스어 조건법을 사용하면 보다 더 겸손해질 수 있습니다. 사실 일상회화에서는 가정을
표현하는 조건법 용법보다 공손하게 말하는 조건법이 훨씬 많이 사용됩니다.
우리가 조건법을 입에 달고 살아야 하는 이유입니다.

Section 5. | Part 24 | Meta-Cognition French

Si j'avais le temps, j'irais au concert.
프랑스어의 조건법

자, 일단 사용하기만 하면 우리들의 품격이 저절로 올라가는 프랑스어 조건법 표현 3가지 패턴을 소개합니다!

Je voudrais + 동사원형. : 나는 ~하기를 원합니다.
J'aimerais + 동사원형. : 나는 ~을 하고 싶습니다.
Pourriez-vous + 동사원형? : ~해주실 수 있습니까?

● vouloir 원하다/바라다, aimer 좋아하다, pouvoir ~할 수 있다
● 참고로 Je voudrais + 명사 / J'aimerais + 명사 패턴도 가능합니다. 둘 다 '~을 원합니다'의 의미입니다.

Fm24-17 ● Je voudrais commander le plat du jour.
나는 오늘의 요리를 주문하고 싶습니다.

Fm24-18 ● Je voudrais postuler dans votre entreprise.
나는 귀사에 지원하고 싶습니다.

Fm24-19 ● J'aimerais participer au concours.
나는 대회에 참가하고 싶습니다.

Fm24-20 ● Pourriez-vous parler plus fort?
좀 더 크게 말씀해 주시겠습니까?

● le plat du jour 오늘의 요리, de + le jour ➡ du jour 관사축약형입니다.
● participer à ~ (~에 참가하다/참여하다)
● à + le concours (대회) ➡ au concert (대회에) 관사축약형입니다.
● commander 주문하다, le plat 접시/요리, le jour 날/일, postuler 지원하다, dans ~안에, l'entreprise 회사, participer 참가하다, à ~에, le concours 대회/콩쿠르, parler 말하다, fort 강하게/크게

 마무리 '꿀팁'!

프랑스어 조건법은 일상생활에서 정말 많이 사용하는 어법입니다. 특히 공손표현인 '**Je voudrais / J'aimerais / Pourriez-vous** + 동사원형 ~.'은 거의 입에 딱! 붙여둘 것을 조언합니다. 비교적 간단한 표현법이면서도 고상하고 교양 있는 면모를 한껏 드러낼 수 있는 엄청난 표현입니다.

- **SUMMARIZE** Determine important ideas!
- **QUESTION** Ask questions as I read!
- **VISUALIZE** Create mental images of what I read!
- **CONNECT** Use what I knew!

Section 5.
part 24

Section 5.   Part 24+
프랑스어 회화능력 단련장

(이 책 전체를 가볍고 빠르게 일독하실 분은 이번 코너를 살짝! 스킵하셔도 됩니다.)

Si + 반과거, 조건법 현재. (만약 ~라면, ~할 텐데.) / Si + 대과거, 조건법 과거. (만약 ~였다면 ~했었을 텐데.) 패턴으로 희망과 바램/후회와 아쉬움을 표현하는 연습을 해보겠습니다. 더불어 조건법의 정중표현법도 단련하겠습니다.
조건법의 정중어법으로 우리들의 프랑스어는 한층 더 우아해질 수 있습니다.

Fm24+01
Si j'avais le temps, je voyagerais en Europe.
만약에 내가 시간이 있다면, 유럽을 여행할 텐데.

Fm24+02
Si j'avais de l'argent, j'achèterais une nouvelle voiture.
만약에 내가 돈이 있다면, 새 차를 살 텐데.

Fm24+03
Si vous arriviez tôt, vous verriez mes parents.
만약에 당신(들)이 일찍 도착한다면, 나의 부모님을 만날 수 있을 것입니다.

Fm24+04
Si j'étais à votre place, je respecterais la loi.
만약에 내가 당신 입장이라면, 나는 규칙을 존중하겠습니다.

● 대륙명 앞에는 전치사 **en** 을 붙입니다. **en Europe** (유럽에) / **en Asie** (아시아에) / **en Afrique** (아프리카에)
● 모음이나 무성 h 로 시작하는 명사 앞의 부분관사는 **de l'** 형태입니다.
de l'argent (돈) / **de l'eau** (물)
● **si** 만약에, **le temps** 시간, **voyager** 여행하다, **en** ~에, **Europe** 유럽, **l'argent** 돈, **acheter** 사다/구입하다, **une** 하나의, **nouvelle** 새로운, **la voiture** 자동차, **arriver** 도착하다, **tôt** 일찍, **voir** 보다/만나다, **mes** 나의, **les parents** 부모, **à** ~에, **votre** 당신의, **la place** 자리/입장, **respecter** 존중하다, **la loi** 법/규칙

I'm **wondering**.

I'm **feeling**.

Section 5. Part 24 — Meta-Cognition French
Si j'avais le temps, j'irais au concert.
프랑스어의 조건법

We are able to understand our own working minds.

Fm24+05
Si j'avais fini, on aurait pu partir.
만약에 내가 (일이) 끝났었더라면, 우리는 떠날 수 있었을 텐데.

Fm24+06
Si tu avais eu dix-huit ans, tu aurais pu acheter de la bière.
만약에 네가 18세였었다면, 맥주를 살 수 있었을 텐데.

Fm24+07
Si vous étiez arrivé à l'heure, vous auriez vu le début du film.
만약에 당신(들)이 제시간에 도착했었더라면, 영화의 처음을 볼 수 있었을 텐데.

Fm24+08
Si elle avait étudié plus sérieusement, elle aurait réussi l'examen.
만약에 그녀가 더 열심히 공부했었다면, 시험에 합격했었을 텐데.

- 불특정 대상을 지칭하는 부정대명사 **on** 은 회화에서 **nous** (우리)로 사용되기도 합니다.
- **à l'heure** 제시간에/시간 맞춰, **de + le film → du film** 관사축약입니다.
- **finir** 끝내다, **on** 사람들/우리, **pouvoir** 할 수 있다, **partir** 떠나다, **avoir** 가지다, **dix-huit** 18, **l'an** 해/년, **de la** 약간의, **la bière** 맥주, **l'heure** 시간, **le début** 시작/처음, **de** ~의, **le film** 영화, **étudier** 공부하다, **plus** 더, **sérieusement** 열심히, **réussir** 성공하다/합격하다, **l'examen** 시험

우리들 중의 '프랑스어 회화능력자'를 위하여!

취업면접/이력서/자격시험 등에 대비하여 좀 더 다양한 회화예문이 필요하시면 웹하드에서 아이디 **bookersbergen**, 비번 **9999**로 로그인하고, 내려받기 폴더에서 국가대표 프랑스어 회화능력자 **Pattern 146~157**을 다운로드하십시오. (다운로드는 무료!)
나에게 당장 필요한 문장을 골라 반복적으로 청취하여 '내 문장'으로 만듭시다!

- SUMMARIZE — Determine important ideas!
- QUESTION — Ask questions as I read!
- VISUALIZE — Create mental images of what I read!
- CONNECT — Use what I knew!

meta-cognition French

We are able to understand **our own working minds**.

Section 5.
part 24

Fm24+09 — **Je voudrais boire quelque chose.**
나는 뭔가 마시고 싶습니다.

Fm24+10 — **Je voudrais parler à Monsieur Kim, s'il vous plaît.**
나는 김씨와 말하고 싶습니다. (통화하고 싶습니다.)

Fm24+11 — **Pourriez-vous répéter?**
(당신은) 반복해 주시겠습니까?

Fm24+12 — **Pourriez-vous signer ici?**
여기에 사인해 주시겠습니까?

- **parler à ~** (~와 말하다), 전화 통화할 때 **Je voudrais parler à ~.** 는 '나는 ~와 통화하고 싶다.' 입니다.
- **s'il vous plaît** 를 붙이면 더욱 공손한 표현이 됩니다. (= 영어의 **please**)
- **boire** 마시다, **quelque chose** 무엇인가, **parler** 말하다, **à** ~에게, **Monsieur** 씨/군, **répéter** 반복하다, **signer** 서명/사인하다, **ici** 여기

 드디어 플러스 '엔딩'!

아마도 우리들이 처음 프랑스에 가서 가장 많이 사용하게 될 프랑스어는 주로 질문과 요구와 부탁일 것입니다. 조건법의 정중어법은 길을 물을 때, 부탁을 할 때, 식당에서 주문을 하거나, 물건을 구입할 때 등 도처에서 필요합니다. 우리들의 신분이 관광객이든 유학생이든 낯선 상대에게 예의를 갖춰 말을 할 때든 언제 어디서고 사용하는 어법입니다.
Je voudrais ~. / Pourriez-vous ~? 패턴의 ~부분에 우리들이 알고 있는 온갖 농사의 원형을 모두 넣어서 요구하고 부탁해보시기 바랍니다!

The value of Meta-Cognition is the training of mind to think.
We have the ability to **transform our mental processes**.

Section 5.   Part 25
Il faut que je parte tout de suite.
나는 즉시 떠나야 합니다.

프랑스어의 접속법

우리는 마침내 대망의 종착점에 도착했습니다. 마지막 제25과의 주인공은 프랑스어 '접속법'입니다. 형태상 접속사와 같이 붙어 다닌다고 하여 접속법이라고 부릅니다. 프랑스어 접속법은 사람의 머리 속에서만 생각되는 내용을 표현하는 어법입니다. 희망이나 감정, 의심과 판단 등 지극히 주관적인 사실을 접속사 **que** 와 함께 표현합니다. 누가 프랑스어의 접속법 정도 구사한다고 하면 프랑스어 회화의 정점을 찍었다고 볼 수 있습니다. 세련된 표현을 위해 절대 놓칠 수 없는 프랑스 접속법, 이제 들어가보겠습니다.

The value of Meta-Cognition is the training of mind to think.   We are able to understand our own working minds.

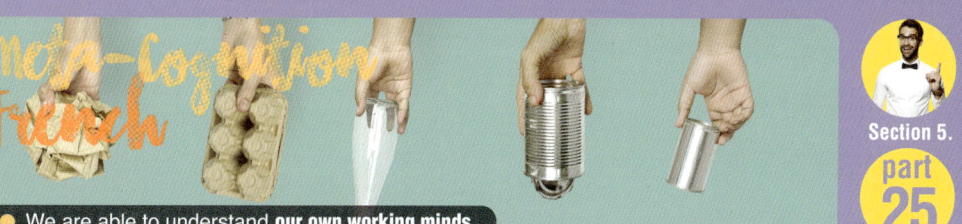

프랑스어의 접속법!

프랑스어의 '직설법'이 '현실적이고 객관적인 사실'을 표현한다면,
프랑스어의 '접속법'은 '희망, 감정, 판단' 등과 같이 머리 속에서 생각되는 '주관적인 사실'을
표현합니다. 접속법은 단독으로 쓸 수도 있지만 대부분 접속사 **que** 로 연결된 종속절에서
사용됩니다. (프랑스어로 접속법 (**le subjonctif**)의 어원은 '접속사'에서 왔습니다.)
그래서 동사변화표를 보면 접속법의 인칭변화는 **que je parle** 하는 식으로
아예 접속사를 붙여서 표기합니다.

프랑스어 접속법의 시제는 현재/과거/반과거/대과거가 있지만 현대 프랑스어 회화에서는
현재와 과거만 사용합니다. 반과거와 대과거는 문어체에서조차 거의 쓰이지 않고,
고어체에서만 쓰이기 때문에 우리에게는 필요하지 않습니다.
우리는 특히 사용빈도가 많은 접속법현재에 집중하려고 합니다.

접속법이 고급화법이라고는 하지만 중등교육 이상을 받은 프랑스인들의 일상회화에서
매우 많이 사용됩니다. 접속법은 오직 세련된 프랑스어 구사를 위해
지금까지 앞만 보고 달려온 우리들을 위한 대망의 마지막 주제로 손색이 없습니다.
자, 그러면 접속법을 접수하고 프랑스어 학습의 정점을 찍어 볼까요?

프랑스어 접속법현재의 제조법!

접속법현재는 '동사의 어간 + 규칙어미'로 만듭니다.
일반적으로 접속법현재의 어간은 직설법현재의 3인칭 복수(**ils**)에서 **-ent** 를 뺀 부분입니다.
그리고 접속법현재의 규칙어미는 **-e, -es, -e, -ions, -iez, -ent** 입니다.
그러니까 1, 2, 3인칭 단수와 3인칭 복수는 1군규칙동사의 직설법현재의 어미와 똑같고,
1, 2인칭 복수는 직설법반과거의 어미와 같습니다.

그러면 1군/2군/3군 동사의 대표 선수들을 확인해보겠습니다.
parler (말하다), **réussir** (성공하다), **partir** (떠나다)의 접속법현재형입니다.
(접속사 **que** 와 모음으로 시작하는 인칭대명사 **il / elle / ils / elles** 가 만나면 모음축약하여
qu'il / qu'elle / qu'ils / qu'elles 형태가 됩니다.)

The value of Meta-Cognition is the training of mind to think.
We have the ability to **transform our mental processes**.

Section 5. Part 25 Meta-Cognition French

Il faut que je parte tout de suite.
프랑스어의 접속법

We are able to understand **our own working minds**.

	parler	réussir	partir
que je	parle	réussisse	parte
que tu	parles	réussisses	partes
qu'il	parle	réussisse	parte
que nous	parlions	réussissions	partions
que vous	parliez	réussissiez	partiez
qu'ils	parlent	réussissent	partent

불규칙한 어간을 갖는 동사 3가지를 더 소개하겠습니다.
어미는 규칙을 따르기 때문에 어간만 기억했다가 그대로 뒤에 붙여주면 됩니다.

faire (하다) ➔ **fass**　　**savoir** (알다) ➔ **sach**　　**pouvoir** (할 수 있다) ➔ **puiss**

하지만 언제나 그렇듯이 규칙 따위는 상관 없이 완전히 독자노선을 걷는 동사들이 있습니다.
딱 4개만 더 보겠습니다.
être (~이다), **avoir** (가지다), **vouloir** (원하다), **aller** (가다)의 접속법현재형입니다.

	être	avoir	vouloir	aller
que je (j')	sois	aie	veuille	aille
que tu	sois	aies	veuilles	ailles
qu'il	soit	aie	veuille	aille
que nous	soyons	ayons	voulions	allions
que vous	soyez	ayez	vouliez	alliez
qu'ils	soient	aient	veuillent	aillent

그런데 자세히 살펴보면 우리는 이미 **être/avoir/vouloir** 의 접속법 형태 일부를 만나본 적이 있습니다. 네! 바로 명령문에서 공부했었죠. (제21과 명령법 참조) 불규칙한 명령법 형태가 바로 이 접속법현재형이었던 것입니다! 명령법의 복습도 겸해서 나머지 인칭들의 변화도 정리하시기 바랍니다. 그 외에 필요한 접속법 동사의 인칭변화는
온라인 **www.verb2verbe.com** 에서 확인하실 수 있습니다.

 프랑스어 접속법의 사용법!

- **SUMMARIZE** Determine important ideas!
- **QUESTION** Ask questions as I read!
- **VISUALIZE** Create mental images of what I read!
- **CONNECT** Use what I knew!

We are able to understand **our own working minds**.

Section 5.
part **25**

중급 수준의 프랑스어 시험문제에는 주절을 제시하고 **que** 이하 절에 직설법을 쓸 것인지 접속법을 쓸 것인지를 묻는 문제가 반드시 출제됩니다. 모든 표현을 일일이 암기할 수는 없는 노릇입니다. 그래서 접속법이라는 어법을 이해할 때 유용한 핵심사항 딱 두 가지만 기억하면 됩니다! 바로 '주관성과 비현실성'입니다. 프랑스어 접속법은 어떤 사람의 머리 속에서만 생각되는 내용을 표현하는 어법입니다. 지극히 주관적이고, 아직 현실에서 이루어지지 않았거나, 이루어질 것이 불확실한 사실을 나타냅니다. 기본 개념을 잡고 접속법의 사용법에 접근하면 더욱 확실히 이해하실 수 있을 것입니다. 자, 이제 프랑스어 접속법이 문장에서 어떻게 사용되는지를 살펴보겠습니다. 일상회화에서 사용빈도가 높은 표현들을 중심으로 설명드리겠습니다.

❶ 희망 & 감정을 나타내는 접속법

주절에 희망과 감정을 나타내는 표현이 오면 종속절은 접속법을 사용합니다.
접속법은 보통 주절과 종속절의 주어가 다릅니다.

Fm25-01 Je souhaite que mon fils réussisse à l'examen.
나는 내 아들이 시험에 합격하기를 바랍니다.

Fm25-02 Je veux que tu réfléchisses avant de parler.
나는 네가 말하기 전에 숙고하기를 원해.

Fm25-03 Je regrette qu'il soit en retard.
나는 그가 늦어서 유감입니다.

Fm25-04 Je suis heureuse que vous soyez avec nous.
나는 당신(들)이 우리와 함께 있어서 기쁩니다.

- avant de + 동사원형은 '~ 하기 전에'입니다.
- être en retard 늦다/지각하다
- souhaiter 바라다/소망하다, mon 나의, le fils 아들, réussir 성공하다/합격하다, à ~에, l'examen 시험, vouloir 원하다, réfléchir 숙고하다, avant ~전에, parler 말하다, regretter 유감이다/애석해하다, en ~에, le retard 지각/늦음, heureux (heureuse) 행복한, être ~이다, avec ~와 함께, nous 우리 (강세형)

❷ 의심 & 판단을 나타내는 접속법

주절에 의심이나 의혹을 나타내는 동사가 오면 종속절에는 접속법을 사용합니다.

Section 5. Part 25 — Meta-Cognition French
Il faut que je parte tout de suite.
프랑스어의 접속법

그리고 판단이나 의견을 나타내는 동사가 부정문이나 의문문으로 주절을 이끌면 종속절은 접속법으로 표현합니다.

Fm25-05 Je doute qu'il puisse venir demain.
나는 그가 내일 올 수 있을지 의심합니다.

Fm25-06 Je ne pense pas qu'il ait raison.
나는 그가 옳다고 생각하지 않습니다.

Fm25-07 Je ne crois pas que la vie soit belle.
나는 인생이 아름답다고 생각하지 않습니다.

Fm25-08 Pensez-vous que la vie soit belle?
당신(들)은 인생이 아름답다고 생각하세요?

- avoir raison 옳다/맞다
- 의문문은 주어와 동사를 도치하고, 도치의 표시로 - 을 붙여줍니다.
- douter 의심하다, pouvoir ~할 수 있다, venir 오다, demain 내일, ne ~ pas ~ 아니다, penser 생각하다, avoir 가지다, la raison 이성/합리, croire 믿다/생각하다, la vie 인생, belle 아름다운

❸ 비인칭구문과 함께 사용하는 접속법

주절에 필요/가능성/추측/판단/감정 등을 나타내는 비인칭구문이 오면 종속절은 접속법을 사용합니다.

Fm25-09 Il faut que je parte tout de suite.
나는 즉시 떠나야 합니다.

Fm25-10 Il est possible qu'il vienne en train.
그는 기차를 타고 올 가능성이 있습니다.

Fm25-11 Il vaut mieux que vous sachiez la vérité.
당신(들)은 진실을 아는 것이 낫습니다.

Fm25-12 Il est important que tu fasses tes devoirs tous les jours.
너는 너의 과제를 매일 하는 것이 중요하다.

- SUMMARIZE — Determine important ideas!
- QUESTION — Ask questions as I read!
- VISUALIZE — Create mental images of what I read!
- CONNECT — Use what I knew!

Meta-Cognition French

Section 5. part 25

● We are able to understand **our own working minds**.

● **Il faut que** ~할 필요가 있다 / **Il est possible que** ~할 가능성이 있다 / **Il vaut mieux que** ~가 더 가치있다(더 낫다) / **Il est important que** ~하는 것이 중요하다
● **tout de suite** 즉시/당장, **en train** 기차로, **tous les jours** 매일
● **partir** 떠나다, **savoir** 알다, **la vérité** 진실, **faire** 하다, **tes** 너의, **le devoir** 과제, **tous** 모든, **le jour** 날

❹ 명령과 기원을 나타내는 접속법

접속법은 독립적으로 사용할 수도 있습니다.
우리는 이미 명령문이 1, 2인칭 단수와 1인칭 복수에서만 가능하다고 공부했습니다.
그런데 프랑스어에서는 접속법을 사용하여 3인칭에게도 명령을 표현할 수 있습니다.
기원문으로 사용할 때는 접속사 **que** 가 생략되기도 합니다.

Fm25-13
Qu'elle sorte d'ici!
그녀가 여기서 나가기를!

Fm25-14
Qu'il fasse beau temps!
날씨가 좋았으면!

Fm25-15
Vive la Corée!
대한민국 만세!

Fm25-16
Ainsi soit-il!
아멘! (그대로 이루어지기를!)

● **sortir de** 는 '~로부터 나가다'입니다.
● **Il fait beau temps.** (날씨가 좋습니다.) **il** 은 비인칭주어, 동사 **faire** 도 날씨를 나타내는 비인칭동사입니다.
● **sortir** 나가다, **de** ~로부터, **ici** 여기, **beau** 아름다운/멋진, **le temps** 시간/날씨, **vivre** 살다, **la Corée** 한국, **ainsi** 이렇게/그처럼

Section 5. Part 25
Il faut que je parte tout de suite.
프랑스어의 접속법

 그 외에 접속법을 원하는 표현들!

접속법은 '목적/양보/시간/조건' 등을 표현하는 일부 접속사(구)로 시작하는 절에서도 사용합니다. 중요한 표현 딱 4개만 더 보겠습니다. **pour que** (~를 위해서), **bien que** (~임에도 불구하고), **jusqu'à ce que** (~할 때까지), **à condition que** (~하는 조건으로) 등으로 **que** 이후 절이 접속법입니다.

Fm25-17 **Parlez lentement pour que je vous comprenne.**
내가 당신을 이해할 수 있도록 천천히 말해주십시오. (목적)

Fm25-18 **Il aime Sophie, bien qu'elle soit méchante.**
그녀가 성격이 고약함에도 불구하고 그는 소피를 사랑합니다. (양보)

Fm25-19 **J'attendrai jusqu'à ce qu'il vienne.**
나는 그가 올 때까지 기다리겠습니다. (시간)

Fm25-20 **Elle viendra à condition que tu t'excuses.**
네가 사과한다는 조건으로 그녀는 올 거야. (조건)

● 직접보어 **vous** 의 위치는 동사 바로 앞입니다.
● **lentement** 천천히, **pour** ~를 위해, **vous** 당신을 (직접보어), **comprendre** 이해하다, **aimer** 사랑하다, **bien** 오히려/반대로, **méchant(e)** 심술궂은/못된, **attendre** 기다리다, **jusqu'à** ~까지, **ce** 이것/저것/그것, **la condition** 조건/상황, **s'excuser** 사과하다/용서를 구하다

 마무리 '꿀팁'!

직설법을 쓸 것이냐 접속법을 쓸 것이냐를 묻는 것은 중급 수준의 프랑스어 시험 출제자들의 단골 테마입니다. 접속법은 머리 속에 개념을 세우는 것이 가장 중요합니다. 어느 정도 정리가 된 후에는 사전을 활용하실 것을 권합니다. 예를 들어 희망을 나타내는 동사 **aimer** 를 사전에서 찾아보시면 [**aimer que+sub.**] 라는 표시가 보일 것입니다. 이것은 동사 **aimer** 뒤에 접속사 **que** 가 오면 **que** 이하 절은 접속법으로 써야한다는 의미입니다. (**sub. = subjonctif**) 본문에서 설명드린 희망/감정/의심/판단 등과 관련된 동사들을 하나씩 늘려가면서 자신만의 접속법 사전을 만들어 보시기 바랍니다.

- SUMMARIZE Determine important ideas!
- QUESTION Ask questions as I read!
- VISUALIZE Create mental images of what I read!
- CONNECT Use what I knew!

Section 5. part 25

Section 5. Part 25+
프랑스어 회화능력 단련장

(이 책 전체를 가볍고 빠르게 일독하실 분은 이번 코너를 살짝! 스킵하셔도 됩니다.)

접속법은 말하는 사람의 주관이 반영되는 표현법입니다. 일상회화에서 자주 사용하는
'희망/의심/판단/필요' 등을 표현하는 접속법현재를 연습하겠습니다.
더불어 접속법을 요구하는 접속사(구)로 시작하는 구문 중 단골로 등장하는
'목적/양보/시간' 표현으로 세련된 프랑스어를 만들어봅시다!

Fm25+01
Je souhaite que vous soyez heureux.
나는 당신(들)이 행복하기를 바랍니다.

Fm25+02
Je souhaite que vous passiez de bonnes vacances.
나는 당신(들)이 멋진 휴가를 보내기 바랍니다.

Fm25+03
Je ne pense pas que vous ayez tort.
나는 당신(들)이 틀렸다고 생각하지 않습니다.

Fm25+04
Je doute que ce soit vrai.
나는 그것이 사실인지 의심합니다.

● 복수형 형용사가 명사 앞에 올 때 관사는 de 를 붙입니다. (de bonnes vacances)
● avoir tort 틀렸다/옳지 않다
● être ~이다, heureux (heureuse) 행복한, passer (시간을) 보내다, bon(ne) 좋은/멋진,
les vacances 휴가, penser 생각하다, avoir 가지다, le tort 과오/틀림, douter 의심하다,
ce 이것/그것/저것, vrai 참된/진실한

Section 5. Part 25 — Meta-Cognition French
Il faut que je parte tout de suite.
프랑스어의 접속법

We are able to understand our own working minds.

Fm25+05 — Il faut que j'aille à la poste avant midi.
나는 정오 전에 우체국에 가야합니다.

Fm25+06 — Il faut que je te dise quelque chose.
나는 너에게 뭔가를 말해야 해.

Fm25+07 — Il est possible que sa mère ne sache rien.
그(녀)의 어머니는 아무것도 알지 못할 가능성이 있습니다.

Fm25+08 — Il vaut mieux que vous soyez vigilant.
당신(들)은 조심하는 것이 더 낫습니다.

● 비인칭구문 **Il faut que ~.** (~할 필요가 있다.)는 **devoir** (~해야만 한다)와 같은 의미입니다.
● **falloir** 필요하다/~해야만 한다, **aller** 가다, **à** ~에, **la poste** 우체국, **avant** ~전에, **le midi** 정오, **te** 너에게 (간접보어), **dire** 말하다, **quelque chose** 어떤 것/무엇인가, **possible** 가능한, **sa** 그(녀)의, **la mère** 어머니, **ne ~ rien** 아무것도 ~ 아니다, **savoir** 알다, **valoir** 가치가 있다, **mieux** 더 잘, **vigilant** 주의하는

드디어 플러스 '엔딩'!

접속법을 설명하는 대부분의 교재들은 반드시 접속법을 써야 하는 동사 수십 개, 접속사구 수십 개, 비인칭 구문 수십 개를 박스 안에 넣어 암기하라고 하는 방식으로 설명합니다. 너무 많은 것은 하나도 없는 것과 마찬가지입니다. 당장 우리에게 필요한 표현들을 뼈대로 삼아 조금씩 살과 근육을 붙여가는 것이 중요합니다. 그렇게 만들어진 우리의 프랑스어는 이제 걷고, 달리기 시작합니다. 앞으로 더 먼 곳, 더 높은 곳으로 날아오를 수 있기를 진심으로 기원합니다.

- SUMMARIZE — Determine important ideas!
- QUESTION — Ask questions as I read!
- VISUALIZE — Create mental images of what I read!
- CONNECT — Use what I knew!

Meta-Cognition French

Section 5.
part 25

● We are able to understand **our own working minds**.

Fm25+09
Je t'explique la situation pour que tu la comprennes.
네가 이해할 수 있도록 내가 너에게 상황을 설명해줄게.

Fm25+10
Bien qu'il réussisse, il n'est jamais satisfait.
그는 성공했음에도 불구하고, 결코 만족하지 않습니다.

Fm25+11
Il est parti avant que j'aie le temps de lui parler.
내가 그에게 말할 시간을 갖기 전에 그는 떠났습니다.

Fm25+12
Je vais étudier le français jusqu'à ce que je le parle correctement.
나는 정확하게 말할 때까지 프랑스어를 공부할 것입니다.

● **pour que** (~를 위해서/하도록), **bien que** (~임에도 불구하고), **avant que** (~하기 전에), **jusqu'à ce que** (~할 때까지)
● 직접·간접보어의 위치는 동사 바로 앞입니다.
(Je t'explique / tu la comprennes / je le parle)
● **avoir le temps de** + 동사원형은 '~할 시간을 갖다'입니다.
● **te** 너에게, **expliquer** 설명하다, **la situation** 상황, **le/la** 그것을 (직접보어), **comprendre** 이해하다, **réussir** 성공하다, **ne ~ jamais** 결코 ~ 아니다, **satisfait** 만족한, **partir** 떠나다, **avant** ~전에, **avoir** 가지다, **le temps** 시간, **de** ~을 위한, **lui** 그(녀)에게, **parler** 말하다, **étudier** 공부하다, **le français** 프랑스어, **correctement** 정확하게/틀리지 않게

 마침내 섹션 5. 마무리!

프랑스어 알파벳 읽기부터 첫걸음을 시작하여 접속법까지 중단없이 달려온 우리 모두에게 찬사를 보냅니다. 우리는 프랑스어의 전체 구조와 문법의 중요한 작동원리를 탄탄하게 배웠습니다. 이제 세상에서 사랑을 속삭이기에 가장 아름다운 언어이자,
가장 논리적이고 합리적인 프랑스어와 함께 또 다른 기회를 펼쳐나가시길 기원합니다.
Bonne continuation! (계속 정진하시기 바랍니다!)

 최종적 한 줄 요약, 결국 프랑스어는!

결국 프랑스어는 기능에 따라 동사의 어미와 형용사의 형태가 꼼꼼하게 변화하고, 문법의 예외사항을 만들지언정 발음의 유연함을 최우선시하는 매우 아름다운 소리의 언어입니다!

● Section 5. Meta 총정리 코너!

이번 섹션의 각 5과에 대해서
우리의 생각 속에 남아 있는 내용을 3가지로 요약하는 코너입니다.
문법내용을 생각나는 대로 자유롭게 이야기해보세요!

Section 5. Part 21
La tarte aux fraises est faite par le pâtissier.
프랑스어의 수동문

❶

❷

❸

Section 5. Part 22
J'ai un ami qui étudie en France.
프랑스어의 관계문

❶

❷

❸

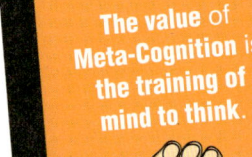

We are able to understand our own working minds.

Section 5.   Part 23
Faites du sport!
프랑스어의 명령문

❶
❷
❸

Section 5.   Part 24
Si j'avais le temps, j'irais au concert.
프랑스어의 조건법

❶
❷
❸

Section 5.   Part 25
Il faut que je parte tout de suite.
프랑스어의 접속법

❶
❷
❸

We have the ability to transform our mental processes.

The value of Meta-Cognition is the training of mind to think.

335